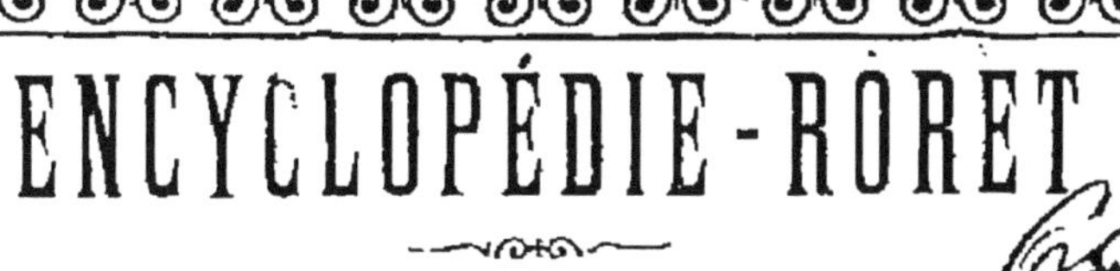

ENCYCLOPÉDIE - RORET

TAPISSIER

DÉCORATEUR

PARIS

ENCYCLOPÉDIE-RORET

L. MULO, LIBRAIRE-ÉDITEUR

12, RUE HAUTEFEUILLE, 12

ENCYCLOPÉDIE-RORET

—

TAPISSIER

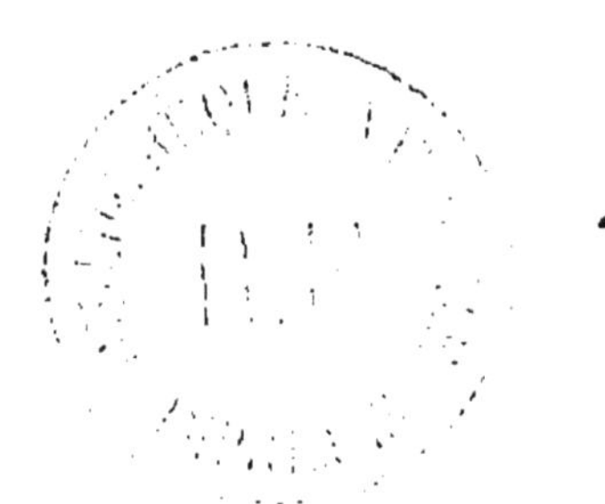

MANUELS-RORET

NOUVEAU MANUEL COMPLET

DU

TAPISSIER

DÉCORATEUR

PAR

H. LACROIX

Professeur technique.

Ouvrage orné de 84 figures dans le texte.

PARIS
ENCYCLOPÉDIE-RORET
L. MULO, LIBRAIRE-ÉDITEUR
1901

AVIS

INTRODUCTION

Anciennement la communauté des marchands tapissiers était partagée en deux maîtrises ; l'une était celle des maîtres tapissiers de haute lisse, rentrayeurs et sarrazinois ; l'autre les courtepointiers, neustrés et coustiers.

Par suite de la ressemblance de ces deux maîtrises, on reconnut plus tard que la fusion était nécessaire.

Depuis l'abolissement des corporations, on voit l'art du tapissier se développer et atteindre un degré de perfection que l'on croirait complète, mais la perfectibilité dans la tapisserie est sans borne ; on suit la mode et le goût du jour, de là la nécessité de créer toujours du nouveau.

Les progrès de cet art si répandu, les exigences du luxe et l'habitude du confortable exigent chez le tapissier de grandes connaissances que le bon goût et l'élégance doivent guider.

Maintenant un bon tapissier doit être non seulement un ouvrier expérimenté, mais aussi un décorateur habile, ayant la connaissance des styles.

Il doit connaître et apprécier la qualité et les propriétés des étoffes qu'il a à employer, ainsi que l'harmonie des couleurs.

Dans cet ouvrage, nous nous sommes attaché à bien démontrer et à bien faire comprendre le métier du tapissier dans toute sa pratique.

L'emploi et la connaissance des matières premières, ainsi que les étoffes, les ornements, les tapis, les passementeries, etc., sont traités d'une manière particulière.

La garniture des sièges, la fabrication des rideaux, draperies et tentures, ainsi que la coupe et le travail de ville ont été l'objet de toute notre attention.

L'ensemble des ameublements et des objets divers qui en font partie ont été examinés et détaillés avec soin.

Le but de l'ouvrage que nous offrons ici est de guider les jeunes gens qui se destinent au métier de tapissier et les aider, avec le concours de leur travail, à acquérir la capacité si réputée des anciens tapissiers.

Grâce aux nombreuses figures répandues dans ce volume, ils y puiseront facilement les principes de l'art technique de la tapisserie décorative.

NOUVEAU MANUEL COMPLET

DU

TAPISSIER

CHAPITRE PREMIER

Outils

Nous commencerons ce Manuel par entrer en connaissance avec les outils employés dans la garniture et dans les travaux de ville.

BOITE A OUTILS

Tous les outils doivent être enfermés dans une boîte à double fond dont le dossier est muni d'une pelote pour recevoir les carrelets.

Ces outils se composent de quatre marteaux de différentes grosseurs ainsi dénommés :

Gros marteau ramponneau (fig. 1);
Marteau moyen à rabattre (fig. 2);
Marteau fin pour dossiers (fig. 3);
Marteau de ville (fig. 4);

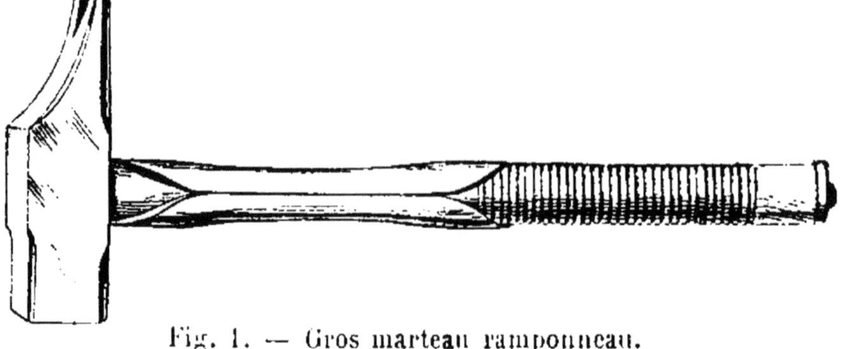

Fig. 1. — Gros marteau ramponneau.

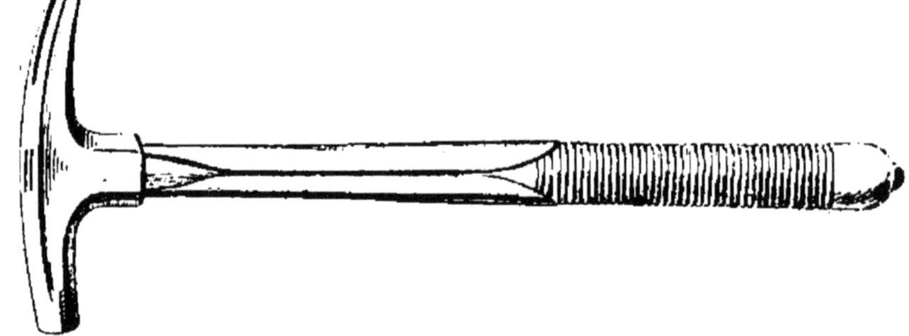

Fig. 2. — Marteau moyen à rabattre.

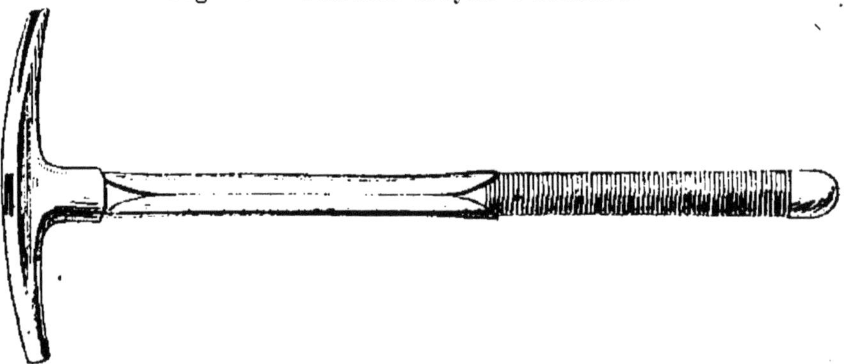

Fig. 3. — Marteau fin pour dossiers.

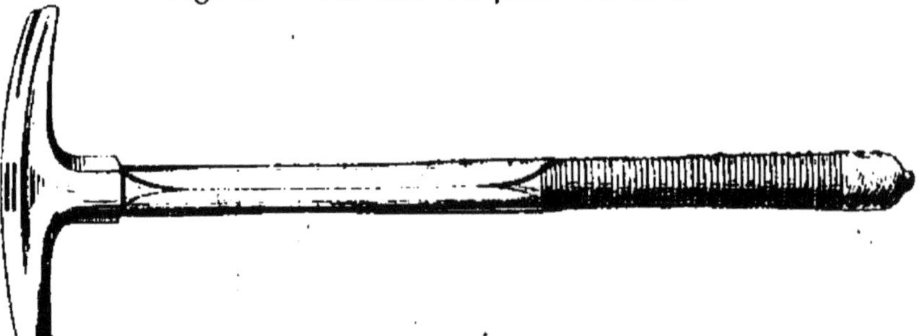

Fig. 4. — Marteau de ville.

Viennent ensuite les outils suivants :

Carrelets

Les carrelets varient de grandeurs ; on emploie les carrelets courbes, demi-courbes (fig. 5), droits et à deux pointes (fig. 6).

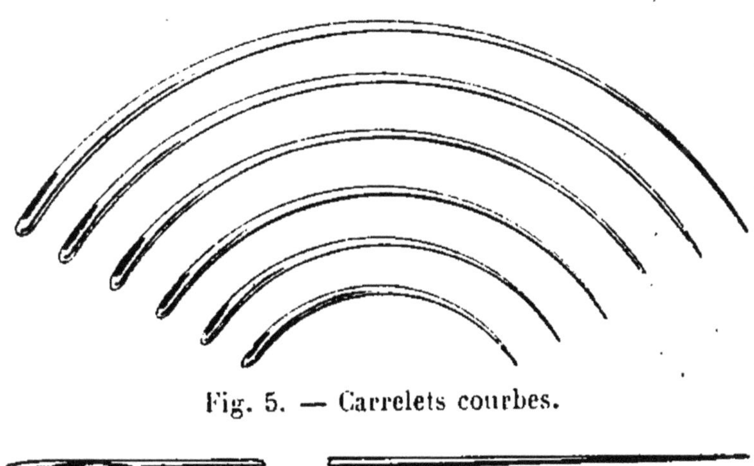

Fig. 5. — Carrelets courbes.

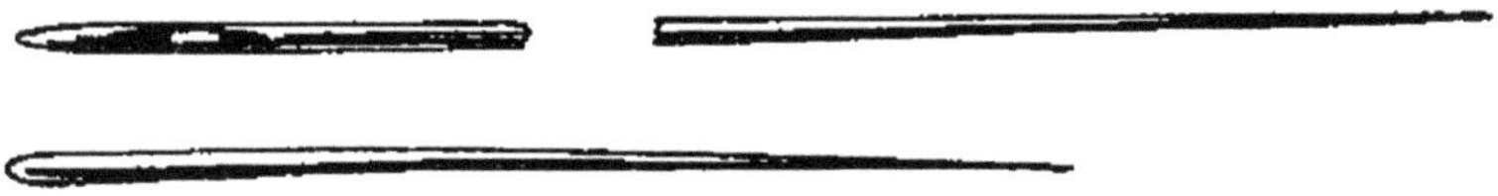

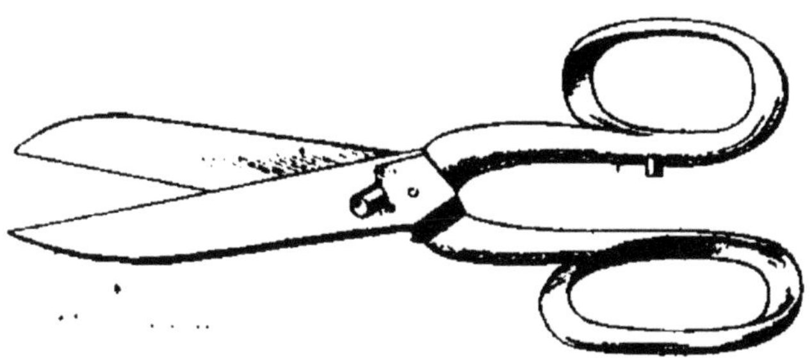

Fig. 6. — Carrelets droits.

Ciseaux de garniture

Les ciseaux de garniture (fig. 7) sont de forme ordinaire ; les ciseaux de coupe doivent être plus forts.

Fig. 7. — Ciseaux de garniture.

Ciseau à dégarnir

Ce ciseau (fig. 8) sert à l'ouvrier tapissier de tournevis; son manche est en bois dur ou en corne.

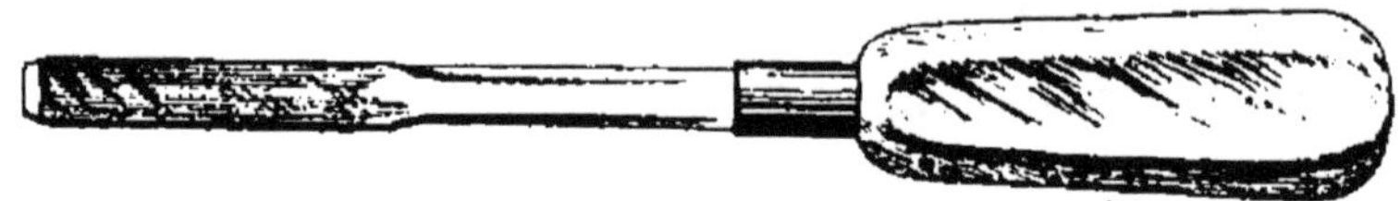

Fig. 8 — Ciseau à dégarnir.

Casse-pierre

Le casse-pierre (fig. 9) est un ciseau à froid, à pointe triangulaire; il doit être en bon acier.

Fig. 9. — Casse-pierre.

Compas

Le compas (fig. 10) ne diffère en rien de ceux employés dans d'autres industries. Sa longueur est de 25 à 30 centimètres.

Fig 10. — Compas.

Coupe-étoffe

Forme de couteau très court et arrondi servant à couper les étoffes au ras des clous.

Houzeaux

Le houzeau (fig. 11) est une sorte d'épingle d'une longueur de 10 centimètres. Il se fait aussi à œil.

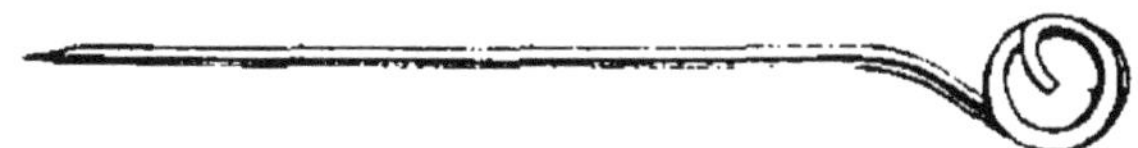

Fig. 11. — Houzeau.

Poinçon

Le poinçon (fig. 12) employé dans la tapisserie est de même forme que ceux des autres métiers. Ainsi que celui du ciseau à dégarnir, le manche est en bois dur ou en corne.

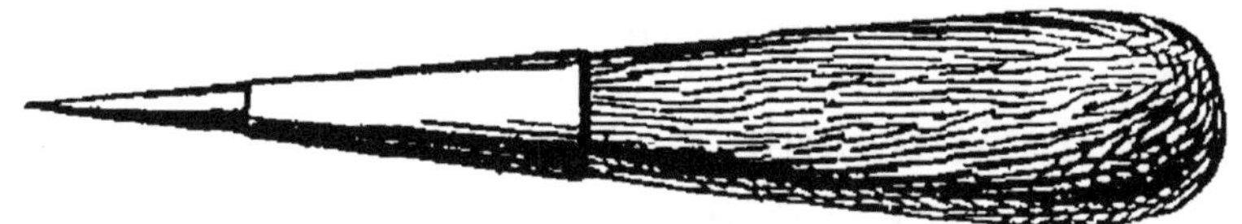

Fig. 12. — Poinçon.

Pointe à tapis

De même forme que le tire-crin, mais beaucoup plus grosse ; sert à tendre le tapis.

Râpe

La râpe (fig. 13) des tapissiers doit être demi-ronde et semblable à celles employées dans divers métiers.

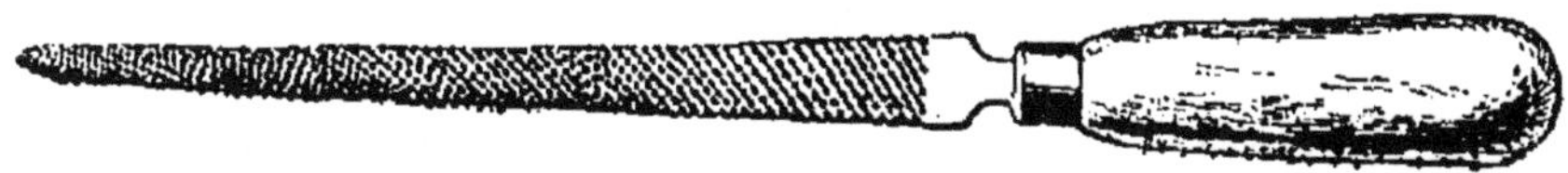

Fig. 13. — Râpe.

Sac à semence

Le sac à semence est ordinairement à quatre poches pour pouvoir contenir les différents numéros de semence.

Scie ployante

En forme de grand couteau (fig. 14), est très facile à ranger dans un paquet d'outils.

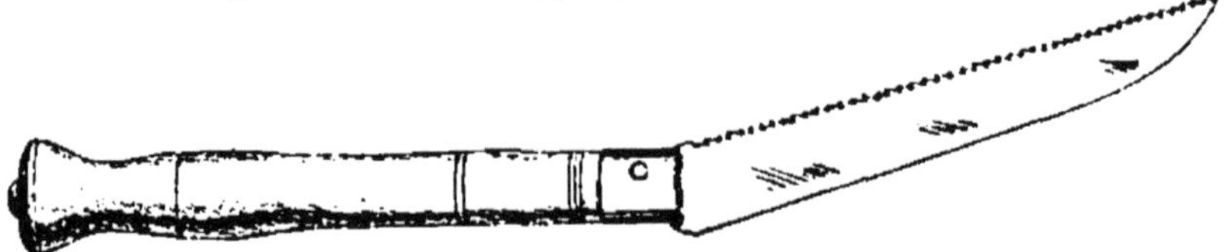

Fig. 14. — Scie ployante.

Tenaille à sangler

Ce genre de tenaille à dents (fig. 15), espèce de forceps, est munie d'un anneau qui sert à fermer

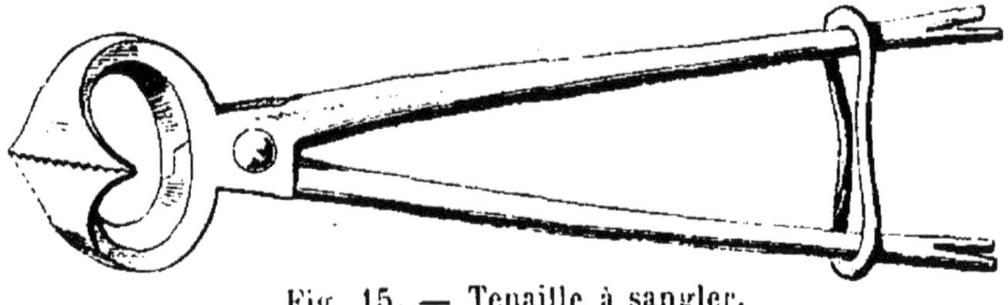

Fig. 15. — Tenaille à sangler.

cette tenaille lorsque la sangle est prise pour les travaux de sanglage.

Tire-crin

Le tire-crin (fig. 16) est une pointe assez effilée qui sert à l'ouvrier à mener le crin dans le bour-

relet. Le manche est en forme de poire. Le tire-
crin à capitonner (fig. 17) est tout en acier et à
manche plat.

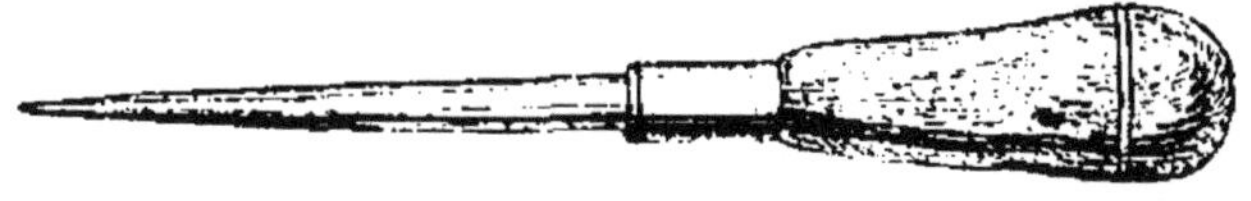

Fig. 16. — Tire-crin.

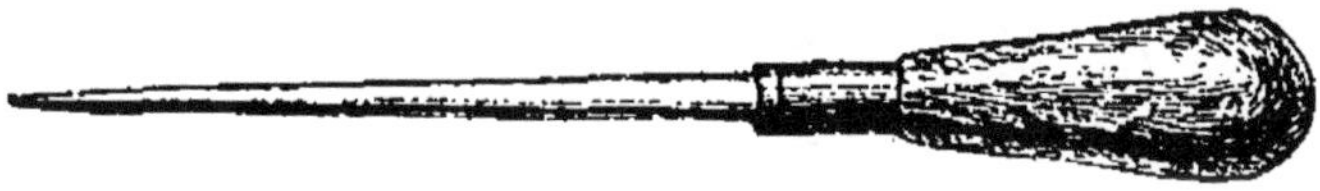

Fig. 17.— Tire-crin à capitonner.

Tourne-à-gauche

Le tourne-à-gauche (fig. 18) a la forme d'une
clef anglaise, à crochet dans l'un des deux bouts.

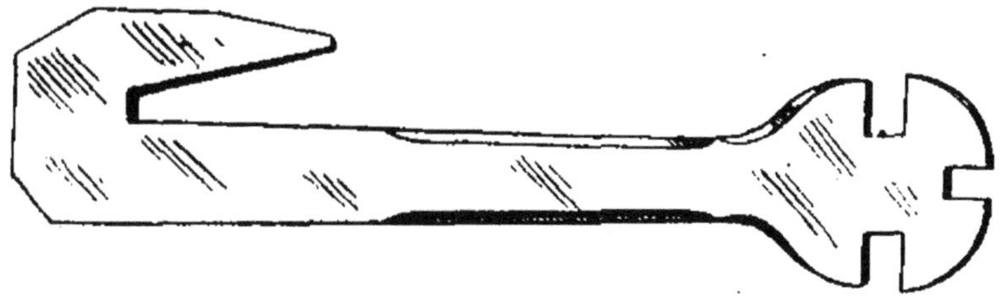

Fig. 18. — Tourne-à-gauche.

Trente-cinq centimètres

Le trente-cinq centimètres, ou pige (fig. 19), sert
de règle et est d'un usage fréquent pour les petites
mesures.

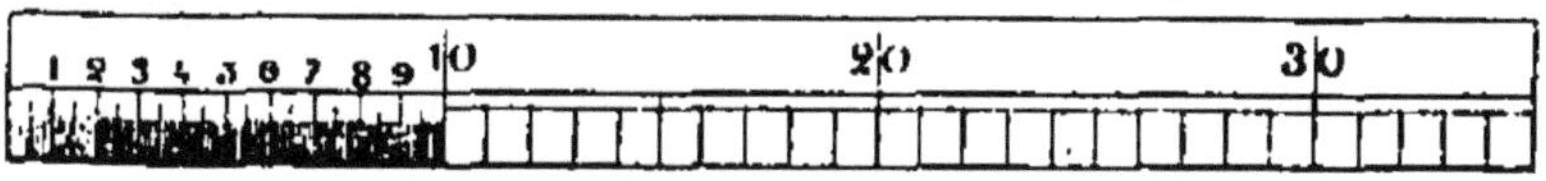

Fig. 19. — Trente-cinq centimètres ou pige.

Nous complèterons la nomenclature des outils de ville par :

Une paire de tenailles ordinaires (fig. 20), un ciseau à froid, des mèches à pierre et à bois, des

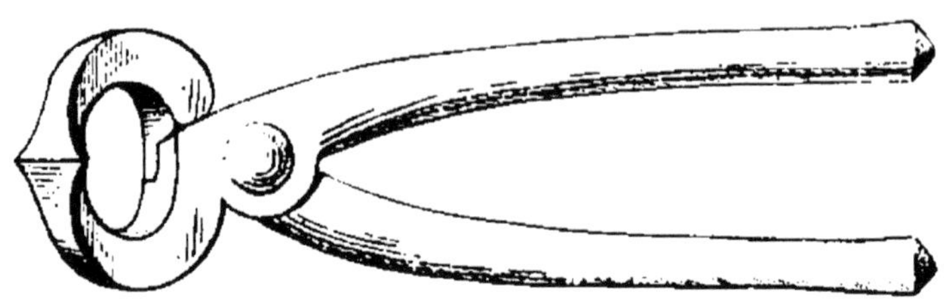

Fig. 20. — Tenaille ordinaire.

vrilles de plusieurs grosseurs, un vilebrequin ; outils que l'on emploie constamment et que l'on trouve facilement chez tous les quincailliers.

ATELIER DE GARNITURE

L'atelier de garniture doit être garni de casiers pour placer les différentes grandeurs de ressorts ; une case sera disposée pour recevoir l'étoupe. Le crin végétal et le crin animal seront mis dans des papiers spéciaux de forme cylindrique et très hauts.

La toile forte et la toile d'embourrure, ainsi que les sangles, seront placées sur des planches. La toile blanche, le jaconas, les clous, les cordes et ficelles, ainsi que toute la quincaillerie, devront être enfermés dans une armoire disposée à cet effet.

Des tabourets carrés de 40 centimètres de haut,

garnis très durs et recouverts en peau, sont attribués à chaque ouvrier.

Deux paires de tréteaux au moins, un établi volant, plusieurs presses à bois, un pot à colle, des pelotes à épingles, un battoir en lanières de drap compléteront l'installation de l'atelier de tapisserie.

CHAPITRE II

Quincaillerie usitée dans les travaux de garniture

Beaucoup de clous divers et de formes différentes, sont utilisés dans les travaux de la garniture. Nous diviserons ces sortes de clous en deux catégories :

1° Les clous ordinaires ;
2° Les clous dorés formant garniture.

Première catégorie

CLOUS ORDINAIRES

Bossette

La bossette ou tête ronde sert principalement au guindage des sommiers et est indispensable dans les travaux de ville.

Conduit

Représentant la forme d'un **U** à deux pointes,
sert à fixer les ressorts aux caisses des sommiers
et est employé également dans les travaux de
ville.

Finette

Petite pointe fine de 1 centimètre de longueur,
de la forme de la pointe à taquets, est utilisée pour
clouer les lézardes à anneaux ou à **S**.

Pointe à créter

Est une petite pointe de 1 centimètre de longueur,
de la même forme que la pointe à damas; se fait
blanche étamée, noire vernie et en cuivre. Est employée pour créter les lézardes et petits galons.

Pointe à damas

Deux sortes de pointes à damas sont en usage
dans la garniture et dans les travaux de ville : la
pointe blanche étamée et la pointe noire vernie.

Pointe à taquets

La pointe à taquets est la pointe à tête d'homme
ordinaire, sa longueur est de 3 centimètres et demi;
comme son nom l'indique, elle sert particulière-
à clouer les taquets des sièges.

Semence

Ces clous, d'un usage constant, sont de plusieurs
grandeurs et sont dénommés par numéros : petite

semence, 2×2, 4×3 ; moyenne, 6×4 ; grosse semence, 12×8, 16×12 ; semence à tapis, 20×16 ; se vendent au kilo.

Il y a deux sortes de qualités : l'ordinaire et la pointe évidée.

Deuxième catégorie

CLOUS DORÉS

Il existe beaucoup de modèles de clous dorés ; les plus ordinaires sont la lentille n° 16 et la perle n° 9. Ils se font façon dorée, dorés et dorés fins, argentés et nickelés.

Ensuite vient le clou chiffre à forme conique ; se fait aussi en acier. La pointe de diamant, les têtes, la fleur de lys, la croix de Malte sont les modèles les plus répandus.

Il y en a de plusieurs grosseurs en cuivre, dorés, polis, nickelés, etc. ; tous ces genres de clous sont utilisés comme garniture.

CHAPITRE III

Quincaillerie en usage dans les travaux de ville

Arrêts de store

A feuille ou à bouton, sont généralement en cuivre; on les pose perpendiculairement à la rondelle double.

Bâton de store

Est un bâton rond ordinaire de 4 à 6 centimètres de diamètre; il est généralement en sapin.

Broche

La broche est une pointe ronde d'environ 10 centimètres de longueur, que l'on place au centre des rondelles et qui soutient le bâton sur les supports.

Clous à crochets

Les clous à crochets employés dans la tapisserie sont polis ou forgés; les clous à crochets polis servent à accrocher l'embrasse derrière le rideau; les clous forgés sont utilisés pour les objets très lourds, tableaux, ciels de lits, etc.

On se sert aussi du tire-fond pour la pose des ciels de lit.

Compas mécanique

Le compas mécanique (fig. 21) sert à avancer la galerie des fenêtres lorsque la hauteur entre la

Fig. 21. — Compas mécanique.

fenêtre et le plafond n'est pas suffisamment haute pour pouvoir y placer une galerie.

Compas de store

Ce compas ressemble au compas de fenêtre, il ne diffère que par l'écrou qui est à son extrémité et qui soutient la tringle de store.

Cordon de tirage

On choisit le cordon de tirage de la couleur de la doublure des rideaux ; il se fait en toutes teintes, en coton et en fil.

Ferrure mécanique

Cette ferrure (fig. 22) remplace avantageusement le compas, mais doit être posée par un serrurier spécial, ainsi que les ferrures mécaniques de portières.

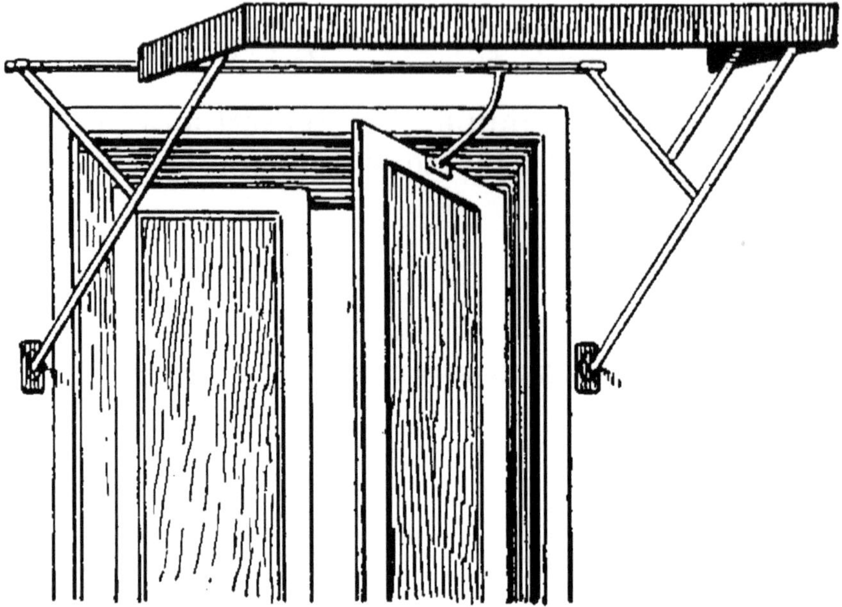

Fig. 22. — Ferrure mécanique.

Ferrures de portière ordinaires

Ces ferrures sont vissées après la porte, afin d'y placer le bois de portière qui sert à clouer le rideau.

Ferrure de porte-embrasse

Cette ferrure a la forme d'une grosse pointe en fer forgé, dont la tête est taraudée pour visser la patère ou le porte-embrasse.

Ferrure de rinceau

Est semblable au clou à crochet forgé et n'en diffère que par sa tête aplatie.

Ferrure de store

Il y a plusieurs sortes de ferrures de store, des coudées et des droites.

Pattes à glace

Ces petites pattes sont les mêmes que celles que les menuisiers et les miroitiers emploient ; elles servent pour la pose des ciels de lit.

Patte à galerie

La patte à galerie, de 10 à 30 centimètres de longueur, est plate et percée de trous afin de visser les pitons au retour des galeries.

Piton de galerie

Ce piton ne diffère pas des autres pitons et doit être d'une moyenne grosseur.

Pitons de tringles d'escalier

Les pitons de tringles d'escalier sont à œil en cuivre.

Pitons de vitrage

Ces pitons sont à vis ou à pointes.

Poulies

Les poulies (fig. 23) servent à soutenir les tringles et faire manœuvrer le rideau ; elles sont de plusieurs longueurs, de 9 à 29 centimètres ; il y a également des poulies à double jeu.

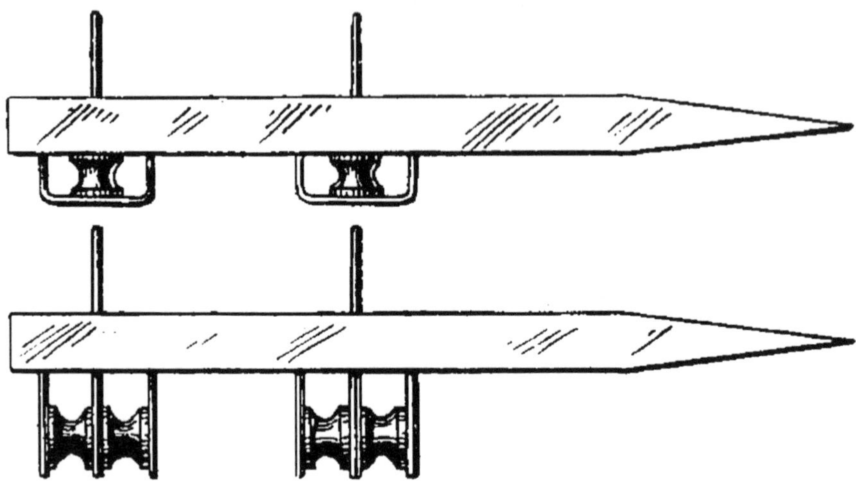

Fig. 23. — Poulies.

Poulie du bas

La poulie du bas (fig. 24) est une petite poulie à platine qui sert à tendre le cordon de tirage ; elle

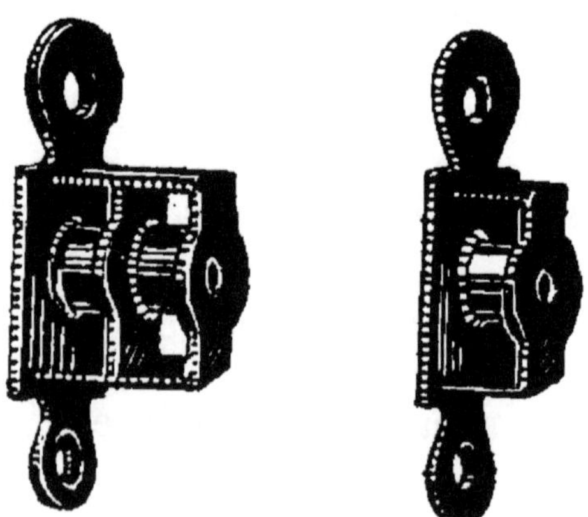

Fig. 24. — Poulies du bas.

remplace avantageusement les glands que l'on mettait autrefois.

Rondelles de store

Il y a la rondelle double (fig. 25) pour recevoir le septin et la rondelle simple ; elles se placent aux

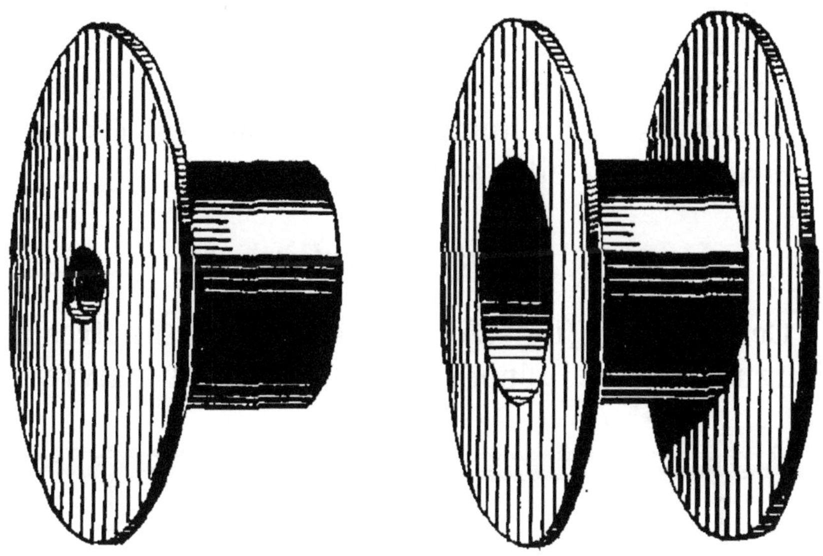

Fig. 25. — Rondelles de store.

extrémités du bâton, et sont percées au centre pour y adapter une broche.

Roulettes et bagues

Les roulettes des sièges sont à pivot et à galet ; le pivot est en fer, la monture en cuivre et le galet en corne. Il s'en fait de plusieurs grosseurs.

Les bagues se font unies et à perles, elles sont en cuivre.

Septin

Le septin est de la grosseur d'une corde à guinder et est employé pour la pose des stores et des tableaux,

Tringles

Les tringles employées pour les fenêtres sont en fer plein de 12, 14, 16 millimètres. Il y a aussi des tubes étamés et des tubes fer et cuivre en 12, 14, 16 millimètres ; ces diverses tringles sont percées d'un œil aux extrémités, afin de pouvoir se fixer aux poulies ; leur longueur varie suivant les fenêtres auxquelles elles sont destinées.

Tringles d'escalier

Ces tringles (fig. 26), de 50 à 90 centimètres de longueur, sont généralement en fer et cuivre et

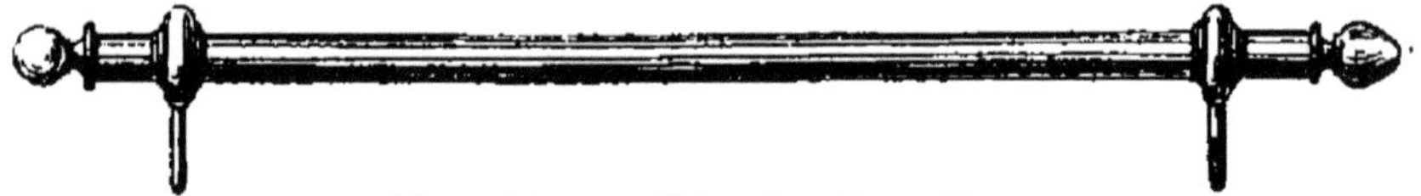

Fig. 26. — Tringle d'escalier.

ornées d'une petite pomme ou boule aux extrémités.

Tringles de store

Ces tringles ne diffèrent pas des tringles ordinaires en fer plein, l'œil des extrémités s'adapte au compas.

Tringle de vitrage

La tringle de vitrage est très connue ; nous donnerons le conseil de la prendre de préférence à **coulisse.**

CHAPITRE IV

Matières premières employées pour la garniture des sièges

—

Les matières employées dans la garniture sont : les sangles, l'élastique, les clous, la ficelle, la toile, le crin, etc... Nous désignerons chaque article spécialement afin que dans l'étude de la description de la garniture, on se rende bien compte de l'emploi de ces diverses marchandises.

Corde à guinder

Cette corde est de la grosseur d'une corde ordinaire, elle doit être très lisse et surtout solide ; son emploi consiste à réduire les ressorts à la hauteur qu'on veut leur donner. Comme la ficelle à piquer, elle se vend au poids et en pelote.

Crin animal

Le crin pur animal est la meilleure marchandise qu'on puisse employer pour la garniture des sièges ; il y en a de beaucoup de qualités. Pour les sièges capitonnés, il faut un crin très élastique et de bonne qualité.

Crin au tampico

Est composé de crin pur mélangé par moitié de tampico ; il est employé pour les sièges tendus.

Crin végétal

Dénommé aussi crin d'Afrique, est fait de feuilles de palmier préparées et mises en corde comme les autres crins ; il s'emploie à l'état naturel (vert) ou teint en noir. Les sièges faits en demi-crin sont composés de crin végétal recouvert d'une couche de crin animal.

Étoupe

L'étoupe est le déchet du lin ou du chanvre, elle est utilisée principalement pour les sommiers.

Ficelle à piquer

La ficelle à piquer doit être très résistante et très lisse ; on l'emploie en pelote ou en bobine, elle se vend au kilo.

Fouet à capitonner

Ce petit fouet, un peu plus gros que le fil à tapis, sert pour la couverture et à attacher le bouton ou bouffette des sièges capitonnés ; il se vend par petites pelotes.

Jaconas

Appelé aussi percaline de dessous, a 80 centimètres de largeur, est employé pour cacher les sangles du dessus des sièges. Ce genre de tissu étant très apprêté, il faut le dégommer avant d'en faire usage.

Ressorts

Les ressorts sont employés de plusieurs grandeurs suivant l'usage auquel ils sont destinés ; les petits ressorts sont utilisés pour les dossiers.

Tous les ressorts sont dénommés par tours :

On emploie les six tours pour les petites chaises ;

Les sept tours pour les fonds des chaises ordinaires ;

Les huit et neuf tours pour les fauteuils ;

Les canapés sont mis en ressorts avec des neuf et dix tours ;

Les grands ressorts onze et douze tours sont préférables pour les divans et sommiers.

On en fabrique de plusieurs qualités ; les meilleurs sont les ressorts en acier ; on les livre dans la tapisserie par paquets de 25 kilos à partir des huit tours ; les petits ressorts de cinq à sept tours sont vendus à la pièce.

Sangle

La sangle est livrée par rouleaux de 70 à 100 mètres, sa largeur est de 9 centimètres ; tissée très serrée, et étant le point fondamental du siège, elle doit être de très bonne qualité.

Tampico

Ce genre de crin végétal est fait de fil d'aloès mis en corde et teint ; il tire son nom de son lieu d'origine ; il est utilisé pour la fabrication des bourrelets et sièges tendus.

Toile blanche

Cette toile, nommée aussi toile douce, est un coton écru ordinaire ; sa largeur est de 90 centimètres. Dans la tapisserie, on emploie deux sortes de qualités ; la qualité ordinaire sert pour les sièges tendus, la qualité supérieure est réservée pour les sièges capitonnés.

Elle se fabrique dans la Seine-Inférieure, principalement à Rouen.

Toile d'embourrure

Cette toile, servant d'emballage, est tissée très claire ; elle a la même largeur que la toile forte.

Toile forte

La toile forte est une grosse toile en phormium ou en lin, très serrée ; est employée pour recouvrir le dessus des ressorts ainsi que l'entoilage des dossiers. Sa largeur est de 1^{m}90, elle se vend au mètre et se fabrique principalement dans la Somme.

CHAPITRE V

Sièges bois recouvert

—

On désigne sous le nom de siège bois recouvert tout siège entièrement garni d'étoffe.

Il y en a de plusieurs modèles; nous les désignerons par genre et représenterons les plus usités :

Canapé ottoman (fig. 27), Fauteuil crapaud (fig. 28), Chaise crapaud.

Canapé coussins, Fauteuil coussins, Chaise coussins (fig. 29).

Canapé anglais, Fauteuil anglais, Chaise anglaise (fig. 30).

Canapé Marie-Antoinette, Fauteuil Marie-Antoinette, Chaise Marie-Antoinette (fig. 31).

Canapé lambrequin, Fauteuil lambrequin, Chaise lambrequin (fig. 32).

En outre de ces différentes formes, il existe d'autres modèles appelés Jockey-Club, Bébé, Médicis, Pompadour.

Les grands fauteuils de ces modèles sont appelés *Confortables*.

Chaise longue

La chaise longue, ou siège de repos, se fait dans tous les modèles des sièges désignés ci-dessus; à grands bras et à bras égaux, on l'appelle chaise longue de face.

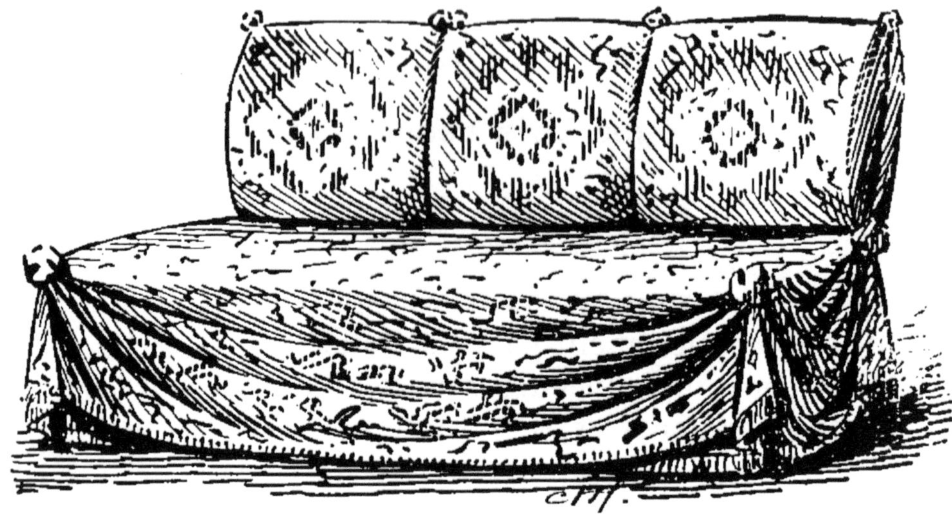

Fig. 27. — Canapé ottoman.

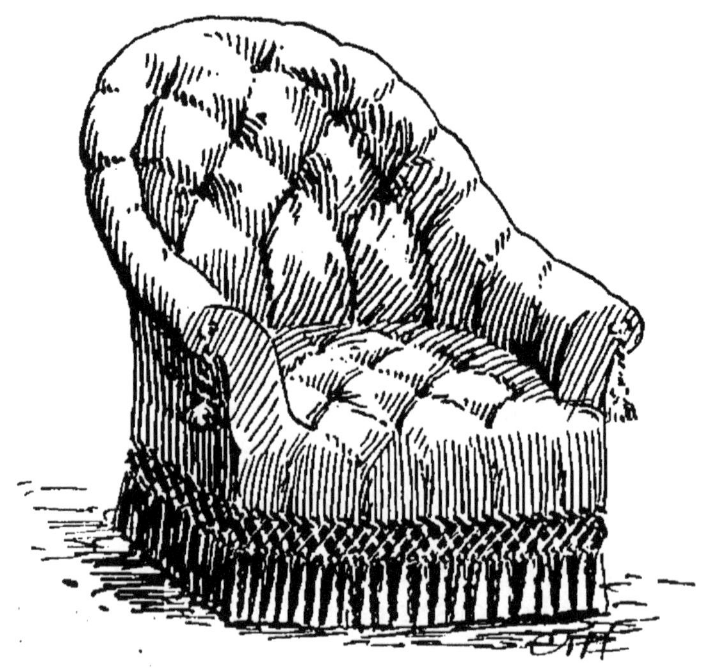

Fig. 28. — Fauteuil crapaud.

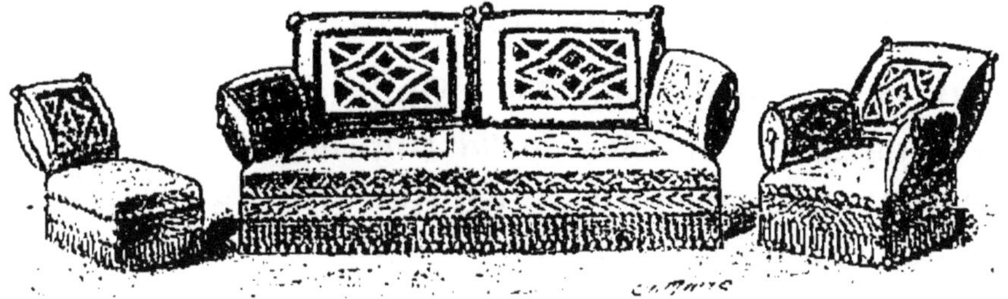

Fig. 29. — Chaise, canapé et fauteuil coussins.

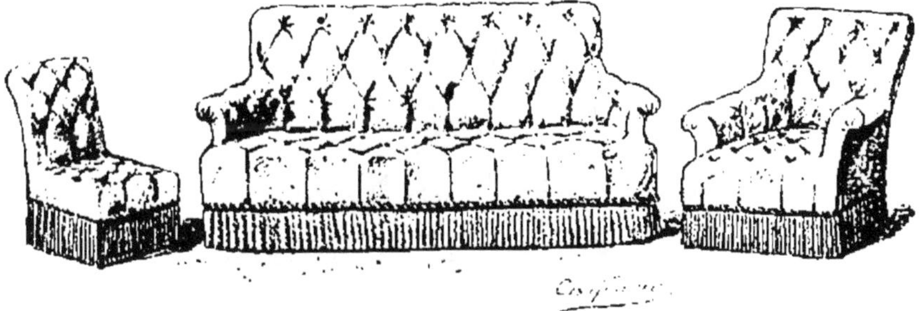

Fig. 30. — Chaise, canapé et fauteuil anglais.

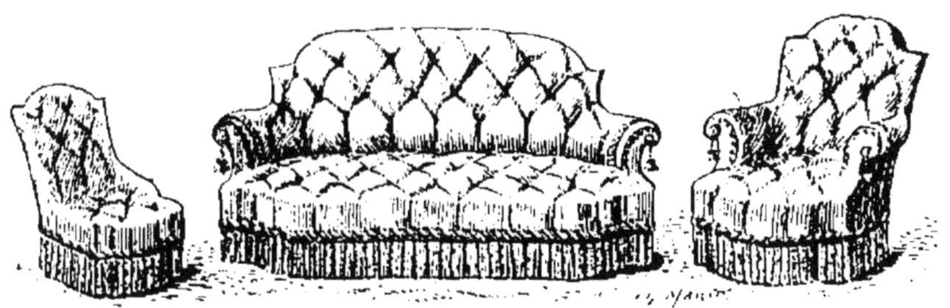

Fig. 31. — Chaise, canapé et fauteuil Marie-Antoinette.

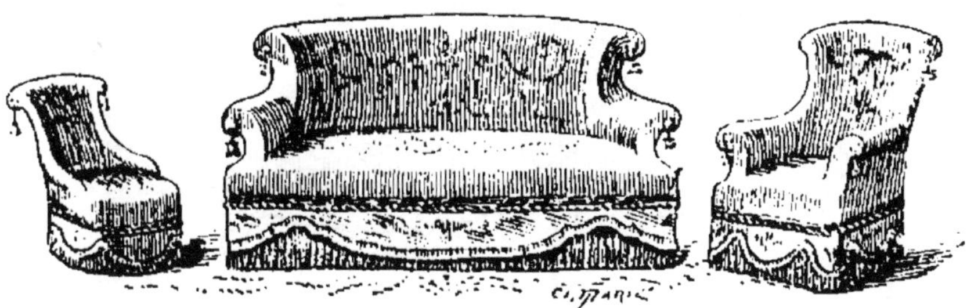

Fig. 32. — Chaise, canapé et fauteuil lambrequin.

Tapissier.   2

Grands sièges de milieu de salon, etc.

Il se fait également des grands sièges pour milieu de salon appelés *Borne* (fig. 33), et *Confident* de deux à cinq places, ainsi que l'**S** (fig. 34), des divans droits et des divans d'angle.

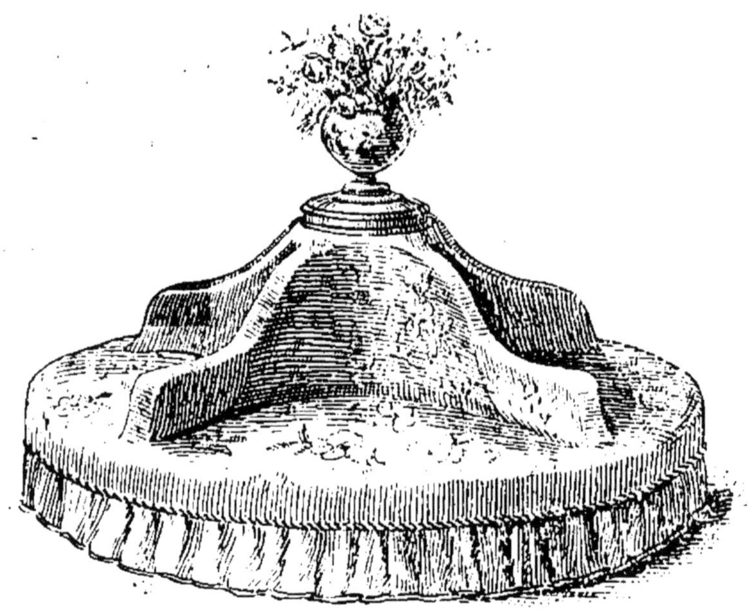

Fig. 33. — Borne.

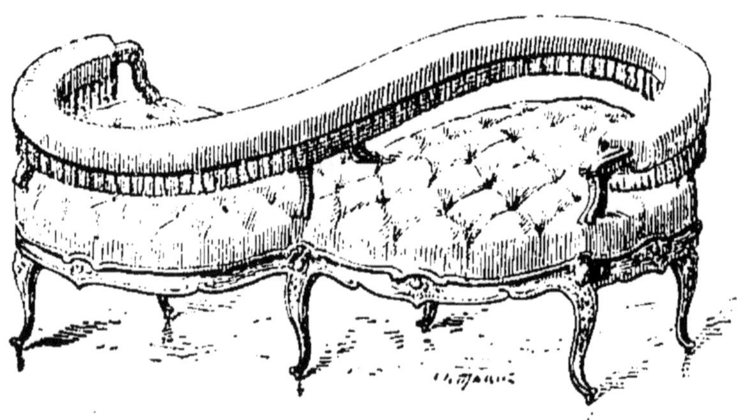

Fig. 34. — Siège en S.

Tous ces sièges se garnissent tendus, capitonnés ou de fantaisie.

Les sièges formes Grévy, Rothschild, **Jules Ferry**, etc., sont garnis en fantaisie.

Le lit canapé, le Voltaire, le fauteuil de bureau se garnissent généralement tendus.

Les banquettes ordinaires et de billard se font tendues et capitonnées.

Sièges de style

En outre de ces sièges bois recouvert **il y a des** sièges de salon de style :

Louis XIII (fig. 35), Louis XIV (fig. 36), Louis XV (fig. 37), Louis XVI (fig. 38), Empire (fig. 39).

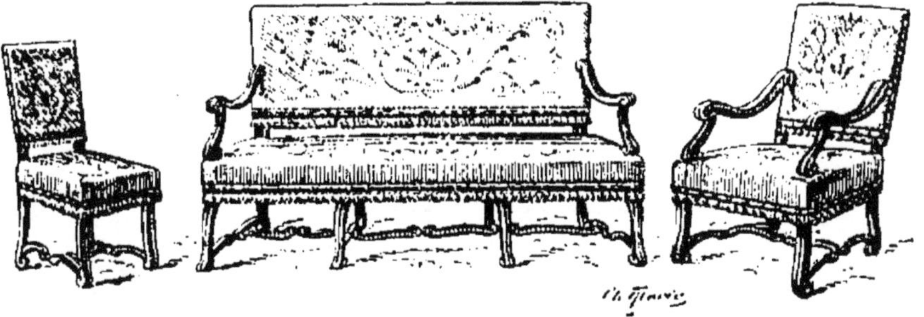

Fig. 35. — Chaise, canapé et fauteuil style Louis XIII

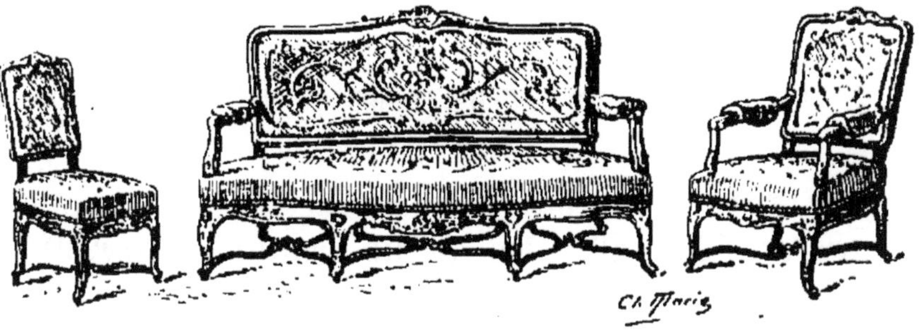

Fig. 36. — Chaise, canapé et fauteuil style Louis XIV.

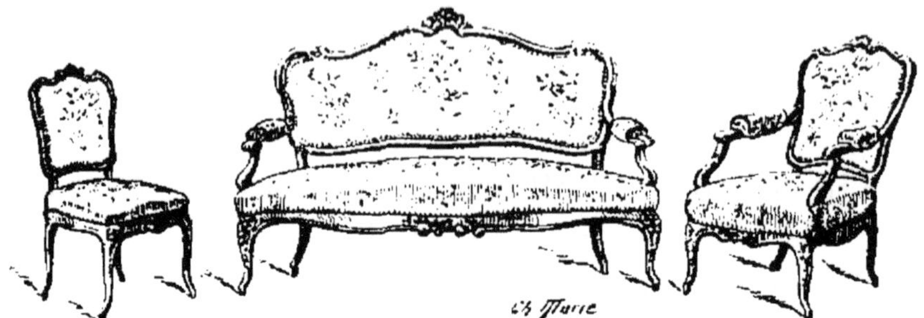

Fig. 37. — Chaise, canapé et fauteuil style Louis XV.

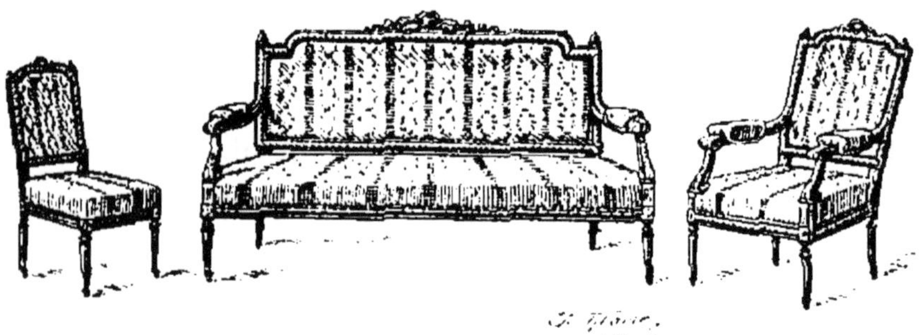

Fig. 38. — Chaise, canapé et fauteuil style Louis XVI.

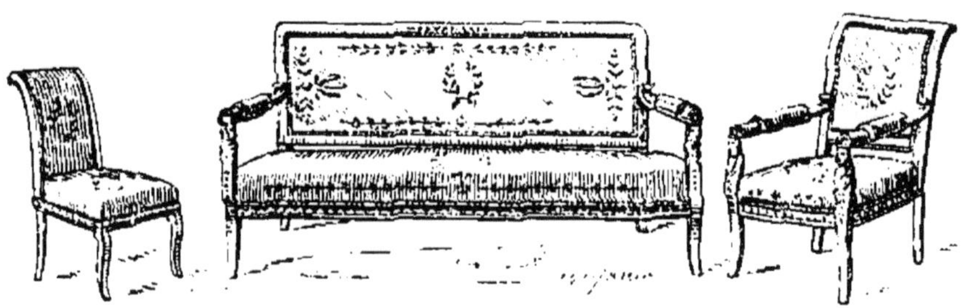

Fig. 39. — Chaise, canapé et fauteuil style Empire.

Les grands fauteuils de ces styles sont appelés *Bergères* (fig. 40), les petits canapés *Marquises* (fig. 41).

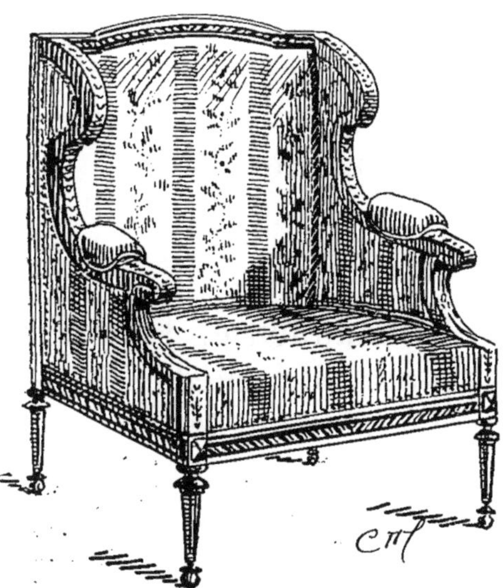

Fig. 40. — Bergère style Louis XVI.

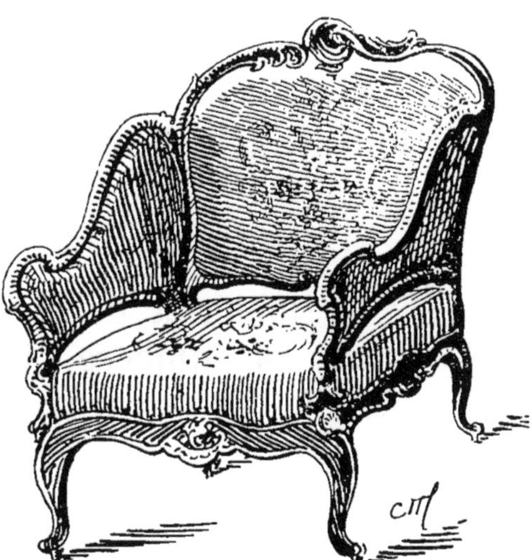

Fig. 41. — Marquise style Louis XV.

Chaises légères

Les chaises légères sont très variées comme genres.

Il se fabrique des chaises légères de style; ces chaises se montent à châssis ou à pièces; les chaises : gothique, escargot, à grille et à balustre se font généralement à châssis; elles sont : noires vernies, noires et mates rehaussées d'or ou toutes dorées; il s'en fait aussi en noyer ciré. Elles se garnissent presque toujours sans élastiques, à pelotes ou piquées, et aussi capitonnées.

Les chaises à pièces sont garnies à ressorts et se font en garniture tendue ou capitonnées.

Tabourets, etc.

Le tabouret de piano, la chauffeuse, le prie-Dieu, la fumeuse, le tabouret de pieds et le chauffe-dos se garnissent généralement tendus.

Sommier

Le sommier doit être de bonne fabrication.

Il faut mettre au moins de quarante-deux à quarante-huit élastiques, selon que la caisse a sept ou huit barres. Ces élastiques sont cloués sur les barres avec des conduits et guindés en huit et à nœuds; les ressorts doivent être également cousus sur la toile forte, les bourrelets sont piqués de deux à trois points. Comme marchandise intérieure on emploie le plus souvent l'étoupe; le coutil qui recouvre le sommier sera de bonne qualité. Quelquefois on fait des sommiers à tête, c'est-à-dire qu'un des bouts a 4 centimètres de plus de hauteur que l'autre, ce qui forme tête.

Il se fait aussi le sommier à soufflet (Voir *Garniture à soufflet*).

Manière de prendre la mesure d'un sommier. — Pour avoir la mesure d'un sommier, prendre la longueur et la largeur du lit et faire faire la caisse 3 centimètres en moins dans sa longueur et sa largeur. Dans les lits de style, c'est-à-dire Louis XIV, Louis XV, Louis XVI, faire un pan coupé à la caisse de 3 centimètres aux quatre coins, afin qu'il puisse rentrer très facilement dans le lit ou que le montant du pied de ce lit dépasse dans l'intérieur.

CHAPITRE VI

Garniture des sièges

La garniture des sièges se fait de plusieurs manières : à pelote, tendue ou capitonnée.

Droit fil

Le droit fil est la base de tous les travaux de tapisserie.

On appelle droit fil le fil d'une toile, d'une étoffe ou de n'importe quel tissu qui part d'un point et revient à l'autre extrémité en ligne droite.

Garniture à pelote

C'est par la garniture à pelote, qui est la première garniture, que l'art du tapissier-garnisseur a commencé et a remplacé les coussins et les morceaux d'étoffe posés négligemment sur les sièges.

Cette garniture consiste, une fois le siège sanglé, à passer des lacets de ficelle tout autour du siège et au milieu pour maintenir le crin que l'on doit y mettre; lorsque le crin est placé, le recouvrir immédiatement avec de la toile blanche, puis ensuite appointer et clouer l'étoffe destinée au siège.

Garniture à épaisseur sans ressorts

Cette garniture n'est employée que pour les petites chaises légères et les dos de chaises et fauteuils; pour les fonds elle consiste, le siège étant sanglé, à y placer le crin comme il a été dit pour la garniture à pelote; ensuite recouvrir ce crin de toile d'embourrure, faire un point de fond, rabattre la toile sur la carre du bois et procéder au piquage (Voir *Rabattage et piquage*).

Lorsque le siège est piqué, mettre la piqûre de crin ainsi que la toile douce.

Le travail est le même pour les dossiers de chaises et fauteuils après les avoir entoilés.

Fabrication d'un fauteuil crapaud

Garniture à ressorts

Pour cette garniture, nous démontrerons complètement la fabrication du siège et prendrons comme *type* un fauteuil *Crapaud*, à dossier, sans bosse et à bosse.

Pour bien faire comprendre cette garniture, nous nous étendrons sur certains détails qui sont indispensables à sa démonstration.

Toutes les carres des sièges que l'on a à garnir doivent être préalablement abattues à la râpe pour faciliter le rabattage.

Sanglage

On dispose autant de sangles que le fond du fauteuil peut en contenir, en long et en travers en les entrelaçant, la première sangle doit être échancrée sur les pieds de devant. Toutes les sangles devront être clouées en dessous et au milieu du bois de la ceinture; les replier en les clouant et les tendre avec les tenailles à sangler. Il faut avoir soin d'éviter les jours, les sangles devant se toucher.

Pour ce travail les semences 12×8 sont employées.

Mise en ressorts

Pour le fauteuil qu'il s'agit de garnir, mettre neuf élastiques huit tours, les placer de la façon suivante :

Trois touchant presque le bois de la devanture;

Trois à la deuxième rangée, à 2 centimètres et demi en arrière;

Les trois autres à 3 centimètres en arrière de la deuxième rangée.

Les nœuds des élastiques devront être tournés en

biais et sur le derrière du fauteuil, ces élastiques seront cousus à quatre ou cinq points avec la ficelle à piquer au moyen d'un carrelet courbe.

Guindage

Le guindage consiste à réduire la hauteur des ressorts à la hauteur que le siège doit avoir; les élastiques du milieu de ce siège doivent être réduits à 19 centimètres ainsi que ceux du premier rang, le dernier devra avoir 18 centimètres; on réduit ces ressorts par les cordes de travers que l'on cloue vis-à-vis des élastiques avec des semences 16 ou 20. Les cordes de longueur se coupent du double de leur grandeur afin que l'on puisse se servir de ce qui est en trop pour reguinder en arrière; il faut guinder à nœuds avec cette corde. Entre les ressorts on doit reguinder à nœuds toutes les cordes des ressorts.

Mise en toile forte

Le fauteuil étant guindé, on procède à la mise en toile forte en coupant une toile de la longueur et de la largeur du siège pour recevoir les élastiques; on l'appointe bien droit fil et on la cloue en la repliant sur le champ de la ceinture au milieu du bois, ensuite on coud les élastiques à nœuds sur le dessus de la toile forte à quatre ou cinq points.

Emballage

Mettre le crin sur le siège et le recouvrir de la toile d'embourrure s'appelle emballage.

Pour ce travail, couper une toile d'embourrure la moitié plus grande et plus large que le siège, passer tout autour de ce siège des lacets avec la ficelle à piquer pour recevoir le crin, ainsi que sur le dessus ; mettre dans chaque lacet une forte poignée de crin que l'on écarte afin d'éviter les bouchons ; le crin une fois placé, faire de même pour le dessus ; s'attacher à donner avec le crin à peu près la forme du siège ; appointer la toile d'embourrure droit fil, la replier autour du siège et ne la serrer que ce qu'il faut pour conserver la hauteur de la garniture.

Point de fond

Le point de fond est d'une grande utilité pour maintenir le crin entre la toile forte et la toile d'embourrure, il donne la hauteur et la forme du siège et facilite le rabattage. Il se fait sur le dessus avec un carrelet à deux pointes, prenant en dessous la toile forte et en dessus la toile d'embourrure. On le fait de 6 à 9 centimètres de longueur sur le dessus, on met deux ou trois fils d'écart à la toile ; on doit le serrer davantage sur le côté et le derrière qu'à la devanture. Il faut un deuxième point de fond au milieu du siège.

Rabattage

Lorsque le point est terminé, échancrer la toile aux taquets et clouer, puis rabattre la toile au milieu du bois sur le côté et le derrière du fauteuil ; on rabat la devanture sur la carre. Bien placer le crin et le repeigner avant le rabattage pour que le bourrelet soit bien régulier.

On emploie des semences 6×4 pour le rabattage.

Piquage

Le piquage est la manière de former les bourrelets.

On procède comme suit : on fait quatre points à la devanture, deux sur les côtés, deux sur le derrière.

Le premier point se prend dans les clous du rabattage à 3 centimètres en avant du point de fond, on laisse deux fils de toile d'embourrure entre les points ; le premier point est très peu serré, on passe le deuxième point un peu au-dessus et un peu en avant du premier sur le dessus en le serrant plus fort ; ces deux points forment un gros bourrelet. Le troisième point se passe comme le deuxième, le quatrième se sert plus fort en passant le carrelet dans les mêmes points en arrière ; il ne doit pas exister de gouttières, le bourrelet ne doit ni rentrer ni ressortir et être bien régulier ; le tire-crin sert pour cet usage.

La devanture étant piquée devra avoir 17 centimètres du haut du bourrelet au bas du bois.

Piqûre de crin

On place la piqûre lorsque le bourrelet est terminé ; le crin placé entre la toile d'embourrure et la toile blanche s'appelle piqûre. Pour ce travail passer les lacets en arrière du bourrelet et sur le dessus du siège, placer une légère poignée de crin dans les lacets en le peignant bien, forcer un peu plus sur le devant et le milieu, de manière que la piqûre soit légèrement bombée au milieu et bien régulière.

Mise en toile blanche

Lorsque le fauteuil est terminé, on le recouvre complètement avec la toile blanche (ou toile douce), le siège est ainsi entièrement fini et est prêt à recevoir la couverture d'étoffe.

Couper une toile de la longueur et de la largeur du siège, environ 80 centimètres sur 95 centimètres, appointer cette toile sur le derrière en tendant légèrement sur le bas de la devanture et sur le côté, réduire un peu la piqûre en s'asseyant sur le siège, retendre la toile plus fortement en prenant soin de ne pas déformer les bourrelets, échancrer à l'endroit de la manchette et clouer à fond.

Employer des semences 4×3.

Entoilage du dossier sans bosse

Clouer avec des conduits un fil de fer d'élastique à 1 centimètre au-dessus du fond, couper la toile forte de la longueur et de la largeur du dossier, l'appointer dans le bas avec des houzeaux après le fil de fer et la tendre ensuite tout autour du dossier en ayant soin de bien l'appointer sur les barres afin d'épouser bien le creux de ce dossier.

Coudre la toile forte dans le bas après le fil de fer avec la ficelle à piquer, clouer ensuite la toile forte tout autour du dossier en la reployant au mi-

Tapissier.   3

lieu du bois ; plier des petites bandes de toile forte
ou autre et les clouer aux barres par-dessus la toile
afin d'éviter que les clous s'échappent au creux du
dossier.

Emballage

Couper la toile d'embourrure et emballer avec le
crin les deux manchettes, faire un point de fond
tout autour au ras du bois et de la crosse, dans le
bas à 5 centimètres au-dessus du fil de fer, faire un
autre point au milieu, très peu serré, rabattre la
crosse et le dessus de la manchette ; en rabattant,
laisser la toile un peu lâche de manière à bien
faire l'arrondi et ressortir la crosse, appointer la
toile d'embourrure dans le bas du dossier et commencer l'emballage.

Appointer la toile tout autour du siège et sur la
carre, commencer le point de fond autour, à partir
d'une manchette pour revenir à l'autre. Il faut cinq
points de fond en droite ligne ; ensuite rabattre le
dossier, coudre la jonction de ce dossier avec la
manchette, piquer le dossier soit avec un point en
dedans (point perdu), soit avec un point dessus
formant bourrelet.

Mise en toile douce du dossier

Couper une toile blanche de la hauteur et de la
largeur du dossier en laissant assez de toile pour
couper l'arrondi du bas du dossier, appointer avec
des houzeaux piqués dans le bourrelet la toile du
dos bien droit fil ; échancrer la partie des manchettes en rond en laissant assez de toile pour for-

mer gousset, puis tracer au crayon l'arrondi du bas du dossier et couper en laissant de quoi faire la couture. Appointer une bande de toile de 15 centimètres de hauteur et du double de l'arrondi de la toile du dossier et la faire coudre plissée, ensuite appointer la toile des deux manchettes et faire la même coupe que celle du dossier, appointer les deux toiles des manchettes. Mettre une petite piqûre de crin aux manchettes et au dossier; ensuite appointer la toile blanche et clouer à fond au milieu du bois du dossier.

Couverture d'étoffe

Pour couvrir ce fauteuil en étoffe unie de 1^m30 de largeur, on coupe d'abord la profondeur du fond, ce qui donne 75 centimètres que l'on recoupe en deux au pli ; un demi lé servira pour couvrir le fond et l'autre demi lé pour l'entoilage du derrière du fauteuil avec ce qui tombera d'étoffe du dossier; ensuite couper la hauteur du dossier 8 centimètres plus grand pour l'arrondi, ce qui donne également 75 centimètres, on appointe le lé entier sur le dossier en laissant tomber ce qu'il y a de trop d'étoffe d'un côté; on coupe ce surplus d'étoffe selon la forme du dossier; ce qui est en trop servira, en l'appointant au demi lé qui est tombé du fond, à faire l'entoilage complet du derrière; puis on fait la coupe du dossier comme il a été dit pour la toile blanche; couper ensuite 40 centimètres d'étoffe qui serviront à faire les deux manchettes, et l'étoffe qui tombera de ces deux manchettes servira à faire les deux apiècements de chaque côté du fond. En un mot, faire la même coupe en étoffe qu'avec la toile blanche; faire coudre ensuite et ne pas oublier de mettre une toile plissée, solide, dans le bas du dossier, ainsi que derrière les côtés du fond pour pouvoir bien tendre l'étoffe par derrière. On aura donc employé d'étoffe pour ce fauteuil :

Fond et une partie de l'entoilage	0^m75
Dos.	0^m75
Manchettes.	0^m40
Total	1^m90

Ensuite on appointe l'étoffe du fond comme pour la toile blanche et on cloue.

Les dossiers se couvrent également de la même manière; aux crosses, faire des petits plis très réguliers avec l'étoffe.

Quand l'intérieur du fauteuil est couvert, on cloue une contre-toile forte derrière le fauteuil avant d'y clouer l'étoffe en ayant soin de mettre un peu de crin dans le haut pour éviter de sentir les barres, puis on cache les clous tout autour du dossier au moyen d'une lézarde collée ou crétée, puis on retourne le fauteuil sens dessus dessous pour clouer la percaline ou jaconas ; avoir soin de bien échancrer cette percaline à l'endroit des pieds et la clouer dans le bas de la ceinture; ces clous devront être cachés par la tête de la frange; mettre les roulettes pendant que le fauteuil est retourné, ensuite **clouer la frange tout autour avec des pointes à damas dans la tête.**

Même fauteuil dossier à bosse

Ce même fauteuil se fait également à dossier à bosse.

Pour faire ce dossier, on l'entoile de la manière suivante :

Clouer un fil de fer dans le bas à 1 centimètre au-dessus du fond, puis prendre la mesure de 27 centimètres à partir du bas des deux barres du milieu, et appointer la toile forte en la clouant sur les barres à partir des 27 centimètres du bas des barres; faire deux pinces d'environ 5 centimètres vis-à-vis des barres en cousant avec la ficelle à piquer jusque dans le bas; tendre très fortement la bosse aux manchettes, c'est ce qui forme l'arrondi de la bosse. Ensuite clouer un fil de fer partant en haut des barres de côté en suivant bien le contour de la bosse, clouer ce fil de fer sur les deux barres du milieu, toujours à 27 centimètres, puis coudre la toile forte du bas au fil de fer qui se trouve à 1 centimètre du fond.

Mise en toile blanche

La mise en toile blanche du dossier se fait de la même manière; mais, avec de la ficelle à piquer, on doit coudre la toile blanche à la partie de la bosse.

Couverture d'étoffe

La couverture d'étoffe se fait également de la même façon que la mise en toile blanche, mais il faut après avoir préalablement tracé la bosse avec des épingles ou des traits blancs faire coudre un galon (appelé bolduc) derrière l'étoffe, c'est ce galon que l'on coud avec de la ficelle après le fauteuil afin que l'on ne puisse rien voir apparaître sur le dessus de l'étoffe.

Même fauteuil garniture capitonnée

La garniture capitonnée est plus douce et plus gracieuse à l'œil ; l'ouvrier doit porter toute son attention à la disposition des capitons en leur faisant bien suivre la forme du siège.

Le siège capitonné est guindé un peu plus bas que le siège tendu ; lorsque la mise en toile forte est terminée, on coud une toile d'embourrure autour du siège, sur le dessus, au milieu de l'élastique du devant et à la même distance, sur les côtés ainsi que sur le derrière ; on emballe les bourrelets, on rabat et on pique en faisant un assez gros bourrelet.

Disposition des capitons

Pour ce fauteuil, le capiton doit avoir 19 centimètres de longueur et 14 centimètres de largeur ; prendre le milieu de la devanture et du derrière, appointer une ficelle à piquer pour bien avoir le milieu du siège, puis avec des grosses semences, disposer les capitons de la manière suivante :

Quatre capitons sur la première ligne, ensuite trois, puis quatre, trois et deux, placer une semence en dessous de la ficelle à 8 centimètres du bourrelet pour avoir la première ligne, puis de 9 cent. 1/2 en 9 cent. 1/2.

Comme il faut quatre capitons à la première ligne, on mettra une semence à droite et une à gauche à 7 centimètres de cette ligne et à 14 centimètres de chaque côté.

Pour la deuxième ligne, la semence déjà placée donne un capiton de milieu ; on prend 14 centimètres à droite et à gauche.

La troisième ligne se trace comme la première et ainsi de suite.

Vérifier avec le compas si les capitons sont bien réguliers.

Emballage

Passer les lacets au milieu de chaque capiton, faire passer du dessus une ficelle de 30 centimètres de longueur, cette ficelle devra dépasser le crin quand l'emballage est fait, elle sert en même temps à faire le capiton.

Pour l'emballage, placer une forte poignée de crin au milieu de chaque lacet en le peignant bien, puis tracer la toile blanche.

Pour cette garniture, il faut employer du crin de bonne qualité.

Manière de prendre la mesure de la toile blanche et traçage des capitons sur cette toile

Prendre la profondeur du fond du derrière au bas de la devanture, ce qui donne environ 75 centimètres, et compter combien il y a de capitons dans la profondeur du siège, mettre 6 centimètres d'ampleur ; comme il y a cinq lignes de capitons, on prendra donc $5 \times 0,06 = 30$ centimètres en plus.

Traçage

Plier la toile en deux sur un établi, prendre la mesure du bas de la devanture au premier capiton, ce qui donne 22 centimètres, plus 6 centimètres, ensemble 28 centimètres.

Tracer avec un crayon un point à 28 centimètres de la toile et au pli; puisque les capitons ont 19 centimètres en longueur, plus 6 centimètres d'ampleur, tracer de 12 cent. 1/2 en 12 cent. 1/2, selon le nombre de lignes de capitons.

A la première rangée en travers, comme ils ont 14 centimètres de largeur, plus 6 centimètres d'ampleur, et que la première ligne de devanture a quatre capitons, tracer un point à 10 centimètres à droite et à gauche du milieu de la toile, ensuite 20 centimètres.

La deuxième rangée ayant trois capitons, le milieu de la toile fait le capiton du milieu et on obtient les deux autres en traçant 20 centimètres à droite et à gauche.

Procéder de la même manière pour les autres rangées, puis tracer les losanges avec une règle et un crayon.

La toile blanche est donc tracée comme la toile forte, plus l'ampleur que l'on veut donner; quelquefois dans la plus petite mesure, c'est-à-dire en travers, on réduit l'ampleur d'un demi centimètre.

Cette explication nous a paru nécessaire pour bien faire comprendre l'importance qu'on doit attacher à la disposition, au traçage et à l'assemblage, car si on n'y apporte pas tous les soins voulus, il est tout à fait impossible de faire un travail soigné.

Nous continuerons le fauteuil jusqu'à ce qu'il soit entièrement fini en observant scrupuleusement toutes les règles du métier.

Capitonnage

Lorsque la toile est tracée, passer les ficelles qui ressortent au-dessus du crin dans chaque tracé, les bouts passés un peu en biais de chaque point et faire un nœud coulant à chaque boucle. Quand les ficelles sont nouées, serrer graduellement en commençant par le tour, le milieu se serrant en dernier ; on doit former les plis à mesure que l'on serre, puis passer la ficelle dans la boucle qui forme le nœud pour serrer à fond ; couper la ficelle au ras du nœud et avec le plat du tire-crin ou la pointe des ciseaux, arranger les plis pour bien les former définitivement.

Puis rabattre la toile en appointant au milieu du capiton, passer les plis droit fil à chaque capiton, clouer dans le bas de la devanture en mettant une légère piqûre de crin sur le devant du bourrelet.

Clouer les côtés et le derrière sur le champ des traverses au milieu du bois.

Entoilage du dossier

L'entoilage du dossier se fait comme si le fauteuil était tendu à bosse.

Bourrelets du dossier et des crosses de manchettes

On commence par faire le bourrelet des crosses. Pour faire ce bourrelet, on coupe une bande de toile d'embourrure du double de la hauteur des manchettes et de 20 centimètres de largeur, on coud cette toile en la reployant à partir de la tringle jusqu'en haut du bois à 2 centimètres en arrière du bois des crosses et on la cloue sur le dessus en faisant le plus possible de plis afin de laisser beaucoup de toile pour l'arrondi de ladite crosse ; on emballe le crin et on pique à deux points en faisant toujours ressortir un peu l'arrondi de la crosse.

Pour le bourrelet du dossier on coupe une bande de la longueur du tour du dossier plus la moitié de cette longueur et de 25 centimètres de largeur. Cette toile étant plus grande sert à bien faire l'arrondi du dossier, puis on coud cette toile à 3 centimètres en dedans tout autour du bois du dossier ; avoir soin pour la clouer de mettre une toile ployée en ruban de 1 centimètre de large afin d'éviter que la toile d'embourrure ne s'échappe ; laisser les deux tiers de toile en dedans du dossier et un tiers en dehors, emballer légèrement le bourrelet en dedans du dossier et le rabattre, ce bourrelet doit être assez gros pour former un petit bourrelet assez ferme à l'extérieur du dossier avec l'autre partie de la toile.

Ces bourrelets ne se piquent pas, ils forment la rampe du fauteuil.

Traçage des capitons du dossier

Pour tracer les capitons du dossier, on prend le milieu de ce dossier de bas en haut et on procède de la même manière que pour le traçage du fond ;

lorsqu'ils sont régulièrement tracés on les marque
avec du fusain derrière la toile forte, il faut tricher
le traçage à l'endroit de la jonction des capitons
aux manchettes; ensuite on passe les lacets de
ficelle dans chaque capiton et on emballe, puis on
coupe la toile blanche et on la trace de la même
façon que le fond en mettant seulement 4 centimètres à 4 cent. 1/2 d'ampleur.

Lorsque la toile est tracée, on pique les capitons
avec le carrelet droit et on les noue derrière le fauteuil, on rabat la toile blanche en ayant soin de
charger très fortement la bosse.

Quand le fauteuil est en blanc, faire coudre les
plis à l'aiguille.

Couverture

Pour couvrir ce fauteuil en étoffe de 1^{m}30 de largeur, prendre :

1° La mesure de la profondeur du fond avec un
mètre à ruban en suivant la forme des capitons
jusqu'en dessous de la bosse du dossier, ce qui
donne . . . . 0^{m}85

2° La mesure du dossier de bas en haut
jusqu'au dessous de la bosse . . . . 0^{m}80

3° Pour les manchettes prendre la mesure
en hauteur, la moitié de l'étoffe faisant les
deux manchettes. . . . . 0^{m}45

4° La hauteur du derrière du dossier
pour l'entoilage . . . . 0^{m}65

Ensemble. . . . . 2^{m}75

Faire coudre une toile dans le bas des manchettes, fond et dos pour pouvoir tendre l'étoffe derrière le fauteuil, puis clouer. Ensuite avec des houzeaux appointer l'étoffe dans chaque capiton sur le siège en faisant bien les plis, et mettre le bouton ou bouffette avec du fouet à capitonner. Le bouton étant serré, repasser le carrelet à deux pointes en dessous du siège et couper; rabattre l'étoffe comme il a été dit pour la toile blanche, couvrir le dossier et les manchettes de la même manière en faisant bien attention au hantage du dossier et des manchettes.

Le fauteuil étant couvert, l'étoffe doit être posée naturellement; les capitons ne doivent pas tirer ni être déformés.

Le derrière ainsi que la fin du travail se font de même que pour le siège tendu.

Pour toutes les garnitures capitonnées (chaises ou canapés) on procède de la même façon.

Les capitons se font de plusieurs grandeurs, selon le siège que l'on doit faire; l'ampleur varie suivant leurs mesures.

On fait les tout petits capitons lorsque les sièges sont avec une bande tendue au milieu; dans ce cas le siège tendu se fera un peu plat, recouvert d'une toile forte et on formera les petits capitons dessus.

Les sièges de fantaisie sont ligaturés ou ont souvent une rampe à boudin, ils sont tendus ou capitonnés; dans ce cas on dispose la garniture pour pouvoir rabattre à l'intérieur du bois du dossier, laissant à découvert les deux tiers du bois du siège; c'est sur cette partie que l'on fait les rampes,

Les rampes unies sont garnies assez ferme en toile d'embourrure et sont recouvertes de molleton. La rampe ligaturée se garnit de suite en molleton ; la faire assez moelleuse pour pouvoir bien la serrer en biais avec la ficelle à piquer pour qu'elle fasse bien torsade.

Ces rampes recouvertes de peluche avec de jolies étoffes soie qui recouvrent le fauteuil, agrémentées de belles tapisseries forment un ensemble riche et du plus bel effet.

Bourrelet à soufflet

Le bourrelet à soufflet se fait dans les sièges bois recouvert et capitonné. Pour ce travail on place les ressorts du premier rang touchant le bois de la devanture, on guinde en travers, mais les cordes de longueur doivent attacher les ressorts à la deuxième et troisième rangée plusieurs tours plus bas afin que ces ressorts, une fois guindés, conservent bien leur élasticité et leur hauteur.

La première rangée doit être à l'aplomb de la devanture ; on attache un jonc à la première rangée dans le haut de l'élastique en suivant les contours de la devanture ; on place la toile forte et on coud les ressorts ainsi que le jonc.

Pour faire le bourrelet on coupe une bande de toile d'embourrure de 25 centimètres et de la largeur de la devanture ; on l'appointe aux taquets et on la coud au milieu du ressort ; on emballe le bourrelet ; avec des houzeaux on appointe en dessous du premier rang du ressort ; avec le carrelet courbe et la ficelle à piquer on coud ce bourrelet,

on pique le premier point en dedans ; les trois
autres apparents. De cette façon le bourrelet se
trouve suspendu et forme le soufflet qui, consé-
quemment, donne plus d'élasticité lorsqu'on s'as-
sied.

CHAPITRE VII

Garniture des sièges de style

—

Généralement, tous les sièges de salons, bois
apparent, sont de style : Louis XIII, Louis XIV,
Louis XV, Louis XVI et Empire.

Pour garnir les sièges Louis XIV, Louis XV,
Louis XVI, on commence par entoiler le dossier
avec de la petite soie : marceline, foulard, ou petite
soie fantaisie ; si la soie est légère on met entre
cette soie et la toile forte une feuille de ouate ; le
dossier entoilé on passe les lacets autour et on
emballe le crin.

Les sièges Louis XIV et Louis XVI se garnissent
en plein.

Pour les sièges Louis XV on coud la toile d'embourrure au milieu du dossier pour bien épouser
le creux de ce dossier. On pique :

Assez gros pour le style Louis XIV ;
Moyen pour le Louis XV ;
Assez fin pour le Louis XVI.

Le premier point du dossier (appelé point perdu) se fait en dedans pour amener le crin dans le bourrelet.

On fait aussi le style Louis XVI dossier à tableau et piqué en lame de couteau; c'est-à-dire que le bourrelet est en forme de biseau et qu'il est piqué à point noué. Ce genre de garniture est assez difficile.

Le genre Empire est piqué de la même façon, la garniture est très plate; souvent, quand le fauteuil est couvert, on fait coudre un galon tout autour sur le dessus du siège et à la carre du bourrelet.

Dans ce style les dossiers se font quelquefois à pelote.

Les manchettes des sièges Louis XIV et Louis XV se font à boudin assez ferme; les manchettes Louis XVI se piquent fin.

Les fonds se garnissent de la manière déjà expliquée au chapitre VI « Garniture des sièges »; mais nous ne saurions trop recommander la mise en ressorts des sièges de style, à cause des taquets; en guindant, réduire les ressorts un peu plus bas que les taquets; bien échancrer la toile d'embourrure ainsi que la toile douce et bien observer les contours des sièges au piquage.

Pour la couverture de ces sièges on emploie le plus souvent des étoffes avec motifs, fleurs ou personnages.

On dispose donc un motif sur le dossier et le fond, ces étoffes ayant de 60 centimètres à 80 centimètres de largeur, ce qui tombe à droite et à gauche du dossier sert aux apiècements du fond.

Il faut pour un fauteuil 1^m40 d'étoffe ; en général les motifs fond et dos sont disposés pour ce métrage.

Les étoffes employées pour la couverture de ces sièges sont : le velours, le velours gaufré, le velours de Gênes, de Naples ; les tapisseries de Neuilly, Beauvais, Aubusson, les Gobelins ; les soieries de Lyon, le lampas, le lampéze et des étoffes fantaisies en 1^m30 de largeur ; dans ce cas on fait les deux fauteuils dans 1^m40 de tissu. On emploie pour cacher les clous de la fin de la lézarde à **S** ou à anneaux, du biais et du biais dents de rats.

Siège Louis XIII

Ce siège à grand dossier se fait le fond plat et le dos à pelote, il se couvre le plus souvent en tapisserie ou imitation ; il y a également des velours avec dessins de ce style, ainsi que des étoffes fantaisie. Comme passementerie on agrémente de frangette au fond ; aux taquets et autour du dossier on y pose du galon. Le siège est orné aussi de gros clous posés sur le galon et la frange ; on distance un peu ces clous.

Les chaises et canapés se garnissent de la même manière.

Chaise longue de style à trois parties

Dans les sièges de style il se fait aussi la chaise longue, composée d'un grand fauteuil bergère, un pouf de milieu dont la ceinture s'adapte au fauteuil, et un petit fauteuil bout de pieds. Ces trois sièges mis à côté les uns des autres et réunis par des crochets sous la ceinture forment la chaise longue.

Cette chaise se fait de tous styles.

Ecran

L'écran est utile pour cacher les devants de cheminée. Il est généralement en bois sculpté, du même style que les meubles; le devant est garni d'une tapisserie ou broderie et l'entoilage de petite soie.

Paravent

Le paravent se fait de deux à quatre feuilles selon la largeur de son déploiement; sa hauteur varie selon son usage.

Les paravents de salon sont du même bois que les sièges, et souvent sculptés et du même style.

Les paravents de chambre sont droits et très hauts, le bois est généralement tout recouvert d'étoffe.

Employer pour les paravents des charnières à double évolution.

Nous ne nous étendrons pas davantage sur la démonstration de la garniture, ayant, par ces quelques exemples, résumé les points principaux.

Nous continuerons par la coupe, la fabrication des housses, rideaux et tentures, la décoration d'appartements; en un mot nous nous occuperons de tout ce qui ressort de l'art de la tapisserie. Mais avant nous ferons connaître les étoffes, les passementeries, les tapis, usités dans l'ameublement, ainsi que leur origine et leur lieu de fabrication, car nous considérons qu'il est indispensable à tout tapissier de bien connaître les différentes matières employées dans la décoration.

CHAPITRE VIII

Principales étoffes employées dans la tapisserie pour la fabrication des sièges, tentures et rideaux.

Brocard

Le brocard est un lampas très riche, tissé d'or et d'argent et de soie ; les matières employées dans sa fabrication en rendent le prix très élevé. Il date du moyen âge.

Brocatelle

La brocatelle est une étoffe dont la chaîne est en soie, la trame soie est liée par une seconde chaîne (ou chaîne de liage) en fil de lin. Se fait de plusieurs qualités, de 55 centimètres à 1^m40 de largeur. Se fabrique à Gênes, Milan et Lyon. Se fait à dessins ton sur ton et plusieurs couleurs brochées.

Damas des Indes

De même fabrication que le damas de Lyon, s'emploie pour rideaux et tentures ; se fait en 75 centimètres et 1ᵐ40 de largeur.

Damas de laine

Le damas de laine est composé d'une chaîne et d'une trame en laine, à dessins, le brillant de l'étoffe est produit par la trame ; le dessin est brillant et le fond mat à l'endroit ; à l'envers se produit l'effet contraire. Sa largeur est de 1ᵐ30, il s'emploie pour sièges, rideaux et tentures, en toutes teintes.

Damas laine et soie

Étoffe composée d'une chaîne en soie et d'une trame en laine, à dessins très variés. Sous le premier Empire on en a fabriqué beaucoup, mais sa grande vogue date de 1838 à 1865. Sa largeur était de 1ᵐ60, actuellement sa largeur est de 1ᵐ30.

Damas de soie

Ce damas de soie, orné de riches dessins formés en même temps que le tissu, est employé pour salons et chambres à coucher. Il se fabrique principalement à Lyon et à Nîmes. Sa largeur est de 55 centimètres et 1ᵐ30.

Les premiers damas proviennent de la ville de ce nom, en Syrie.

Granité

Le granité est une étoffe granulée ; se fait en toutes nuances, tout laine ou tramé coton ; on l'emploie fréquemment pour sièges et rideaux, sa largeur est de 1m30. Il se fabrique à Roubaix et à Tourcoing.

Lampas

Le lampas est tout soie ; cette étoffe est très ancienne, on l'employait déjà sous Louis XIII ; le lampas à fond satiné est plus brillant et a un envers très prononcé, sa largeur est de 55 centimètres à 1m30.

Lasting

Le lasting est employé comme entoilage des sièges et comme doublure ; il est de même fabrication que le satin de laine et plus apprêté ; sa largeur est de 1m30.

Reps

Cette étoffe d'ameublement a été employée dans la tapisserie vers 1867 ; elle se fait en toutes nuances ; le reps commun a la trame en coton, sa largeur est de 1m30 ; on l'emploie pour sièges et rideaux.

Le reps de soie se fabrique à Lyon, il y a aussi des fabriques de reps à Roubaix et à Tourcoing.

Satin de laine

Le satin de laine est une étoffe unie dont la chaîne et la trame sont en laine, sa largeur est de

1ᵐ30 ; on l'emploie pour rideaux, sièges et parfois comme doublure.

On tisse le satin en écru et on le teint en toutes nuances ; depuis 1872 il se fabrique à Roubaix et à Tourcoing.

Satin de soie

Le satin tout soie a 50 centimètres, 70 centimètres et 1ᵐ40 de largeur ; le satin tramé coton a 1ᵐ40 de largeur et s'emploie pour sièges et tentures, et quelquefois pour sièges capitonnés.

Etoffe fantaisie coton

Dans les étoffes fantaisie coton, on s'est attaché à copier les vieilles tapisseries ; d'un prix très minime ces étoffes passent vite et n'ont pas beaucoup d'usage ; ces imitations se font par carrés et panneaux ainsi que portières encadrées représentant des sujets variés.

Etoffe fantaisie jute

L'étoffe fantaisie en jute, à dessins variés, a une largeur de 1ᵐ30, son prix est minime. Les fabriques de Lille, Roubaix, Tourcoing en ont répandu beaucoup depuis plusieurs années sous des noms quelconques : Damas russe, Orientale, Formose, etc., etc. Cette étoffe se fait en plusieurs couleurs, mais n'a guère d'usage.

Etoffe fantaisie, laine, coton et soie

Ces étoffes dont la trame est en laine, la chaîne en coton et le broché en soie sont très employées, pour sièges. rideaux et tentures. Par les dessins et le coloris elles présentent un aspect de bon goût ; elles se font ton sur ton, unies ou avec bouquets détachés, ainsi que de dessins variés. Elles se fabriquent à Lyon. Lille, Roubaix, Abbeville.

Tapisserie

Tapisserie au métier

Lorsque cette tapisserie est faite sur un métier dont la chaîne est tendue perpendiculairement, elle s'appelle de *haute-lisse* ; elle est dite de *basse-lisse* quand la chaîne est tendue horizontalement.

Les premières tapisseries de haute-lisse viennent de Bruxelles ; puis, en France. la manufacture des Gobelins en produit d'un travail tout à fait artistique.

Ces tapisseries sont employées comme panneaux, dessus de portes, lambris, et aussi pour dessus de sièges.

Tapisserie d'Aubusson

La tapisserie d'Aubusson est généralement de *basse-lisse* et employée pour panneaux. cantonnières, sièges, portières, rideaux, etc.

Louis XIV avait érigé cette fabrique en manufacture royale.

Tapisserie de Beauvais

La fabrication de la manufacture de Beauvais ressemble à celle des Gobelins ; elle fut fondée sous Louis XIV.

Velours

Le velours employé dans la tapisserie a 60 centimètres de largeur, le tissu est fait de fil de lin ou de chanvre et le velouté en laine. Le velours d'Utrecht a la chaîne en fil de chanvre ou de lin, la trame en laine et le velouté en poil de chèvre.

Ces velours se font en toute teinte, unis, gaufrés ou imprimés et rayés; ils varient également de qualité.

Ils se fabriquent surtout à Amiens et à Utrecht; leur origine est très ancienne.

Velours cuti-panne

Ce velours est fabriqué de la même manière que le velours d'Utrecht, son poil est un peu plus long; il tient le milieu entre le velours et la peluche; c'est par le cylindre qu'il obtient son brillant. Sa largeur est de 1 ᵐ30 et 1 ᵐ40.

Velours de Gênes

De soie façonnée et ciselée, ce velours a le fond satin et les dessins en relief; se fait de plusieurs couleurs, ton sur ton et aussi lamé or ou argent. Son prix est assez élevé et varie suivant la qualité.

Il existe des fabriques de ce velours à Gênes, Naples, Milan, Rome et Venise en Italie; en France, à Lyon, Avignon, Nîmes, Toulouse et Tours.

Velours de lin Titien

Ce velours, d'une largeur de 1ᵐ30, s'emploie pour rideaux, draperies et tentures; il se drape bien. mais nous ne conseillerons pas de l'employer pour les sièges.

Velours de soie

Le velours soie unie se fait en petite largeur, de 50 à 60 centimètres.

Il se fait également du velours tramé coton.

Peluche de lin

Depuis environ douze ans, ce genre de peluche s'emploie beaucoup pour rideaux, draperies et tentures, elle se drape très bien; son prix est modéré et sa largeur de 1ᵐ30. Se fabrique à Abbeville et Tourcoing.

Peluche de soie

La peluche de soie se fabrique comme le velours, on l'emploie pour draperies, chutes, parements de chutes, rampes de fauteuils; mêlée à l'étoffe soie fantaisie elle est très décorative; ses reflets sont très doux à l'œil; sa largeur est de 60 centimètres. La plus belle peluche se fabrique en Angleterre. En France, Lyon, Nîmes, Vienne (Isère) en fabriquent également.

Velvette

La velvette est une petite peluche rose et sèche au toucher, on l'emploie pour rideaux et tentures; elle se fabrique à Tourcoing, Abbeville et Roubaix.

Drap

Le drap est employé comme rideaux, bandeaux, lambrequins et sièges, souvent avec applications ; il se fait de différentes qualités et se teint en toutes nuances ; sa largeur est de 1^{m}40. Les principales fabriques se trouvent à Elbeuf.

Molesquine

La molesquine est une toile de coton vernie, elle se fabrique en Angleterre et en Amérique ; elle se fait en toutes nuances et de différentes qualités ; il y a la molesquine vernie et chagrinée, la plus résistante est celle que l'on nomme toile à voile et que l'on emploie pour les sièges. Sa largeur varie de 1^{m}10 à 1^{m}60.

Peau

On emploie dans la tapisserie la peau de mouton et le maroquin, ces peaux servent pour la couverture des sièges, elles se font vernies et chagrinées et en toutes nuances dont les plus usitées sont : le grenat, le havane, le rouge et le vert. Elles s'apprêtent et se travaillent à Paris et dans les grandes villes de France.

Tenture murale

Cette étoffe, surnommée *Armure*, se fait en jute coton et laine, de toutes nuances et de plusieurs dispositions de dessins. Sa largeur est de 1^{m}30 ; elle se fabrique à Lille et Roubaix.

Tapissier.   4

On emploie beaucoup comme tenture murale des toiles en phormium et en lin imprimées.

Etoffes imprimées

Cretonne

La cretonne est une toile de coton imprimée; il y a des cretonnes double face et de deux tons différents à l'endroit et à l'envers, Il en existe aussi dont les dessins sont de style avec fond satiné, d'autres imitent le reps, les Gobelins. Cette toile, de la largeur de 80 centimètres, se fabrique principalement à Mulhouse, en Alsace, et en France à Rouen.

Perse

La perse est une toile de coton qui est tissée comme le calicot, on imprime les dessins coloriés au moyen de rouleaux. Elle se fabriquait d'abord en Perse et dans l'Inde, ensuite la Hollande puis l'Angleterre en ont produit également; à Mulhouse, et en France, à Rouen, on en fabrique aussi depuis longtemps.

Reps et lasting

Le reps et le lasting sont des étoffes imprimées que l'on employait beaucoup sous le second Empire. L'impression sur le reps représentait les vieilles tapisseries, mais maintenant les étoffes fantaisies les ont remplacées.

Broderie

La broderie est la reproduction sur une étoffe, un tissu quelconque, de dessins en relief faits à l'aiguille ou au métier à la main.

On brode avec du fil de laine, coton, soie or ou argent, au passé, au plumetis, en application, en guipure.

A Lyon et à Paris on fait la broderie lamée or et argent ainsi que la soie; Nancy fait particulièrement la broderie au plumetis.

La broderie au crochet se fait en France à Alençon et Saint-Quentin; la Suisse en fait également.

TAPIS

Pendant plusieurs siècles on fabriqua les tapis de la longueur et de la largeur des pièces auxquelles ils étaient destinés. Les tapis de Turquie, de Perse, des Gobelins étaient ainsi fabriqués.

En 1607, Henri IV favorisa les progrès de cet art, en établissant une manufacture de tapis; en 1662, le ministre Colbert érigea en manufacture l'établissement des frères Gobelin, les travaux en furent dirigés par le peintre Lebrun. Vaucanson, au siècle dernier, en perfectionna les métiers; de nos jours, le célèbre chimiste Eugène Chevreul y introduisit de nouvelles améliorations, surtout pour la teinture.

Tapis moquette

Sous Louis XIV on se servait des moquettes comme couvertures de sièges; c'était une sorte de velours ras façonné de couleurs diverses et se fabriquait en Flandre.

De nos jours, les moquettes sont épinglées ou veloutées et se fabriquent de basse lisse sur métiers Jacquart; la pièce une fois tissée est passée sur la tondeuse, les dessins sont disposés de manière à raccorder les lés; elles ont 70 centimètres de largeur. Autrefois de cinq à six couleurs seulement, elles se font maintenant de douze et même quatorze couleurs, en toutes sortes de dessins et de toutes qualités.

Il se fabrique des moquettes de haute laine, à fleurs, imitation de tapis de savonnerie et aussi à dessins turcs et persans.

Les principales manufactures sont, avec celles des Gobelins à Paris, celles de Beauvais, Aubusson, Abbeville, Amiens, Bordeaux, Tours, Roubaix, Tourcoing et Felletin :

A l'étranger :

Tournai (Belgique);

Nottingham (Angleterre);

Tœfferegg (Tyrol);

En Turquie :

Smyrne, Brousse, Nicosie, Kara-Hissar, Alep, Pergame, Konieh et Damas.

En Perse :

Hérat, Djellalabad et Téhéran.

Les moquettes bouclées, avec dessins imprimés se fabriquent en Angleterre.

Tapis de Nîmes

Les tapis de Nîmes sont unis ou deux tons chinés; ces tapis, assez épais, n'ont pas autant d'usage que la moquette; ils se font de 1^m10 à 1^m40 de largeur.

Carpettes

Les carpettes sont tissées de la même manière que les moquettes au mètre, on les fait de différentes grandeurs, elles sont encadrées d'une bordure avec un dessin au milieu.

Descentes de lits

Comme les carpettes, les descentes de lit ont un encadrement et un dessin de milieu; elles se font de 1^m40 à 1^m70 de longueur sur 0^m70 à 0^m80 de largeur.

Sparterie

Ce genre de tapis végétal fait en *Spart* ou *Sparte* est plus connu sous le nom d'*Alfa* ou d'*Auffe*; cette plante est très commune en Algérie et en Espagne, on en fait des carpettes et des tapis d'escalier très bon marché.

Thibaude

La thibaude est un tissu peu serré et très grossier; on s'en sert pour doublure de tapis, sa largeur est de 50 centimètres à 1^m10.

Tapis d'escalier

Ce tapis se fait en moquette avec fond uni ou chiné, avec bandes courantes, de couleurs unies aux lisières, il se fait également le fond à dessins.

Sa largeur est de 50 à 80 centimètres.

4.

Battage des tapis et conservation

Les tapis doivent être *déposés* au moins tous les ans. Les faire battre et brosser ainsi que la thibaude; les ployer dans les coutures et les rouler.

Conservation des tapis. — Pour conserver les tapis et les préserver des mites, employer le camphre, le poivre, etc., avoir soin de bien les secouer et les mettre à l'air avant la repose.

Doublures

Andrinople

L'andrinople est une toile de coton teinte en rouge (rouge andrinople); se fait en différentes qualités et de toutes largeurs, depuis 35 centimètres jusqu'à 1^{m}40. Les belles qualités sont souvent employées pour enveloppes d'édredons. Il y a le rouge lisse, croisé et satiné.

Bougran

Le bougran est fait de gros fils de coton, très fortement encollé et passé au cylindre, d'une largeur de 80 centimètres; on l'emploie comme toile gommée.

Doublure mi-soie

De même que l'Egyptienne, le satin milanais, la serge, ces tissus sont coton et soie; on les emploie comme doublures de rideaux et fonds de lit, ils se font en toutes nuances et aussi à petits dessins; leur largeur est de 1^{m}30.

La principale fabrication est à Lyon.

Doublure soie Marceline

La marceline est une étoffe tout soie, on l'emploie pour doublure de rideaux molletonnés et comme entoilage des sièges de style; elle a de 55 centimètres à 1ᵐ30 de largeur.

Se fabrique à Lyon et Saint-Étienne.

Quinze-seize

Ce nom de quinze-seize lui vient de sa **largeur** alors que, anciennement, on employait l'aune comme mesure (quinze seizièmes d'aune).

Cette étoffe ressemble au taffetas tout soie et est nommée aussi *Gros de Tours*.

Doublure soie fantaisie

Armure, grain de poudre, pongée, satin vénitien, toile royale, tunisienne, etc. Toutes ces étoffes sont ainsi dénommées par leur genre de tissage; elles ont 1ᵐ30 de largeur et se fabriquent à Lyon et Saint-Étienne.

Finette

La finette est un molleton très léger **et est** employée principalement pour draperies.

Foulard

D'une étoffe aussi légère que la marceline, le foulard est d'un ton plus mat, sa largeur est de 75 à 80 centimètres.

Gourgourand

Le gourgourand est une étoffe à rayures satinées sur fond mat, à côtes ; est employé comme doublure et étoffe de rideaux ; largeur 1^{m}30.

Molleton

Le molleton de rideaux est en coton gris ou blanc, de 1^{m}30 à 1^{m}60 de largeur, se fait de plusieurs qualités. De préférence on emploie le molleton blanc.

Il se fabrique à Paris, Troyes, Villefranche, etc.

Percaline

La percaline est un tissu de coton à fil plat et peu serré ; légère et lustrée, elle est employée comme doublure de rideaux. Largeur 80 centimètres et 1^{m}30.

Satinette

Cette étoffe de coton ne diffère de la percaline que par son apprêt satiné, est également employée comme doublure de rideaux ; de 1^{m}30 de largeur, elle se fait de toutes nuances.

• Satin parisien et alsacien

D'une qualité supérieure à la satinette, ce satin de coton est de même fabrication, d'un ton mat, il a 1^{m}30 de largeur ; se fabrique en Alsace, à Lille et à Rouen.

Toile gommée

La toile gommée est une toile forte, en lin ou phormium, encollée et passée au cylindre ; est employée pour gobelets de rideaux, lambrequins et bandeaux ; sa largeur est de 1ᵐ10. Se fabrique à Lille, dans la Meurthe et la Somme.

ÉTOFFES A HOUSSES

Basin

Le basin est une étoffe croisée dont la chaîne est de fil et la trame de coton, se fait rayé bleu et blanc, blanc et rouge (mille raies) blanc de différentes rayures, gris, gris et différentes couleurs. Il se fait en plusieurs qualités. Il y a aussi du basin blanc dont l'envers est molletonné. Sa largeur est de 80 centimètres ; il se fabrique à Cambrai, Flers, Rouen, Saint-Quentin et Troyes.

Le *satin de Flers* ne diffère que par son apprêt satiné.

Coutil

Le coutil est une toile croisée en fil et coton à rayures gris-blanc et de couleurs, on l'emploie comme toile à matelas, sommiers, enveloppes d'oreillers, etc., il a de 1 à 2 mètres de largeur. Il y a vingt-cinq ans on employait beaucoup le coutil damassé.

Se fabrique à Agen, Condé-sur-Noireau, Lille, Rouen, Roubaix, Troyes, Mulhouse et Bruxelles ; mais les plus estimés sont les coutils d'Evreux.

Levantine

La levantine est un tissu de soie, elle est originaire du Levant; on fait aujourd'hui de cette étoffe tout en coton, à rayures et à dessins de plusieurs couleurs que l'on emploie pour housses, sa largeur est de 1ᵐ30; elle se tisse à Rouen, Saint-Quentin et Troyes.

Pékin

Cette étoffe est du même genre que le basin, elle se fait à rayures mates et satinées et a 80 centimètres de largeur.

Elle se fabrique dans les mêmes villes que le basin.

PASSEMENTERIES

La passementerie est très ancienne, mais ce n'est que sous Louis XIII que cette industrie s'est développée, et depuis, à toutes les époques, elle a suivi le mouvement du luxe. D'un prix assez élevé d'abord, la passementerie a diminué de façon à devenir très abordable. L'ouvrier doit s'attacher à l'employer avec goût.

Câblé, Nervure

Le câblé et la nervure se retordent sur un métier à la main, de toutes grosseurs.

Crête

La crête est peu employée de nos jours, toutes les diverses frangettes l'ont fait délaisser; il y a

quelques années on fabriquait des crêtes en laine
bon marché, nommées petit ou grand chemin de
fer, ainsi que nattées ; les plus riches étaient à
grandes nattes, à bosses ou à anneaux, et se fabri-
quaient en soie.

Embrasses

Les embrasses sont composées de un ou deux
glands et se font de tous modèles, en laine, laine et
soie et tout soie ; les plus belles se font à grille,
jasmin, brin carré, etc... On les fabrique, comme
toutes les passementeries en général, suivant le
coloris de l'étoffe.

Frangette

La frangette est employée pour rideaux et draperies ; les principaux modèles sont les boulots,
Henri II, noisette, chardon. La tête de ces diverses
frangettes est faite au métier à la barre ; les boulots, noisettes ou mèches sont faites par des ou-
vrières mécheuses ou grappeuses, de même que les
macarons et les cartisanes.

Frange torse

La frange torse se fait au métier à la main en 7,
10, 15 et 20 centimètres de hauteur, en toutes
nuances et perse. On fait des franges en laine, laine
et soie, tout soie, à glands, à grille, nattées, brin
perlé, etc. ; l'âme est en coton.

Galon

Comme toutes les passementeries, le galon se fa-
fabrique généralement à Paris et dans toutes les

grandes villes. Il se fait en laine, laine et soie, tout soie et soie floche ; de toutes largeurs, plat, plumé à jour et à guipure.

Giselle

La giselle, de même que la crête, n'est plus beaucoup employée ; elle forme un galon avec effilés formant festons et est d'un très bel effet.

Lézarde

La lézarde se fait plate, en fantaisie coton, demi-soie et tout soie, unie, de toutes couleurs et perse. C'est une passementerie étroite qui est utilisée pour cacher les clous des sièges.

On emploie pour les sièges riches la lézarde à **S** à anneaux ainsi que le biais et la dent de rat ; elle est fabriquée sur métier à la barre, principalement à Paris et dans les grandes villes.

CHAPITRE IX

Fabrication et coupe de Rideaux

———

Indications pour prendre les mesures de Lits, Fenêtres et Portières

Croisées à bâton et à tête flamande

Hauteur du sol au bas de la corniche.
Largeur de l'embrasure en ajoutant 10 centimètres de chaque côté.

Croisées à galeries droites et à élévation

Hauteur du sol au bas de la corniche.
Hauteur du bas de la corniche au plafond.
Hauteur du haut de l'embrasure au bas de la cor-
niche.

Stores brodés et à l'italienne

Hauteur du dessus de la tringle à terre.
Longueur de la tringle ou du bâton.

Rideaux blancs et vitrages

Hauteur de l'ouverture de la croisée du haut en
bas.
Hauteur du sol au bas de l'ouverture de la croisée ou du parpaing.
Largeur de l'une des vitres.

Tapissier.   5

Lit à châssis à élévation

Hauteur du sol à la corniche.
Hauteur du bas de la corniche au plafond.
Largeur du lit.

Lit à châssis sans élévation

Hauteur du sol au bas de la corniche.
Largeur du lit.

Lit à anneau ou à arc

Hauteur du sol au plafond.
Largeur du lit.

Lit de coin

Bien désigner si la tête est à droite ou à gauche, ou faisant face au lit.

Jetés de lits ou courtepointes ajustées

Longueur et largeur intérieures du lit, en y comprenant l'épaisseur des matelas.

Portières doubles

Indiquer la hauteur que l'on veut donner à la portière.
Prendre la hauteur extérieure du chambranle.
Prendre la hauteur de la porte.
Prendre la largeur extérieure du chambranle.
Prendre la largeur de la porte.
Prendre la saillie du chambranle..

Portières simples

Ces mesures peuvent s'appliquer indifféremment aux portières ouvrantes avec ferrures, ou aux portières dormantes ; en fixer la hauteur d'après la décoration.

Prendre la hauteur extérieure du chambranle.

Prendre la hauteur de la porte.

Prendre la largeur extérieure du chambranle.

Prendre la largeur de la porte.

Prendre la saillie du chambranle.

Fenêtres

Il y a plusieurs genres de rideaux : rideaux droits, à l'italienne, à l'antique, et biaisés ; toutes ces sortes de rideaux de fenêtre sont ainsi dénommées : tête flamande, à musique ou- (à la vieille) groupe, bouillonnées, etc.

On fait les rideaux tête poussette à anneaux de bois lorsque ces rideaux sont destinés à être placés sur un bâton ; les rideaux tête poussette à anneaux de cuivre ne sont faits que pour être posés aux fenêtres qui ont une décoration de draperie.

Les rideaux *tête flamande*, *tête groupe*, etc... ne sont décoratifs que par leurs têtes apparentes, quelquefois aussi sous ces têtes on y joint des draperies.

On appelle *croisées à bâton* celles dont les rideaux à anneaux de bois apparent sont enfilés sur un bâton en acajou, noyer noir ou doré ; ces rideaux sont les plus simples et les plus pratiques dans les appartements bas de plafond.

Fenêtre tête flamande ou à gobelets

Ces rideaux sont faits à tête apparente, les anneaux en cuivre sont cachés derrière la tête à chaque gobelet ainsi qu'aux rideaux tête groupe, à la vieille et bouillonnés.

Fenêtre à galerie

La fenêtre à galerie (fig. 42) est celle dont les rideaux sont surmontés d'une galerie en bois d'aca-

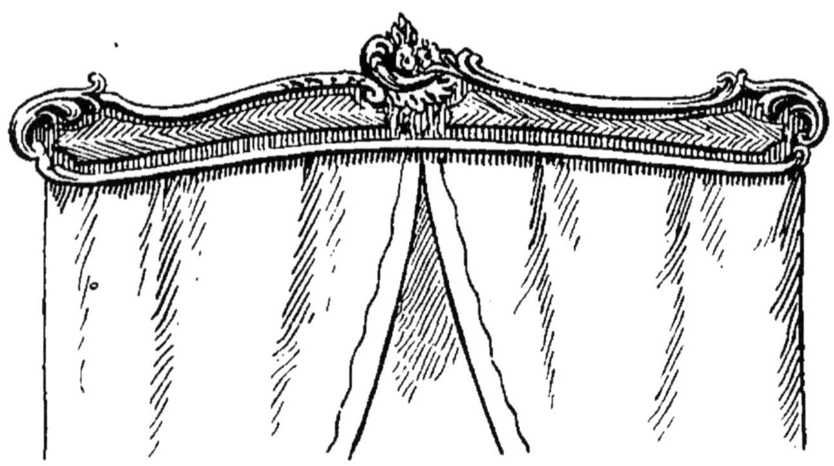

Fig. 42. — Galerie Charles IX.

jou, noyer, bois noir ou doré ; ces galeries sont droites ou à élévation, mouvementées ou cintrées selon le style de la fenêtre que l'on veut faire, cette galerie cache la tête des rideaux ainsi que la tringle ; c'est après cette galerie que l'on cloue soit les franges, les draperies, ou les lambrequins.

Fenêtre à pentes et bandeaux

La fenêtre à pentes (fig. 43) est composée de deux petits rideaux de demi lé et surmontée d'un ban-

deau droit ou échancré cloué sur une galerie bois
blanc recouverte de doublure.

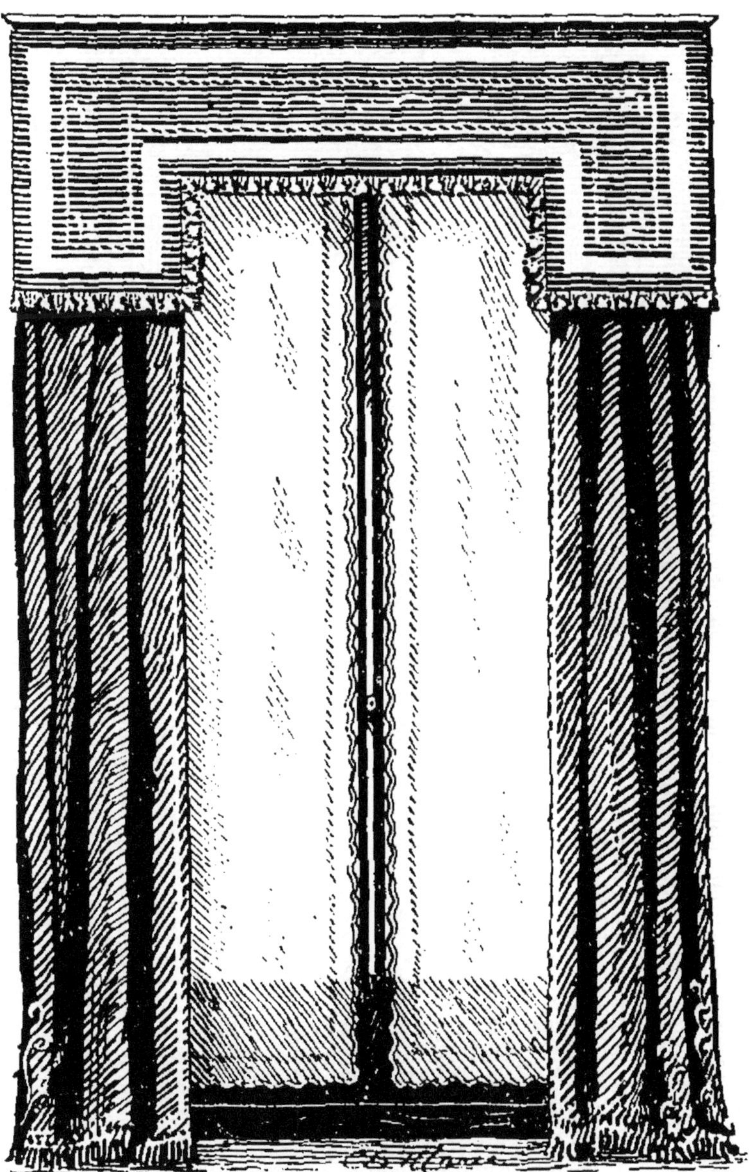

Fig. 43. — Fenêtre à pentes et bandeaux.

Fenêtre cantonnière

La fenêtre cantonnière (fig. 44) est un encadrement d'étoffe monté sur une galerie droite en bois

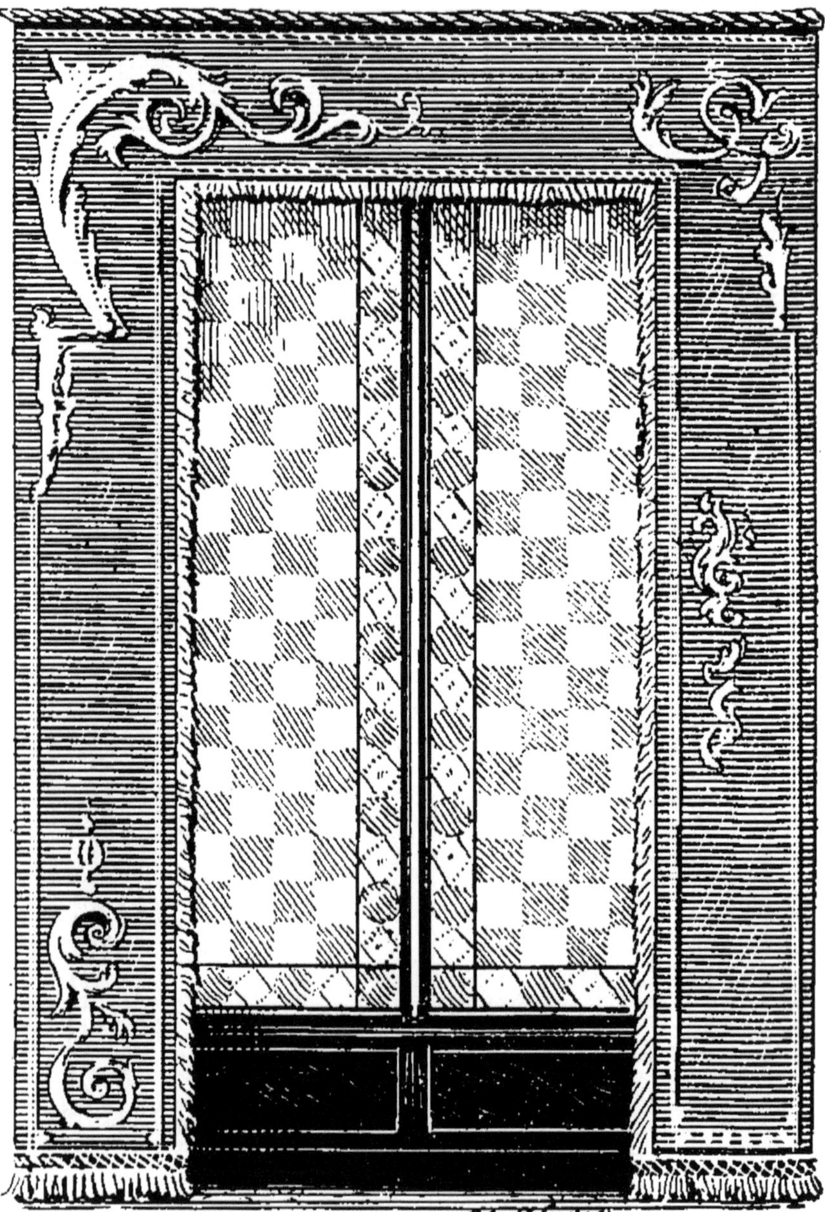

Fig. 44. — Fenêtre cantonnière.

blanc, le bandeau et les pentes sont réunis ensemble et cousus sur une toile gommée intérieure. Elle se fait le plus souvent en étoffe tapisserie, peluche de lin ou drap armé de galon.

COUPE ET FAÇON DE RIDEAUX

Rideaux à gros anneaux de bois, non doublés

On coupe chaque rideau 6 centimètres en plus que la hauteur de l'appartement afin de laisser 3 centimètres dans le haut et le bas pour l'ourlet ; on coud une première fois le devant et le bas de la frangette à plat sur l'étoffe en laissant assez de cette étoffe pour rabattre au bord de cette frangette ; de cette manière elle se trouve cousue de chaque côté de la tête ; puis on fait la tête des rideaux de la largeur de la fenêtre.

Si la fenêtre a 1^{m}50 de largeur, on procède de la façon suivante : l'étoffe du rideau ayant 1^{m}30 de largeur, on laisse du côté du retour, c'est-à-dire la partie du rideau qui se trouve au mur, une partie plate de 18 centimètres à 20 centimètres pour former le retour, puis on fait un gros pli ainsi que sur le devant ; on partage ensuite l'ampleur qui reste en trois parties afin d'obtenir 75 centimètres par rideau plus le retour ; on coud très solidement les anneaux à cheval sur les plis.

Rideaux tête flamande non doublés

On coupe ces rideaux comme il a été expliqué pour les fenêtres à gros anneaux, 6 centimètres plus longs, la frangette se coud de la même manière ; la façon ne diffère que par la tête qui est plus ouvragée.

Pour faire cette tête, si la croisée a 1^{m}40 de largeur, on coupe une bande de toile gommée de 90 centimètres de longueur sur 15 centimètres de largeur que l'on double d'un côté en satinette ; on l'appointe avec des épingles sur le haut du rideau, laissant une partie plate du côté du retour ; on partage l'ampleur du rideau en cinq parties égales avec lesquelles on forme cinq gros plis ; on coud la plate-bande de toile haut et bas après le rideau, on coupe en toile gommée des cornets que l'on met dans ces gros plis et que l'on coud tout autour, puis on fronce l'étoffe au bas des cornets.

On termine le rideau en cousant un anneau de cuivre à 3 centimètres du haut de la tête, derrière la plate-bande, à chaque gobelet ; au gobelet du devant on coudra deux anneaux distancés de 2 centimètres.

Rideaux doublés

En général, tous les rideaux de croisée et de lit sont doublés.

Rideaux tête poussette ou à anneaux

Pour ces rideaux (fig. 45) : couper l'étoffe et la doublure toujours 6 centimètres en plus que la hauteur que l'on veut donner ; coudre la passementerie, soit frangette, câblé, crête ou galon une première fois à plat sur le devant près de la lisière et le bas du rideau ; puis tendre le rideau sur un éta-

bli et l'appointer autour avec des pointes à damas :
l'établi doit avoir au moins 3 mètres de longueur
et 1ᵐ30 de largeur, afin de ne pas dépointer le rideau et pouvoir le doubler d'une seule fois.

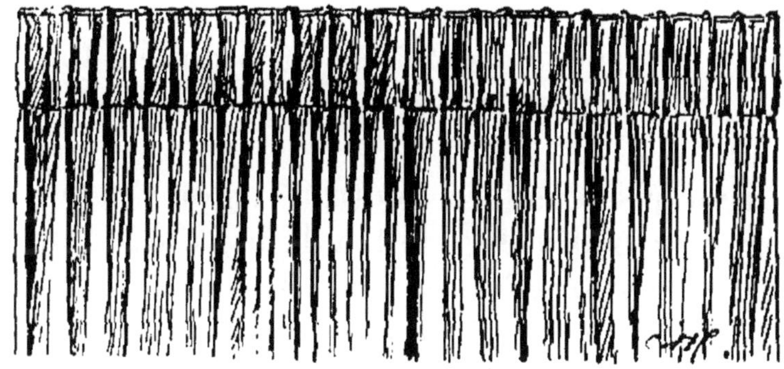

Fig. 45. — Rideau tête poussette.

Lorsque le rideau est tendu, étaler la doublure
dessus et la plier en deux ; comme la doublure est
généralement aussi large que l'étoffe, ce pliage
donnera la moitié du rideau, puis dans toute la
hauteur passer un point de glacis de 10 en 10 centimètres.

Ce point doit être croisé, c'est-à-dire qu'à chaque
point il faut faire un faux nœud pour que la doublure soit bien tenue à l'étoffe ; ne pas tendre le fil.

Quand le glacis du milieu est fait, replier la doublure 20 centimètres en avant sur le rideau et faire
un même glacis ; puis également à 20 centimètres
en arrière, et ainsi de suite jusqu'au devant et retour du rideau, ce qui donne sept glacis dans la
largeur de ce rideau ; ensuite bâtir à grands points
la doublure tout autour.

Ce doublage s'appelle *baguer*.

5.

Lorsque le doublage est terminé, dépointer le rideau de l'établi et rabattre.

On rabat la doublure sur le devant et dans le bas en remployant cette doublure en dedans du rideau et en la cousant sur le bord de la tête de la frangette ; de cette manière cette dernière se trouve toujours cousue deux fois : une première fois sur l'étoffe, la deuxième fois par le rabattage de la doublure.

Le retour se coud en rentrant l'étoffe et la doublure ; cette couture se fait à la mécanique ou, ce qui est préférable, à la main, à points de côtés.

Pour terminer le rideau, on fait la tête poussette selon la mesure de la croisée, comme il a été expliqué pour les rideaux tête à anneaux sans être doublés.

Rideaux de lit tête poussette

Les rideaux de lit se composent de deux rideaux de côté et d'un fond de lit.

Les rideaux de côté sont doublés en étoffe semblable, en satinette ou toute autre doublure assortie au fond de l'étoffe. Le fond de lit est également de même doublure, ainsi que le ciel de lit, afin que l'intérieur du lit soit pareil d'étoffe ou de doublure.

Ces rideaux ont un lé et demi ; le demi lé se place sur le derrière :

Couper d'abord les deux lés de devant 31 centimètres plus grands que la hauteur que l'on veut avoir, puis un lé de 6 centimètres, plus la hauteur ; couper ce lé en deux, au pli de l'étoffe et coudre chaque demi lé juste par le haut. On biaisera ces rideaux par le bas de 25 centimètres.

Faire la même coupe pour la doublure.

Coudre la passementerie haut et bas et procéder au doublage ; rabattre la doublure comme pour les rideaux de fenêtre, faire la tête de la largeur des côtés du ciel de lit. Cette tête doit être montée sur un ruban de fil à l'endroit du rideau ; coudre sur ce ruban des agrafes tous les 10 centimètres pour pouvoir accrocher les rideaux au fil de fer du ciel de lit.

Fond du lit. — Pour le fond du lit on emploie deux lés d'étoffe et de doublure que l'on coupe 40 centimètres plus courts que la hauteur des rideaux ; assembler ces deux lés à la lisière, faire un ourlet dans le bas, puis faire la tête de la largeur du fond du ciel de lit, mettre le ruban à l'envers ainsi que les agrafes.

Il se fait des fonds de lit à l'antique dont l'explication sera donnée plus loin.

Fenêtre doublée tête flamande

Afin que ce genre de tête soit gracieux, il faut faire les rideaux à tête rapportée. Pour ce travail :

Couper les rideaux 10 centimètres de moins que la hauteur qu'ils doivent avoir, coudre la passementerie en laissant dépasser par le haut un bout de 20 centimètres pour le raccord de la plate-bande, les doubler, puis les rabattre.

Tête rapportée (fig. 46). — Préparer une plate-bande en toile gommée de la largeur du rideau, plus le retour, et aussi de 15 centimètres de hauteur, l'envelopper de la même doublure que les ri-

deaux ; couper 3 lés d'étoffe de 20 centimètres ;
mettre à chaque rideau un lé et demi.

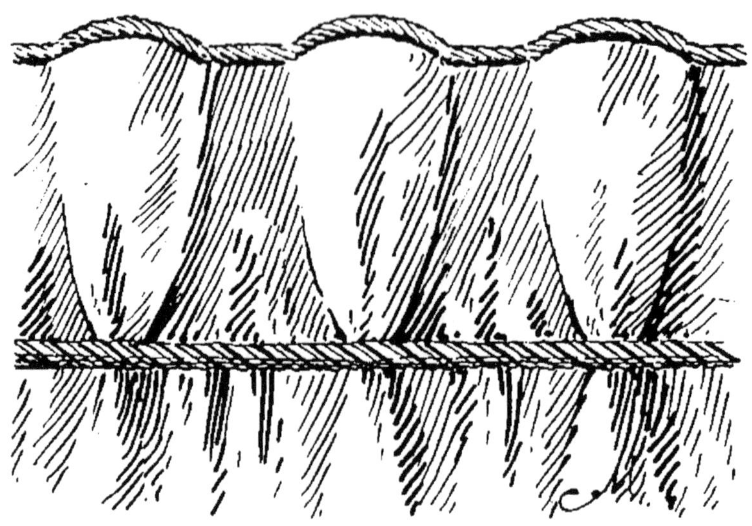

Fig. 46. — Rideau tête rapportée.

Partager la largeur de la tête en cinq parties
égales à partir du retour en laissant comme ampleur 15 centimètres pour les gobelets.

Pour que ces gobelets aient un aspect gracieux,
il faut que le bas soit plissé de manière à ne pas
être plus large que les plis du rideau avec lesquels
ils doivent se raccorder ; que les plis du bas viennent se perdre aux deux tiers de leur hauteur et
qu'ils soient parfaitement ronds dans le haut ; cacher la couture du demi lé sous un gobelet.

Ensuite jonctionner la tête avec le rideau et cacher la couture par un câblé en faisant un nœud à
chaque gobelet ; coudre la passementerie du haut
du rideau (qui dépassait) jusqu'en haut de la tête ;
ensuite coudre le bas de la plate-bande derrière le
rideau et mettre les anneaux derrière chaque gobe-

let, à 3 centimètres du haut, comme il a été dit pour les rideaux tête flamande ordinaire non doublée.

Le rideau ainsi que la tête formant gobelets doivent être solidement cousus.

Rideaux de lit

Ces rideaux se font absolument de la même manière que les rideaux de fenêtre, ils ne diffèrent de ceux-ci que par leur largeur de un lé et demi et le biais de 25 centimètres qu'ils doivent avoir. Derrière la tête, des agrafes seront cousues pour pouvoir les accrocher autour du ciel de lit.

Rideaux tête groupe

Le rideau tête groupe (fig. 47) est de même façon que la tête flamande et n'en est distincte que par

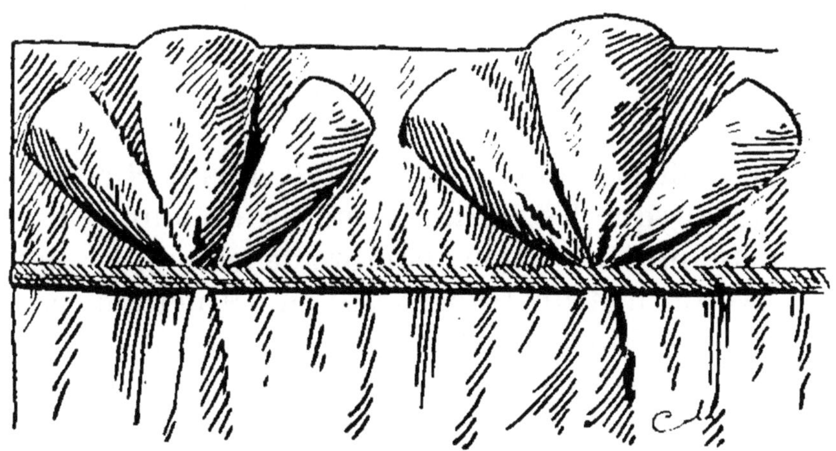

Fig. 47. — Rideau tête groupe.

deux gobelets rapportés que l'on place un peu en biais à droite et à gauche du gobelet du milieu.

Rideaux tête musique (dits à la vieille)

Ce genre de tête (fig. 48) est un plissé régulier de 3 à 4 centimètres de distance et de la même largeur ;

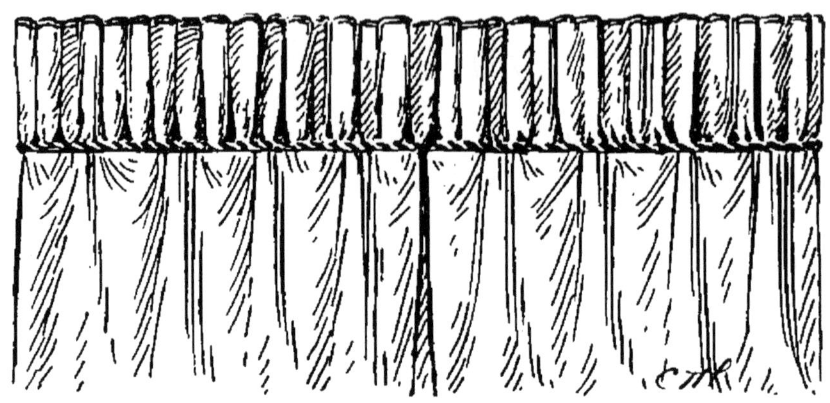

Fig. 48. — Rideau tête musique.

une frangette, galon ou câblé, cache en ligne droite la jonction de la tête et du rideau. Employer le double d'étoffe de la largeur de la tête pour obtenir ce plissé.

Rideaux tête bouillonnée

Cette décoration de tête se fait plus particulièrement lorsque les rideaux sont en cretonne ou en mousseline unie pour chambre de jeune fille ; dans ce cas on met un transparent en satinette de couleur dans l'intérieur du bouillonné.

Le *bouillonné* (fig. 49) se fait de 12 à 15 centimètres de hauteur et terminé par une tête haut et bas de 2 centimètres. La tête du bas doit cacher la couture de la jonction des rideaux avec la tête ; pour monter les rideaux, partager l'ampleur dans toute la largeur de la tête.

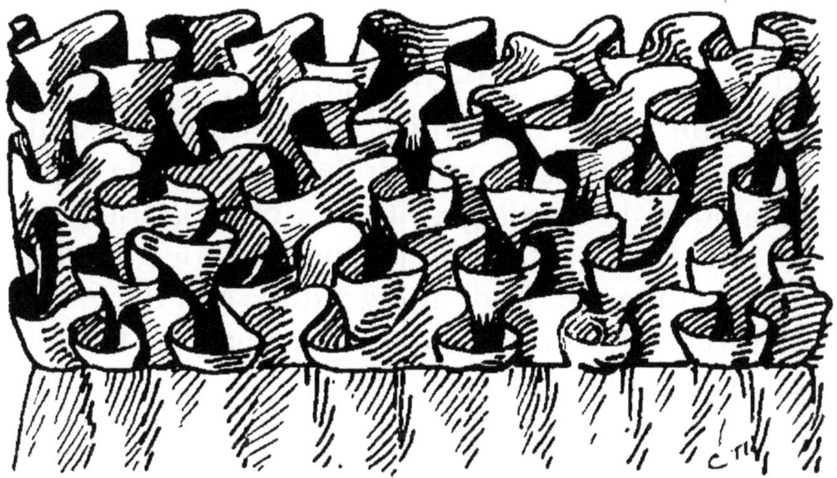

Fig. 49. — Rideau tête bouillonnée.

Fenêtre à bandeau

Pour cette fenêtre comme pour toutes les fenêtres à galerie, soit à bandeau, lambrequin ou draperie, les rideaux se font tête poussette à anneaux de cuivre.

Fenêtre cantonnière

On coupe deux toiles gommées de la hauteur de la fenêtre et de 50 centimètres de largeur, on ploie ces deux toiles à 20 centimètres de chaque côté pour former le retour (bien casser à cet endroit pour que l'angle du retour tombe très droit).

Supposons que la fenêtre ait 1ᵐ60 de largeur, que l'on mette 20 centimètres de retour, il reste 30 centimètres de pente de chaque côté, mesure que l'on donne généralement aux pentes droites, puis on coupe un bandeau droit ou découpé selon le modèle de la fenêtre et la hauteur du haut du vantail au plafond. Ce bandeau doit avoir 1 mètre de largeur que l'on réunit par le haut aux deux pentes, ce qui donne 1^m60 de largeur.

Lorsque cette cantonnière est taillée en toile gommée, on la recouvre d'étoffe de la même façon que le point de doublage, puis on coud la frangette tout autour sur l'étoffe en prenant la toile gommée, et on termine par le doublage qui se fait comme aux autres rideaux, toujours en rabattant la doublure sur la tête de la frange.

Rideau à l'italienne

Ce rideau (fig. 50), d'un effet très décoratif et qui convient très bien à une croisée d'une certaine importance, soit grande baie de fenêtre, côté de lit, grande portière de vestibule, est un grand rideau de toute la largeur de la fenêtre dont le haut est relevé en draperie, gracieusement, et encore relevé une seconde fois à la hauteur du *porte-embrasse*.

L'italienne se fait en général à droite de la fenêtre lorsqu'il n'existe qu'une seule fenêtre ; le côté gauche de cette fenêtre n'a qu'un petit rideau d'un demi lé, mais si la pièce de l'appartement a deux fenêtres que l'on doit décorer à l'italienne, on fera l'italienne à droite et à gauche en mettant les petits rideaux au milieu afin de bien garnir les coins de l'appartement et ne pas trop obstruer la lumière.

Coupe du rideau à l'italienne

Couper un lé d'étoffe de 30 centimètres plus haut que la longueur de la fenêtre pour le biais, puis

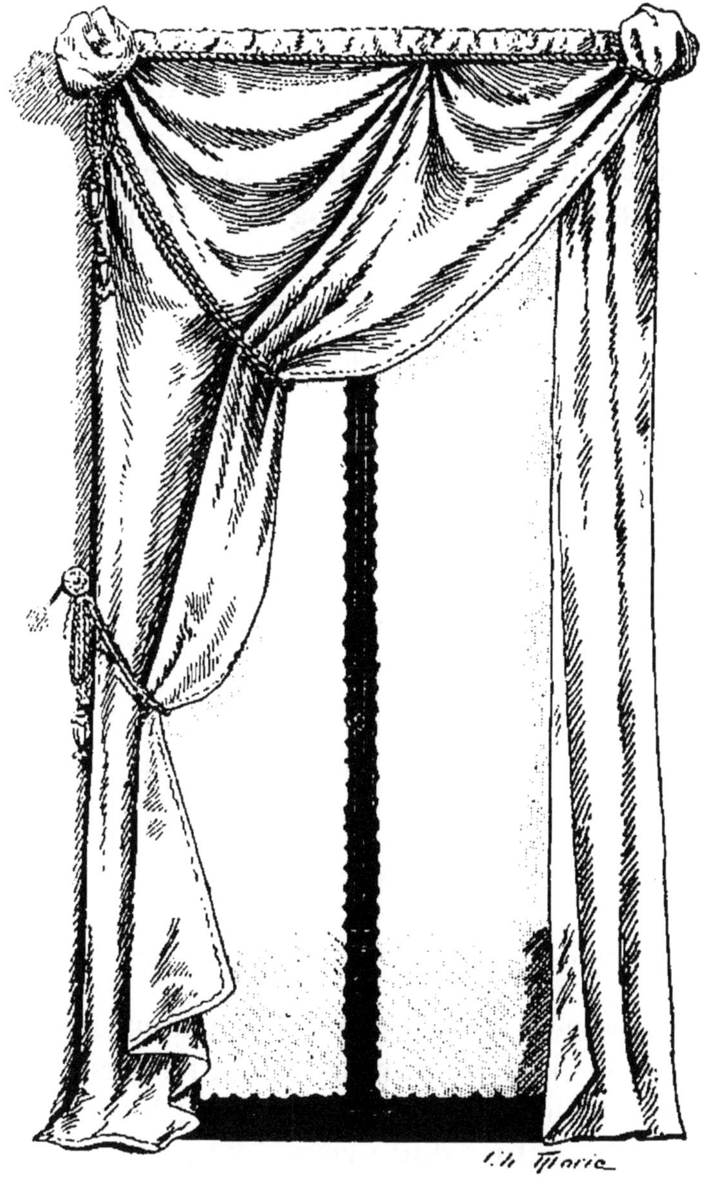

Fig. 50. — Rideau à l'italienne.

un autre lé de 1^m60 à 1^m70 de haut que l'on coud (fig. 51) à partir du haut du grand lé pour former le grand galbe A F.

Lorsque ces deux lés sont assemblés, les plisser par le haut sur 1ᵐ70 de largeur (cette largeur de 1ᵐ70, nous la donnons comme mesure à cette fenêtre).

Le tracé fait (fig. 51), tirer une ligne horizontale A C ayant 1ᵐ70 de longueur représentant la

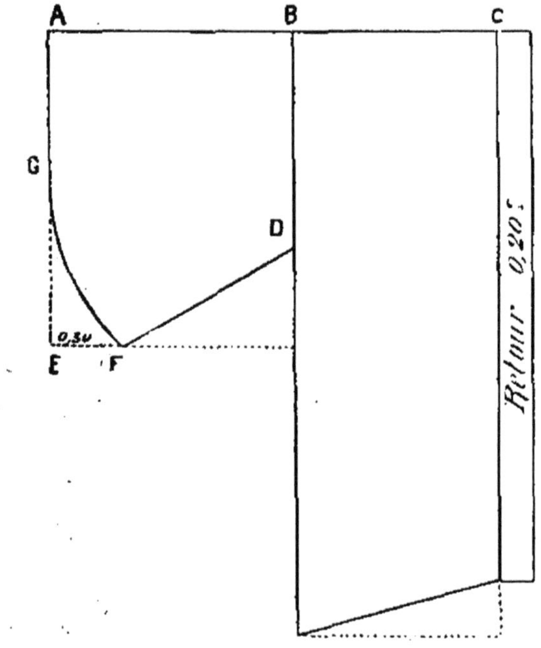

Fig. 51. — Coupe du rideau à l'italienne.

largeur de cette fenêtre ; diviser les deux lés en dix plis à 8 centimètres d'intervalle sur un ruban qui aura 1ᵐ70, mesure de la largeur ; la mesure du petit lé à la couture doit avoir 1ᵐ20 B D petit galbe ; mesurer 30 centimètres sur le devant du grand galbe comme l'indique la ligne E F, couper l'étoffe en biais F D, puis en arrondi F G au milieu du grand galbe, plisser l'étoffe de F à D, ce qui forme le grand feston.

Le petit rideau se coupe comme un rideau ordinaire en demi lé de largeur, mais il est préférable de mettre le lé entier et faire la tête de la largeur de l'ouverture de l'italienne ; de cette manière on le place sur une seconde tringle en arrière du grand rideau, ce qui permet de le tirer jusqu'au relevé du feston et fermer complètement les rideaux. Relever le grand rideau par un jeu de câblé avec glands, câblé avec olives ou câblé simple.

Ces rideaux se font *tête flamande*, *groupe*, ainsi que *tête poussette*, etc., pour être posés derrière une galerie avec draperies ou lambrequins.

RIDEAUX DE LIT, PORTIÈRES, ETC.

Les premières décorations de lit étaient appelées *lit à dais*. Ce dais était un grand ciel supporté par des colonnes aux quatre coins du lit et garni d'étoffes riches ; les rideaux qui garnissaient les quatre angles de ce lit étaient de même étoffe « époque Louis XIII ».

Le progrès, par la suite, a supprimé ces dais et les a remplacés par les ciels de lit en bois sculpté (époques Louis XIV et Louis XV). Ces lits étaient placés généralement de bout, c'est-à-dire vus de trois faces, le grand dossier touchant au mur.

Puis après, on a placé les lits au milieu des chambres à coucher dans le sens de leur longueur : on les appela *lits de milieu*.

Le *lit de coin* est le lit placé dans un coin de la pièce.

On appelle lit de coin, *tête à droite*, celui dont la tête se trouve à droite en le regardant.

Tous ces genres de lits se font à rideaux, tête poussette, tête flamande, groupe, etc.

Nous avons, dans ce chapitre, indiqué la fabrication de ces rideaux à la suite des fenêtres de même décoration.

Le lit de coin se distingue par son ciel d'angle dont le rideau de la tête est plus étroit que celui des pieds et par le fond de lit qui est beaucoup plus grand.

Le rideau de la tête a un lé et est coupé de la hauteur que doit avoir le lit, le rideau du pied a deux lés ; le lé de devant est coupé 36 centimètres plus long et le lé de derrière 15 centimètres ; lorsqu'ils sont assemblés, faire un biais de 30 centimètres sur le devant afin que le rideau ne se trouve pas trop court quand il est relevé dans l'embrasse.

La doublure se coupe de la même longueur que l'étoffe.

Ce genre de lit se fait de toute décoration de tête ainsi que les autres lits. Sur le milieu du devant on place des draperies ; le fond du lit est beaucoup plus grand ; le ciel de lit d'angle a, à la tête, la largeur du lit, soit 1^m30 et pour longueur 2 mètres ; il faut donc quatre lés d'étoffe ou doublure que l'on coupe aussi 40 centimètres moins haut que les rideaux. Faire la tête poussette de la grandeur intérieure du lit, soit 3^m30.

Portières

Autrefois, les portières n'étaient employées qu'aux portes de vestibules et se faisaient avec de lourdes étoffes : tapisseries, tapis d'Orient, etc., elles tenaient lieu de portes. Ce n'est que sous Louis XVI que l'on commença à garnir les portes de rideaux ; sous le premier Empire, les portières sont un peu plus répandues, mais d'un goût plus modeste, elles couvrent principalement les portes placées de chaque côté d'une alcove.

Sous la Restauration, les portières furent employées pour les portes de chambres et de boudoirs et quelquefois aux portes doubles lorsque ces portes faisaient pendant aux croisées. Ce n'est que vers 1845 que les portières sont beaucoup plus répandues ; à presque toutes les portes des appartements on plaçait de ces rideaux.

Les portières sont dormantes si elles sont fixes ; elles sont mobiles lorsqu'elles s'ouvrent avec la porte.

Ces rideaux de porte se font à tête de toute décoration, à bandeau et draperie ; ils se coupent comme les rideaux droits et la façon est la même ; souvent ils sont molletonnés.

Les portières sont simples ou doubles :

Elles sont simples lorsque la porte n'a qu'un battant ; selon l'ouverture de la porte, elles sont de gauche ou de droite.

Les portières doubles sont pour les portes à deux battants.

Rideaux molletonnés

Tous les genres de rideaux se font également molletonnés. On molletonne principalement les rideaux de soie et d'étoffes légères. Pour ce travail, lorsque le rideau est coupé on l'appointe sur l'établi avant de coudre la passementerie, on coupe un lé de molleton, 10 centimètres plus long que l'étoffe (ce tissu rentrant toujours plus que l'étoffe), puis on le molletonne en procédant de la même manière que pour le doublage. Au bord du molleton, dans le bas du rideau et le retour on fait un point de chausson non croisé (appelé point de chien) ; le molleton doit arriver sur le devant, au bord de la lisière pour que, en cousant la passementerie une première fois on puisse prendre l'étoffe et le molleton.

Recouvrir ce molleton de doublure en baguant le rideau et ayant soin que les glacis prennent bien les trois étoffes ; ensuite, dépointer le rideau, coudre la passementerie et rabattre la doublure.

Pour les rideaux de lit, portières, fonds de lit molletonnés, on procède de la même façon.

Pour tout le travail du molletonnage, doublage, et en général tous les travaux à coudre à plat sur l'établi, il faut se servir de l'aiguille courbe.

Rideaux de toilette et de cheminée, etc.

Rideaux de toilette

Ces rideaux se placent en dessous du marbre pour en cacher le piétement.

Pour les couper : prendre la mesure de dessous du marbre à terre, puis la longueur du devant de la toilette et des côtés ; faire deux rideaux tête poussette avec annelets derrière la tête.

Rideaux de cheminée

Ces rideaux se font de la même manière que les

rideaux de toilette, à l'exception des anneaux qui sont cousus à cheval sur le haut de la tête.

Rideaux de fenêtre dits « brise-bise »
ou « mystère »

Ce genre de rideaux supprime les vitrages et accompagne le store flamand ; ils se font de 75 à 90 centimètres de hauteur, suivant la hauteur de l'appartement ; ils sont montés à plis plats avec annelets ciselés et dorés, cousus à cheval sur la tête ; un ourlet termine le bas

Quelquefois on les entoure aussi de broderie et guipure.

Dessus de piano

Le dessus de piano est très souvent en peluche de soie.

Tailler d'abord le dessus en toile gommée comme une housse en le faisant descendre de 5 centimètres sur le devant et 10 centimètres sur le derrière et le côté ; couper l'endroit de l'ouverture sur le côté, recouvrir cette toile avec l'étoffe et doubler, coudre une petite frangette autour.

Tapis de table

Ce tapis, de même étoffe que les rideaux de salle à manger, se coupe 30 centimètres plus long que la table, en tous sens, et est presque toujours molletonné.

On le double et on coud une frange autour.

Rideaux à applications

Les rideaux à applications sont ornés sur le devant et dans le bas d'une bande de drap, bordure de tapisserie, de galon ou de crête.

Pour faire ce travail, appointer le rideau à l'endroit sur l'établi, puis tracer bien droit sur le devant et dans le bas un champ de 6 à 10 centimètres selon la largeur de la bande ou du galon ; passer un bâti de fil sur le traçage, puis appointer avec des pointes à damas la bande ou galon en suivant le bâti et ayant soin de bien faire *l'onglet* dans le bas, à l'angle du rideau, puis coudre deux ou quatre fois le galon, crête ou bande à l'aiguille courbe.

Si les rideaux sont à bande de drap, on soutache chaque côté de cette bande ; ensuite procéder au molletonnage, doublage, les franger et les terminer.

Différents genres de couture

Couture à l'anglaise

Ce genre de couture se fait aux étoffes non doublées et consiste à coudre la passementerie à l'envers de l'étoffe et à la rabattre sur le devant.

Couture de velours

Les coutures de velours se font en rentrée et à l'endroit ; avoir soin de bien serrer le fil.

Couture de tapis

Ce genre de couture se fait lardé en mettant les deux lisières l'une contre l'autre; employer pour cette couture du fil à tapis.

Couture à vif

La couture à vif ne se fait en général qu'aux tapis où il n'y a pas de lisière à la partie que l'on doit coudre. Cette couture est faite à l'endroit en point de reprise; coudre en dessous un galon pour en augmenter la solidité; cette couture se fait aussi avec du fil à tapis.

Couture en point de chausson

Cette couture ne se fait qu'au molleton.

Couture en point de côté

Cette couture en point couché est employée pour le rabattage des rideaux et draperies.

Couture en point levé

La couture en point levé consiste à cacher entièrement le point; on fait ce point pour le rabattage des rideaux lorsque les doublures sont en petite soie légère.

Couture au raccord

Cette couture consiste à raccorder les fleurs ou autres motifs de deux lés d'étoffe.

Tapissier. 6

Pour faire cette couture, il faut bien appointer avec des épingles et passer un bâti avant de coudre.

Couture à nervure

La couture à nervure se fait ordinairement dans la peau ou la molesquine. Pour faire cette couture on coupe une petite bande de molesquine ou peau et on met dans l'intérieur une petite ficelle pour former ganse, puis on la coud au milieu de la couture en laissant passer la ganse sur le dessus.

COUVRE-PIEDS

Jetée de lit

La jetée de lit est d'étoffe semblable aux rideaux et est formée de deux lés d'étoffe et doublée généralement en toile de coton ou satinette crème.

Prendre deux lés de 2^m55, couper un de ces lés en deux et l'assembler de chaque côté de l'autre lé. Si l'étoffe est unie, coudre un galon pour cacher la couture, mais si elle est à dessins, bien observer le raccord.

Courte-pointe

Ce couvre-pieds en forme de housse a un ou deux traversins figurés.

Comme la jetée de lit, deux lés de 2^m55 d'étoffe et de doublure sont nécessaires pour cette courte-pointe.

Les faux traversins se font avec des ronds de fil de fer de **27** centimètres de diamètre; on garnit ces ronds de toile forte et on plisse une bande d'étoffe en soleil sur l'endroit ; l'envers est doublé de satinette ou toile de coton comme le couvre-pieds, puis on monte ces ronds à la courte-pointe en coupant le couvre-pieds aux extrémités de la largeur du lit et de la circonférence des ronds. Ensuite coudre une ganse ou câblé pour cacher la coupure du montage des ronds à la courte-pointe, coudre un macaron ou cartisane au milieu de ce rond pour cacher la réunion des plis du soleil.

Lit à arc

Cette décoration de lit, ainsi que le lit à flèche, ne se fait guère de nos jours ; mais néanmoins nous expliquerons la manière de couper et de fabriquer ces rideaux.

Le lit à arc a comme décoration un anneau en bois d'acajou ou de noyer vissé au plafond, deux très grands rideaux sont attachés à cet anneau et retombent sur les dossiers du lit.

Pour couper ces rideaux, prendre la mesure du milieu du lit au plafond, avec un diamètre en ruban, en faisant passer par-dessus les dossiers du lit jusqu'au plancher ; observer un peu de courbe dans la mesure. Ces rideaux sont généralement de deux lés et réunis par le haut : des cordons les fixent à l'arc.

Pour le lit à flèche, on procède de la même manière pour les mesures, mais dans le haut on fait un fourreau assez grand pour pouvoir passer le bâton appelé *flèche*.

Fond de lit à l'antique

Le fond à l'antique (fig. 52) se place en général quand les lits sont de bout, c'est-à-dire vus de trois

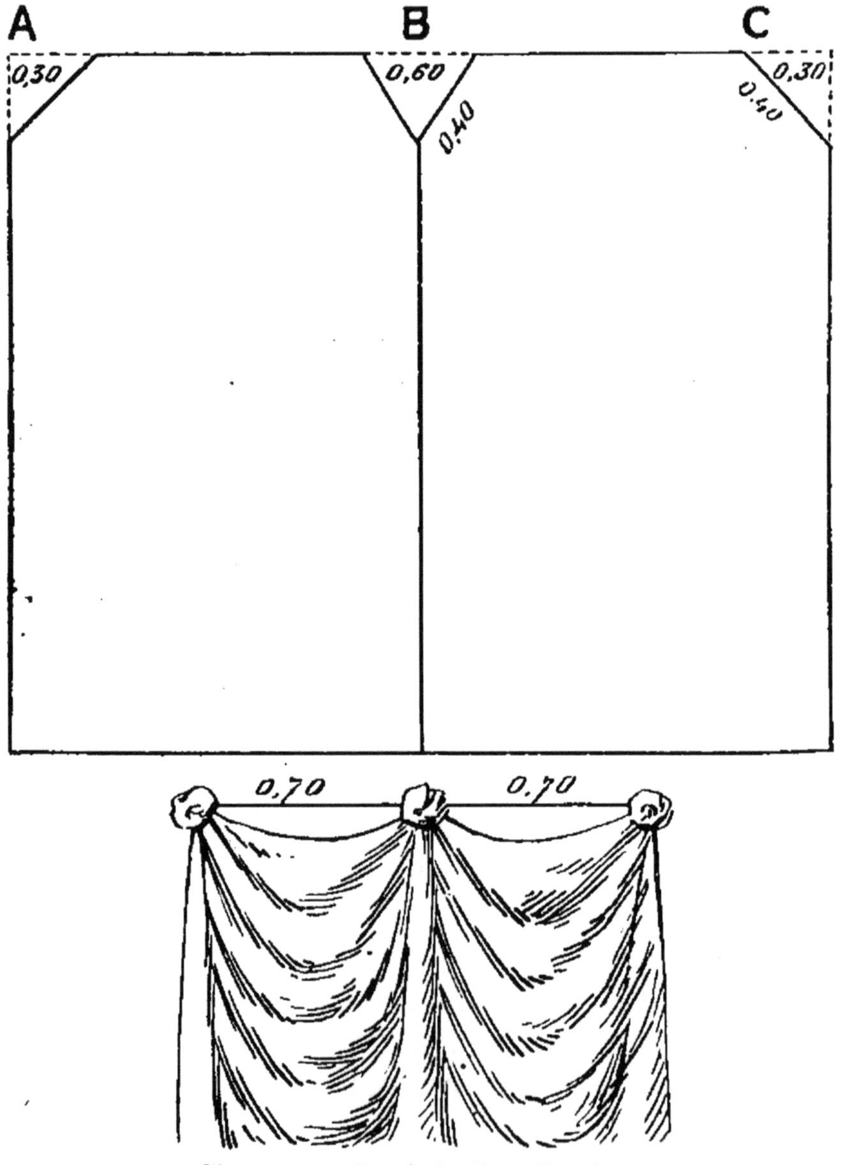

Fig. 52. — Fond de lit à l'antique.

faces, mais ce n'est pas une règle absolue ; on peut placer des fonds de lit à l'antique aux lits de milieu ainsi qu'aux lits de coin.

Pour ce fond de lit, supposons que le lit soit de bout.

Couper deux lés d'étoffe ou doublure suivant l'intérieur du lit, de la hauteur totale de l'appartement, puis assembler ces deux lés ensemble, faire un ourlet dans le bas ; la largeur de ces lés donne 2ᵐ60 ; la largeur d'un ciel de lit de bout est presque toujours de 1ᵐ40.

Tracer une ligne horizontale A B C ; B sera le milieu du ciel de lit, ce qui donne 70 centimètres entre A B et B C ; puis partager encore chaque lé par milieu, on aura 30 centimètres dans les deux bouts et 60 centimètres au milieu.

Couper l'étoffe ou doublure en forme de **V**, à 40 centimètres plus bas, plisser à partir du bas jusqu'en haut, ce qui donne les festons.

Bien coudre solidement le plissé qui doit être régulier, cacher les plis par trois choux ; ensuite faire la tête à plat en cousant des agrafes derrière.

Volants

Le volant est un bandeau d'étoffe plissée ou froncée.

Sa hauteur varie selon l'usage auquel on le destine ; pour les planches de cheminée ou sièges, sa hauteur est de 20 centimètres ; il est presque toujours en cretonne.

Le volant de rideau varie de 6 à 10 centimètres de

hauteur, et n'est employé que pour les fenêtres en mousseline ou cretonne.

Pour ce volant, couper l'étoffe 3 centimètres de plus que la hauteur qu'il doit avoir pour faire la tête et l'ourlet.

Comme ampleur il faut ajouter deux tiers d'étoffe en plus.

HOUSSES

Pour couper les housses :

Mettre l'étoffe à l'envers sur le siège, bien appointer avec des épingles en suivant les contours des bois, échancrer la partie des manchettes ; couper l'étoffe à 1 centimètre des épingles pour la couture, laissant 4 centimètres de longueur de plus dans le bas pour l'ourlet qui doit être assez grand.

Les housses à volant sont prises dans le bas de la ceinture du siège ; couper le volant en biais ou droit fil ; pour l'ampleur des volants il faut le double d'étoffe.

Les housses des sièges Louis XIV et Louis XV sont ouvertes sur le derrière pour faciliter la rentrée sur les sièges ; on y fait des boutonnières ou on y met des agrafes pour refermer les housses, cette ouverture se fait à pattes afin de cacher les boutons ou les agrafes.

Les étoffes employées pour les housses sont :

Le basin blanc, le basin mille raies, le Pékin, le satin de Flers, la levantine, etc...

Tenture droite

La tenture droite est l'étoffe clouée à plat sur le mur.

Pour couper cette tenture :

Prendre la mesure des panneaux en hauteur et largeur, couper les lés 5 centimètres plus long ; observer le raccord si l'étoffe est à dessin, placer les grands lés dans les endroits les plus en vue ; les petits lés doivent être placés près des angles de l'appartement.

Les dessus de portes et cheminées seront assemblés au grand lé.

Tenture grecque, dite tenture flottante

Ce décor, appelé aussi tenture romaine, semblable au fond de lit à l'antique, se fait le plus souvent d'une façon provisoire ; dans ce cas il faut éviter de couper l'étoffe.

Prendre la mesure de la hauteur des panneaux et couper les lés 40 centimètres plus long.

Prendre la mesure en largeur et disposer les grecques de 50 à 60 centimètres, suivant la largeur du panneau, puis mettre comme ampleur autant de fois 50 centimètres qu'il y a de grecques et assembler les lés en faisant un ourlet haut et bas (Voir *Pose et Ajustement*).

Rideaux de vitrages

Pour les rideaux de vitrage, on n'a généralement que la tête à faire lorsqu'ils sont à dents découpées. Pour faire cette tête : prendre la largeur du vantail et plisser le haut sur un ruban double formant fourreau, en faisant une tête de 1 cent. 1/2.

Lorsqu'ils sont en mousseline ou guipure au

mètre, les faire de mesure ainsi que la tête à fourreau, et les ourler dans le bas.

STORES

Les stores placés à l'extérieur des fenêtres, pour
garantir du soleil, sont en coutil, droits ou à compas avec joues de chaque côté.

Store droit

Pour faire ce store :

Le couper 15 centimètres plus long que la hauteur de la fenêtre et 8 centimètres en moins que la
largeur de cette fenêtre ; découper dans le bas un
petit lambrequin à dents de 15 ou 20 centimètres
de hauteur et faire un fourreau en travers avec une
petite bande de toile, au-dessus du lambrequin. Ce
fourreau doit avoir assez de largeur pour le passage
de la tringle, puis border ce store avec galon sur la
hauteur, ainsi que les dents ; quelquefois les dents
sont ornées de petite frange.

Store à joues

Le store à joues (fig. 33) ne se fait que lorsqu'il
avance en dehors de la fenêtre au moyen de compas.

Les joues sont placées de chaque côté de ce
store.

Pour faire ces joues : Quand le store est baissé
des deux tiers, prendre la mesure à partir du bâton
rouleau A jusqu'au bas du store en ligne droite B,

puis la largeur du bas de l'avancement de B à C, couper en biais la partie A C et la coudre sur le

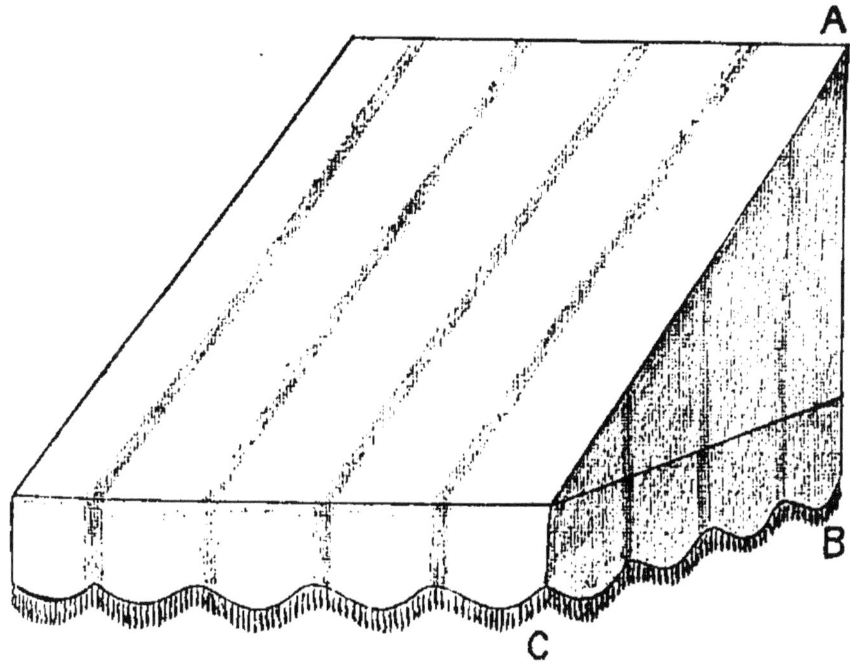

Fig. 53. — Store à jones.

côté du store, et ainsi pour l'autre côté ; coudre un anneau à la partie B pour fixer la joue à l'intérieur de la baie de fenêtre.

Store d'intérieur

Le store d'intérieur préserve également des rayons de soleil, mais est le plus souvent décoratif. Parmi les stores d'intérieur nous distinguerons :

1° Le *Store flamand*. — Ce store, utilisé depuis plusieurs années, est en toile écrue, à broderie, en étamine ou en soie brodée ; il se vend de toutes mesures et tout préparé.

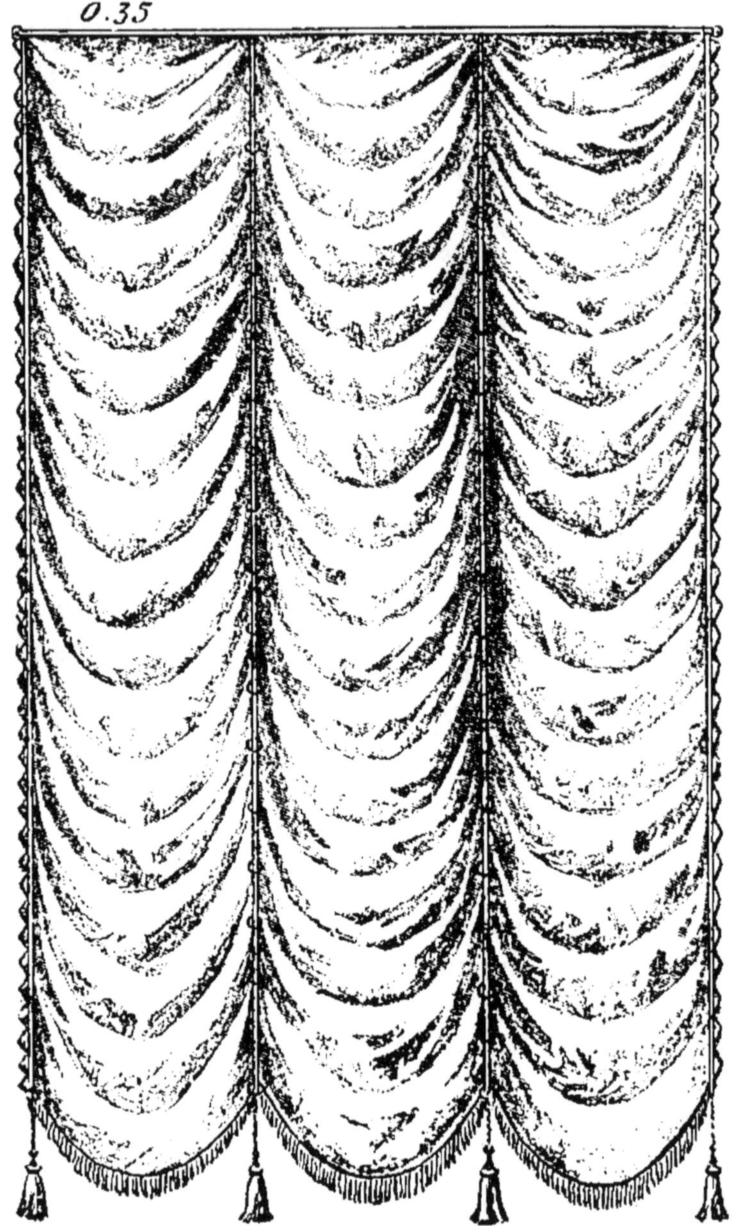

Fig. 54. — Store à l'italienne ou duchesse.

2° Le *Store à l'italienne ou duchesse*. — Ce genre de store (fig. 54), très décoratif, se termine toujours dans le bas par un feston garni de frange et de glands ; toute la partie de ce store, au-dessus du feston, est très régulièrement froncée avec une ampleur de 75 centimètres par mètre.

La largeur des divisions varie suivant la largeur totale du store et le nombre de festons que l'on veut faire.

Pour exécuter ce travail, supposons que le store est en soie ou autre étoffe en 1m30 de largeur et que la mesure donnée soit de 2 mètres de hauteur sur 1m05 de largeur.

On coupera un lé d'étoffe de 3m50 de hauteur que l'on divisera en trois parties de 35 centimètres, plus 5 centimètres d'ampleur, ce qui formera trois festons. On tracera quatre lignes droites de haut en bas, à 40 centimètres d'intervalle, on les plissera régulièrement sur un ruban de 2 mètres de hauteur en arrondissant un peu la partie du bas qui formera le feston. Ensuite monter la tête sur un ruban partagé en trois parties de 35 centimètres, formant la largeur de 1m05 ; plisser dans chaque partie l'ampleur de 5 centimètres, puis coudre des annelets à chaque ruban, appelé baguette, de 10 en 10 centimètres à partir du bas jusqu'en haut.

Faire une petite tête poussette de 1 centimètre et demi de chaque côté, coudre la frangette à chaque feston, ainsi que les glands ; envelopper une tringle de fer de même étoffe que le store et de la même largeur que l'on coudra à chaque baguette dans le bas au-dessus des festons formant draperie.

COUPE ET COUPURE DES TAPIS

Les tapis qui recouvrent entièrement une pièce se coupent de la manière suivante (fig. 55) :

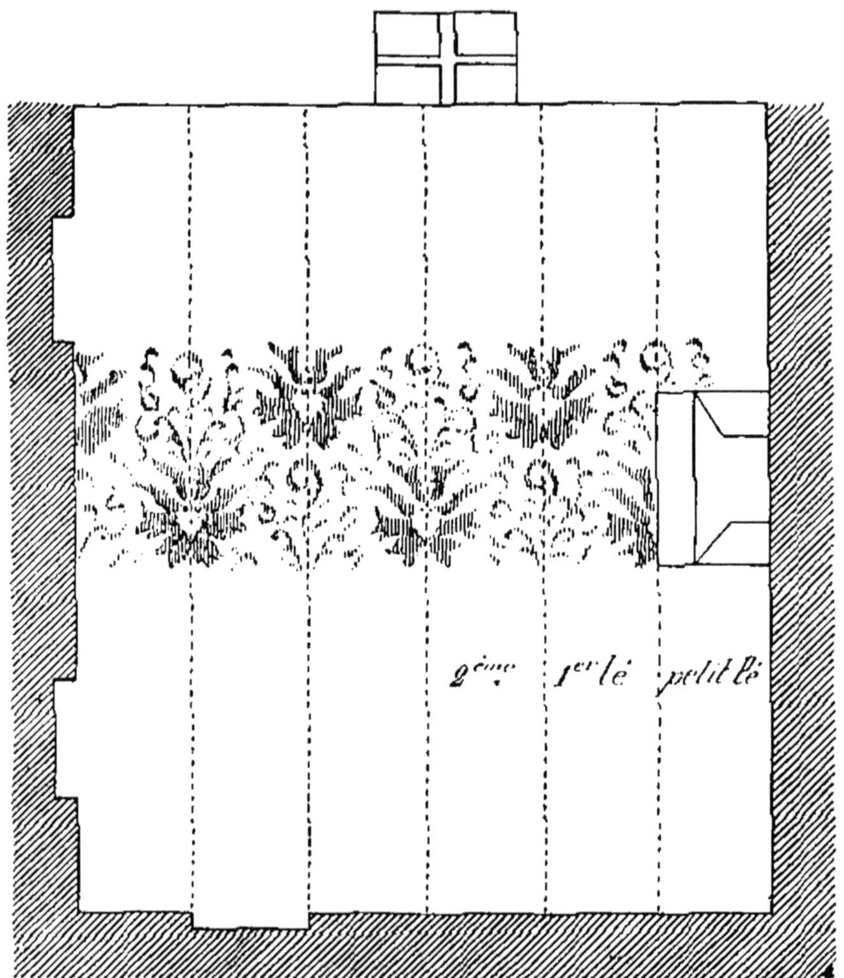

Fig. 55. — Coupe et couture des tapis.

Après avoir relevé le plan de la pièce, retracer dans un endroit propice, au blanc, le plan de cette pièce ; couper le premier lé arrivant au marbre de la cheminée; le deuxième lé se coupe en suivant le milieu de la pièce et ainsi de suite.

Les petits lés de chaque côté de la cheminée se coupent en dernier, mais cette règle n'est pas absolue; si le raccord se trouve pendant la coupe des grands lés, il faut en profiter pour les placer.

Lorsque tous les lés du tapis sont coupés, les appointer bien au raccord avec un carrelet courbe et la ficelle à piquer, tous les 80 centimètres en ayant soin de bien serrer les nœuds afin que le tapis ne se dépointe pas pendant la couture. Faire la couture en point lardé comme il a été expliqué (Voir *Couture de tapis*).

Le dessin du tapis doit aller autant que possible, vers les fenêtres.

Coupe et raccord des lés d'étoffe

Les étoffes unies, soieries, reps, satin de laine, peluche, peluche de lin, etc., ainsi que les étoffes qui n'ont que peu d'apprêt doivent être coupées toujours droit fil.

Les étoffes très apprêtées se coupent le plus souvent à la règle.

Raccord d'étoffe

Lorsque l'on coupe des lés d'étoffe à dessins, il faut bien observer le raccord et faire commencer tous les rideaux d'une même pièce par le même dessin partant du haut.

Tapissier.   **7**

Fournitures diverses employées pour les coutures de tapisserie

Fils

On emploie le coton blanc à bâtir ;

Le fil en bobine (dit câblé), six fils ;

Le fil fil en petite pelote et bobine ;

Le fil à tapis en bobine ou écheveau bis, vert, noir, grenat et rouge.

Ces fils sont de numéros différents et de toute couleur.

Anneaux

Les anneaux de cuivre les plus utilisés ont 3 centimètres de diamètre et sont dénommés anneaux *saumur*.

Il existe un anneau de même dimension mais plus ordinaire que l'on emploie très peu, étant donné son manque de solidité, qui est appelé anneau soudé.

Annelets

Les petits anneaux surnommés *annelets* sont employés pour rideaux de toilette, de cheminée ; dans ce cas ils sont en cuivre. Les annelets de store à l'italienne sont en os teint en rouge, bleu, rose ou blanc. Leur diamètre est de 1 centimètre.

Agrafes

Les agrafes de moyenne grosseur sont employées pour les rideaux et fonds de lit. Les grosses agrafes servent plus particulièrement pour les portières.

Ruban de fil

Le ruban de fil est de plusieurs couleurs et a 2 centimètres de largeur ; on l'emploie pour les têtes poussettes de rideaux.

Le ruban de soie pour baguette de store à l'italienne a 1 centimètre de largeur.

CHAPITRE X

Coupe et façon de draperies
et chutes

DRAPERIES

Les draperies sont très employées pour les décors d'appartement et d'un effet d'autant plus gracieux qu'elles s'harmonisent bien avec l'ensemble de la décoration.

Il y a des draperies dont le feston est régulier et d'autres où il se trouve irrégulier ; elles se font de toute grandeur, suivant l'importance de la pièce à décorer.

Il se fait aussi des draperies de style.

Les festons, selon leur genre ou leur forme n'ont pas la même coupe, il faut une pratique très grande pour arriver à bien les couper. Nous nous attacherons donc à bien démontrer la coupe de ces divers festons.

Le premier principe pour décorer un appartement est de bien proportionner les tentures.

Hauteur des draperies

Pour les draperies, la proportion est de la cinquième partie de la hauteur de l'appartement en prenant la mesure du plafond au parquet.

Pour un appartement de trois mètres de hauteur, les festons doivent avoir 60 centimètres.

On peut varier la hauteur de ces festons selon le genre de dessin qu'on doit exécuter, en augmentant ou diminuant très peu les festons, surtout lorsqu'ils sont irréguliers.

L'ampleur d'un feston en hauteur est de la moitié en plus, c'est-à-dire que pour une hauteur de 60 centimètres, il faut 90 centimètres d'étoffe.

Largeur des draperies

On divise les draperies selon la largeur de la fenêtre et le nombre de festons à faire.

Coupe pratique du feston régulier

Pour une fenêtre de 1ᵐ50 de largeur et de 3 mètres de hauteur, composée de trois festons réguliers (fig. 56), chaque feston donnant 50 centimètres, on fera sur un tableau noir un tracé de ce feston en procédant de la manière suivante :

Tirer une ligne horizontale A B de 50 centimètres, abaisser au milieu une perpendiculaire C D

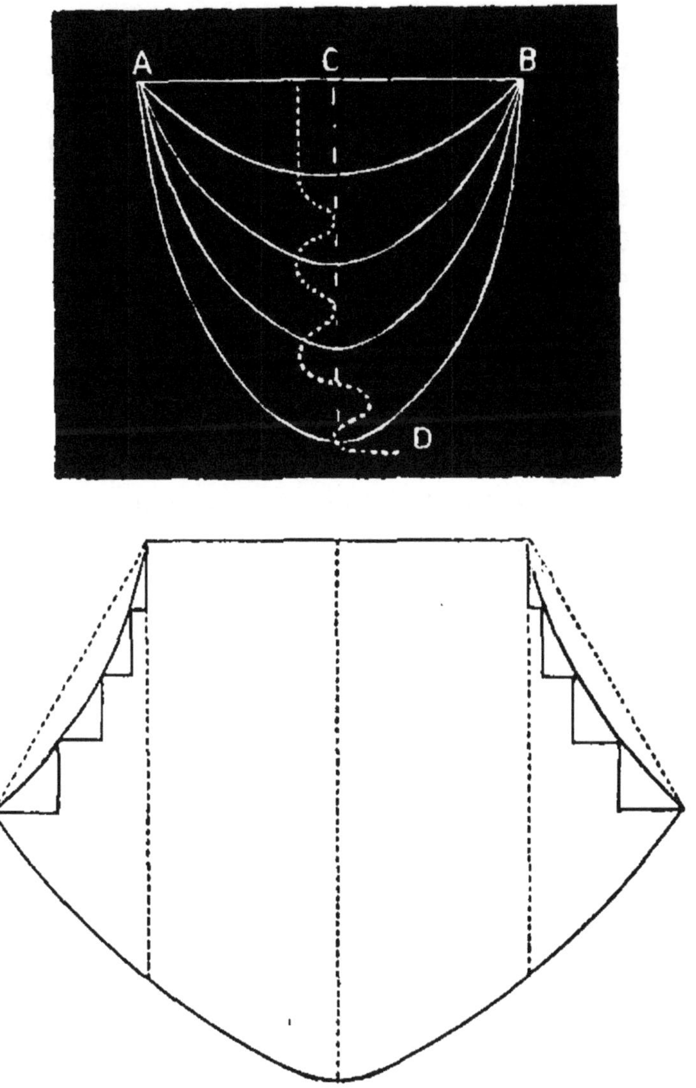

Fig. 56. — Coupe pratique du feston régulier, et développement.

de 60 centimètres. Pour avoir la courbe ou *grand galbe*, fixer aux points A B une chaîne que l'on fera plomber jusqu'au point D ; tracer au blanc le grand galbe suivant la courbe de la chaîne ; partager le feston en trois ou quatre plis en procédant de la même façon.

Ensuite, appointer le molleton sur ce tracé en commençant par le premier pli du haut, former les autres plis réguliers jusqu'à l'emplissage et couper le molleton en suivant la forme du feston, et laissant 1 centimètre et demi en plus pour coudre la passementerie.

Plis

Pli simple

Ce pli (fig. 57) servant à la jonction des festons et à orner certains lambrequins se coupe de la manière suivante :

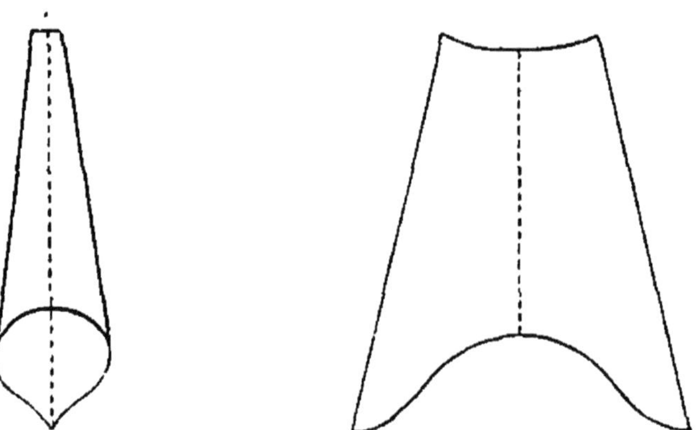

Fig. 57. — Pli simple formé, et développement.

Le tracer à sa grandeur naturelle, environ 30 centimètres, en dessiner exactement les contours, prendre mesure du tracé du contour pour avoir la largeur ; déterminer la largeur du haut et couper chaque côté en biais, puis couper l'arrondi du bas de 12 centimètres.

Les draperies et les plis se doublent de la manière déjà expliquée pour le doublage des rideaux, mais les glacis doivent être faits à 5 centimètres d'intervalle pour bien maintenir la doublure avec l'étoffe.

Coudre la passementerie au grand galbe des draperies, les replisser, et arrêter ces plis dans le haut.

Coudre la passementerie au contour des plis et les fermer par derrière.

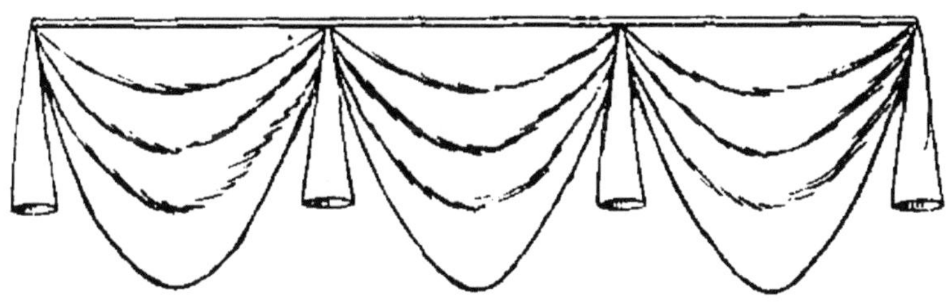

Fig. 58. — Assemblage de trois festons réguliers avec plis simples.

Nous représentons ci-dessus un assemblage de trois festons réguliers avec plis simples (fig. 58).

Feston irrégulier

Ce genre de feston (fig. 59) se fait beaucoup pour les enroulées de draperies ; il varie de hauteur.

Pour l'exécuter : tracer une ligne horizontale de la largeur que doit avoir ce feston, puis une autre ligne de la moitié de la largeur et au-dessus, suivant l'élévation ; descendre une perpendiculaire de la hauteur totale du feston.

Pour obtenir la courbe, fixer une chaîne aux points extrêmes en la laissant plomber, ce qui donne comme au feston régulier le grand galbe, puis tracer les autres plis en partageant la dis-

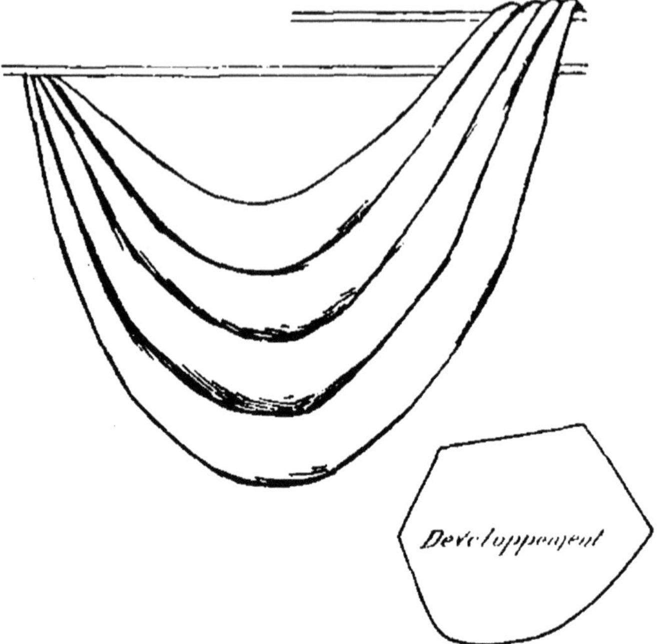

Fig. 59. — Feston irrégulier.

tance (les festons se développent aussi géométriquement).

Double pli

Ce pli d'un très bel effet (fig. 60) s'emploie prin-

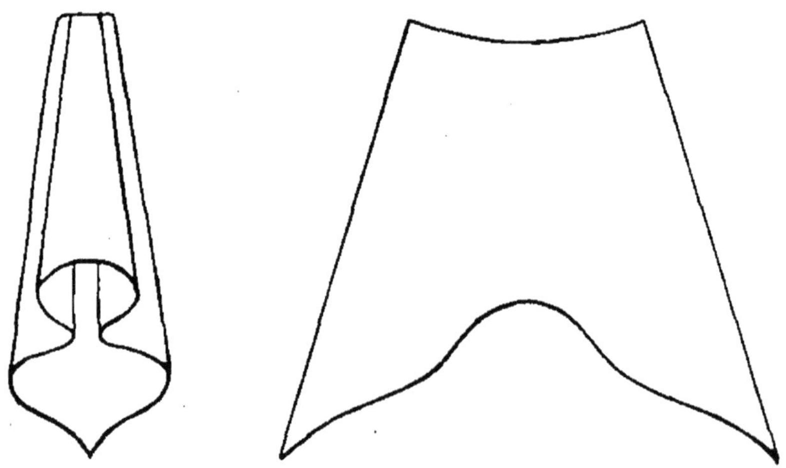

Fig. 60. — Double pli formé, et développement.

cipalement à la jonction des draperies de milieu.
Il se développe de la même manière que le pli simple ; le tracer de sa grandeur entière, dessiner
exactement les contours, déterminer la longueur
ainsi que la hauteur, couper les côtés en biais en
laissant 1 centimètre en plus pour les coutures ;
tracer et couper l'arrondi du bas.

Assemblage de deux festons irréguliers et d'un
double pli (fig. 61).

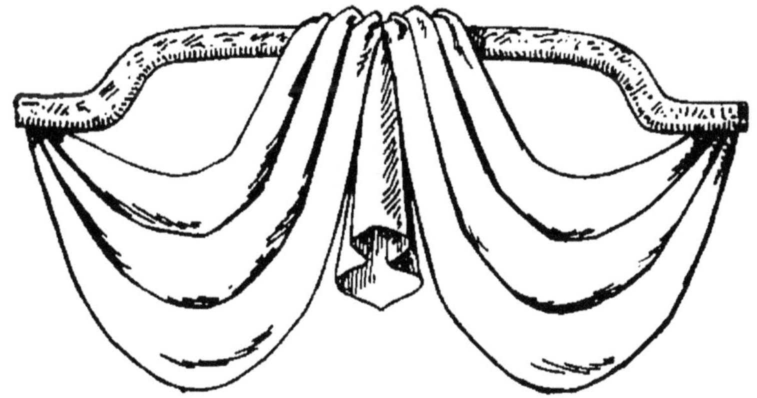

Fig. 61. — Assemblage de deux festons irréguliers et d'un double pli.

Assemblage d'un feston régulier et de deux festons irréguliers (fig. 62).

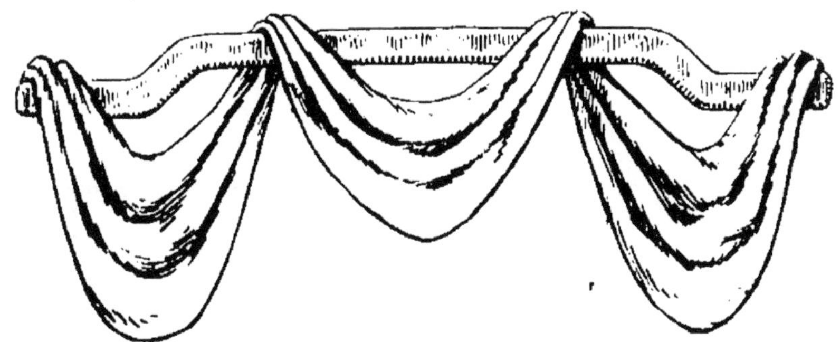

Fig. 62. Assemblage d'un feston régulier et de deux festons irréguliers

Les festons irréguliers ainsi que le double pli sont
souvent employés dans les grandes décorations.

CHUTES

Les chutes complètent l'ornement des draperies, elles sont placées aux extrémités des galeries de fenêtre ou des ciels de lit ; pour les fenêtres, elles doivent arriver à la hauteur des porte-embrasses lorsqu'elles sont régulières. Dans certains décors, les chutes ne sont pas toujours de la même grandeur, on place une chute plus grande d'un côté.

Chute simple

Pour la chute simple (fig. 63) on emploie un demi lé d'étoffe en 1^{m}30 de largeur.

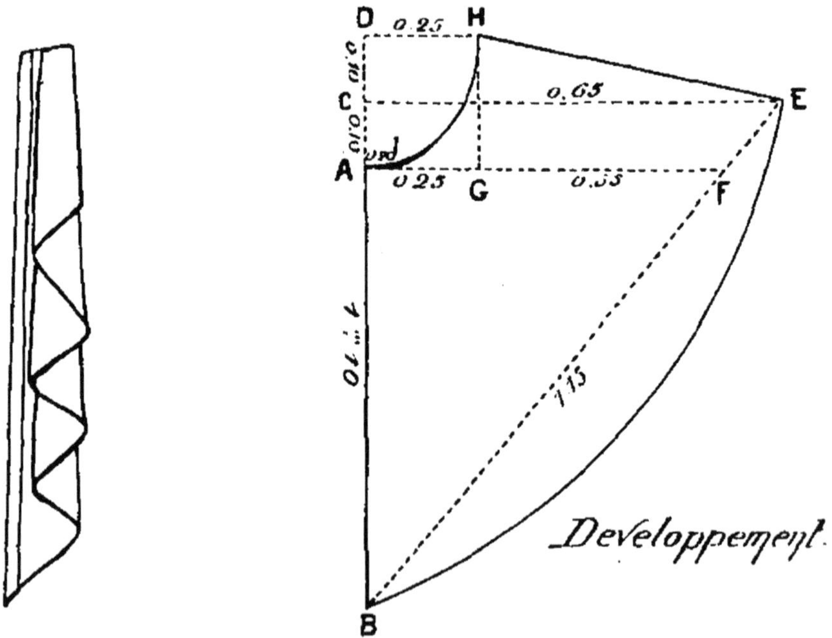

Fig. 63. — Chute simple.

Admettons que cette chute ait 1^{m}10 de hauteur et 20 centimètres de retour, on tracera une ligne perpendiculaire A B de 1ᵐ10 de longueur, puis continuer cette perpendiculaire en figurant les lignes A C, C D de 10 en 10 centimètres de distance, en hauteur.

Figurer l'horizontale C E de 65 centimètres de largeur ; former le rectangle A G, D H de 25 centimètres de largeur sur 20 centimètres de hauteur.

Tracer l'arc H I de 20 centimètres et l'oblique H E, la ligne figurée A I a 20 centimètres.

Prendre le milieu de la ligne B E et décrire un arc E B de 15 centimètres.

Couper l'étoffe sur le molleton ; faire le molletonage ainsi que le doublage en mettant les glacis de la même distance que pour les draperies.

Parementage

Presque toujours on paremente les chutes dans le biais ; d'étoffe pareille, ce parementage doit avoir au moins 25 centimètres pour cacher la doublure quand les chutes sont plissées.

Chute double

Cette chute (figure 64) remplace le double pli dans les grands décors et représente deux chutes assemblées. Son effet est des plus décoratifs.

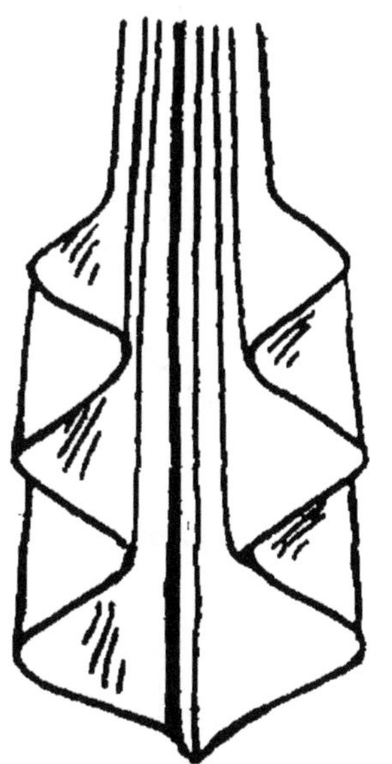

Fig. 64. — Chute double.

Chute en queue d'écharpe

Cette grande chute (fig. 65), généralement employée pour les décorations de grande importance, a dans le haut la même ampleur que dans le bas ; on la développe de la manière suivante :

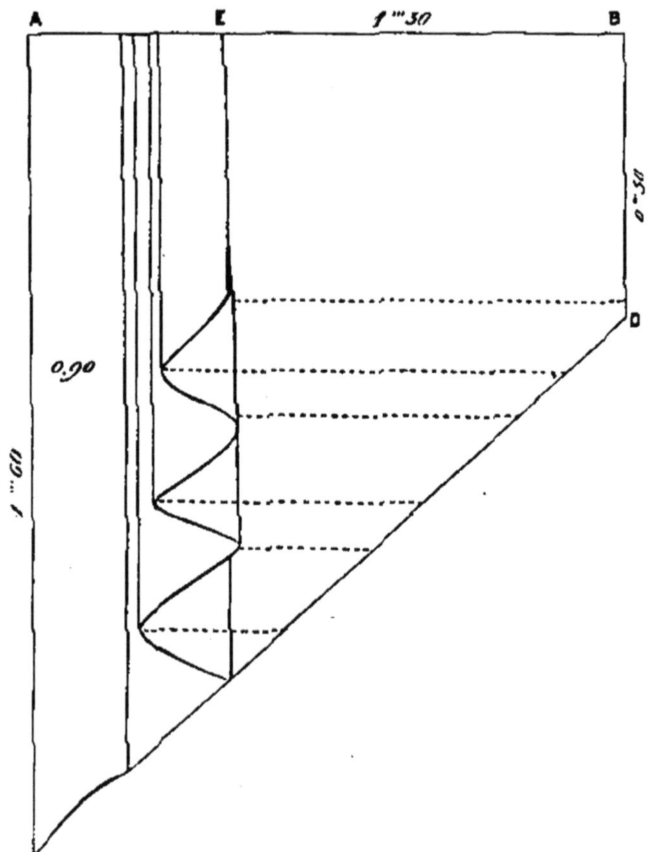

Fig. 65. — Chute en queue d'écharpe.

Tirer une ligne horizontale A B de 1ᵐ 30, largeur de l'étoffe, puis une autre ligne verticale A C de 1ᵐ 60 de longueur au retour (longueur que nous donnons à cette chute),

Puis une autre B D de la longueur que l'on veut donner sur le devant ; ensuite tracer une ligne D C que l'on arrondit un peu dans le bas du retour.

Puis plisser la chute.

Choux

Les choux servent à fixer certaines draperies et chutes et en augmentent l'ornement ; on les prend dans la coupe de l'étoffe qui tombe des draperies et chutes ; les coutures se cachent très bien dans le froncé.

Pour faire ces choux, on assemble des morceaux d'étoffe en ronds, s'il n'y a pas de morceaux assez grands pour les faire d'une seule pièce de 30 centimètres de diamètre (que l'on double de molleton) ; on fait un froncé tout autour et on serre le fil à fond, puis on bouillonne sur le dessus avec des points lardés.

Nœud ou cravate

Servant particulièrement pour les fenêtres style Louis XVI à draperie, ces nœuds sont composés de deux coques, une traverse et deux pans ; ils ressemblent exactement à un nœud de cravate.

Ils sont employés, comme les choux, à orner le haut des draperies et chutes.

Nous représentons page 122 (fig. 66) l'assemblage d'une draperie régulière, d'une draperie irrégulière, de chutes et choux,

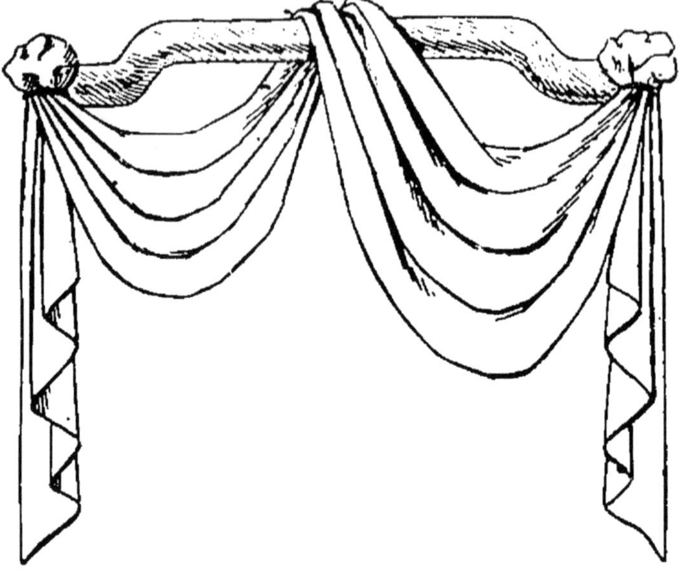

Fig. 66. — Assemblage de draperies régulière et irrégulière
de chutes et choux.

Décor de glace

Les draperies de glace doivent cacher complètement le cadre dans le haut ; les montants du cadre
sont cachés par des grandes chutes étroites tombant
jusqu'à la planche de cheminée.

Il se fait également des cadres de glace bouillonnés ; dans ce cas, on fait un bouillonné de la longueur
du tour du cadre de la glace et de la largeur de
ce cadre, que l'on cloue autour (Voir *Draperie de
cheminée*).

Draperie de cheminée

On garnit souvent de draperies les planches de
cheminée ; ces draperies sont presque toujours régulières et doivent avoir tout fini de 25 à 30 centimètres de hauteur.

On fait, en général, trois draperies sur le devant et une de chaque côté.

Chevalets

Les chevalets placés dans un angle de salon sont décorés de draperies et chutes.

Gaines

Les gaines ou colonnes gainées en soie ou peluche sont, comme les chevalets, souvent ornées de draperies.

Draperie de piano

Cette draperie se place derrière le piano quand il est placé d'angle ; le pianiste devant faire face au salon.

Cette draperie se fait généralement à l'antique ou à festons et chutes.

Pour terminer ce chapitre, nous représenterons successivement divers dessins de festons et draperies : feston découpé fantaisie (fig. 67) ; feston grec (fig. 68) ; tête flamande à draperies (fig. 69) ; draperies pour lit Louis XVI (fig. 70), et portière drapée à l'antique (fig. 71) :

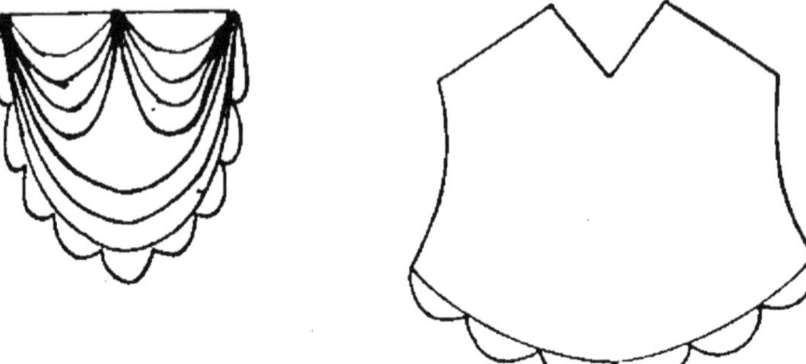

Fig. 67. — Feston découpé fantaisie, et développement.

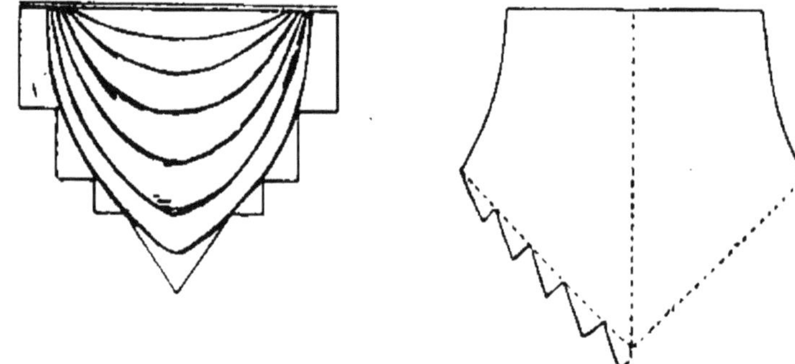

Fig. 68. — Feston grec, et développement.

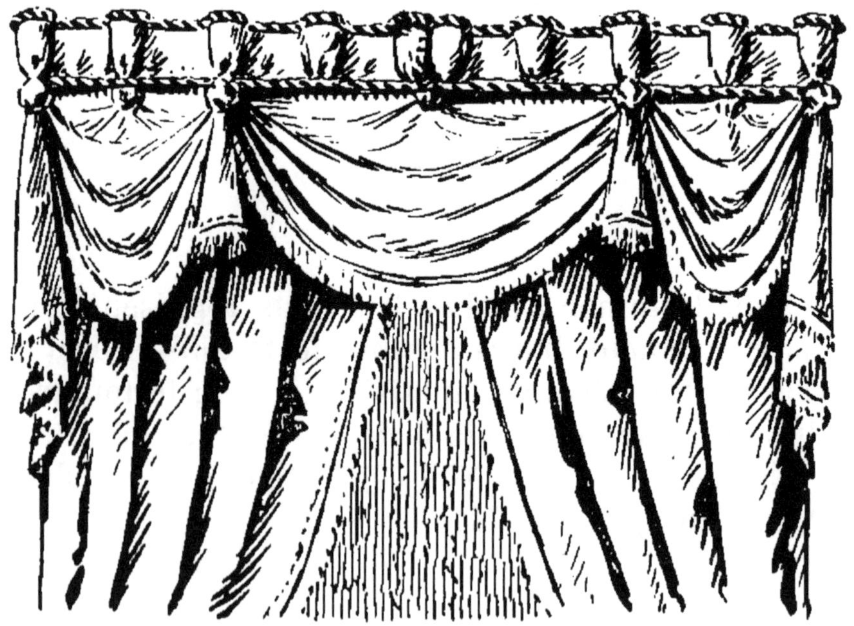

Fig. 69. — Tète flamande à draperie.

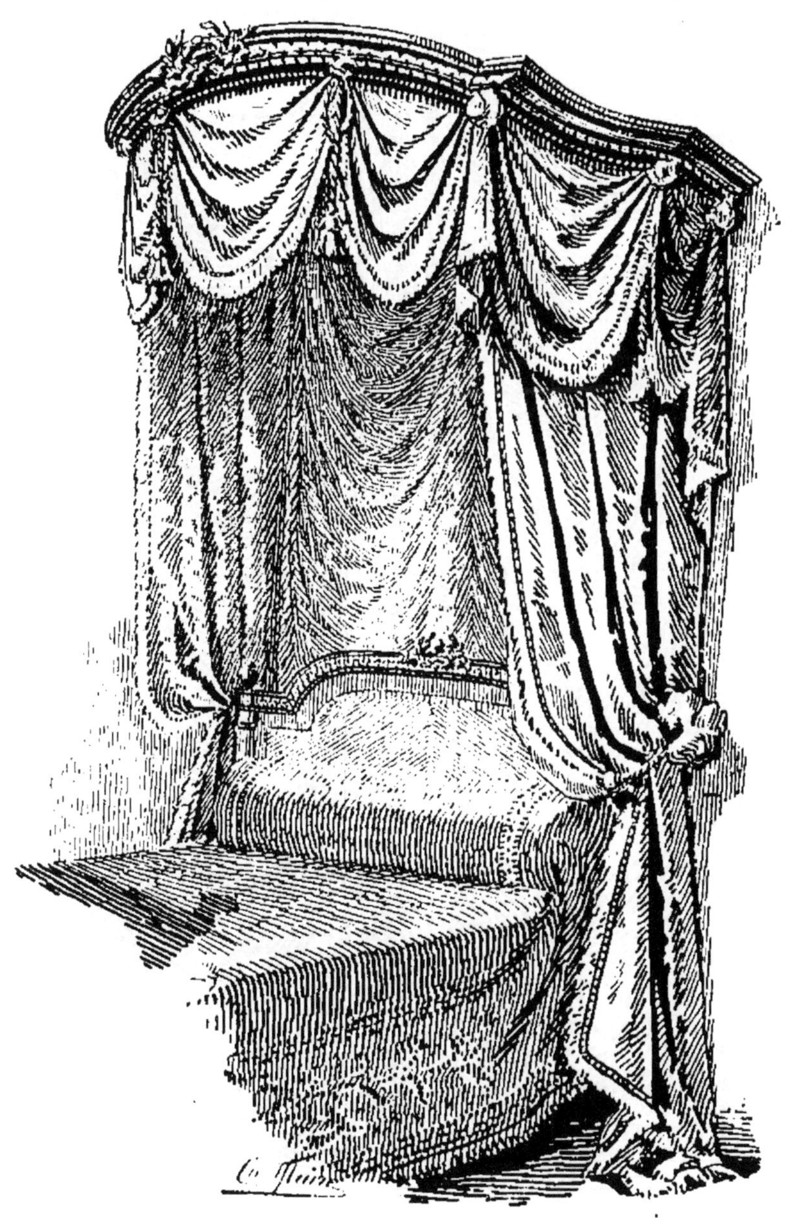

Fig. 70. — Lit Louis XVI à draperies.

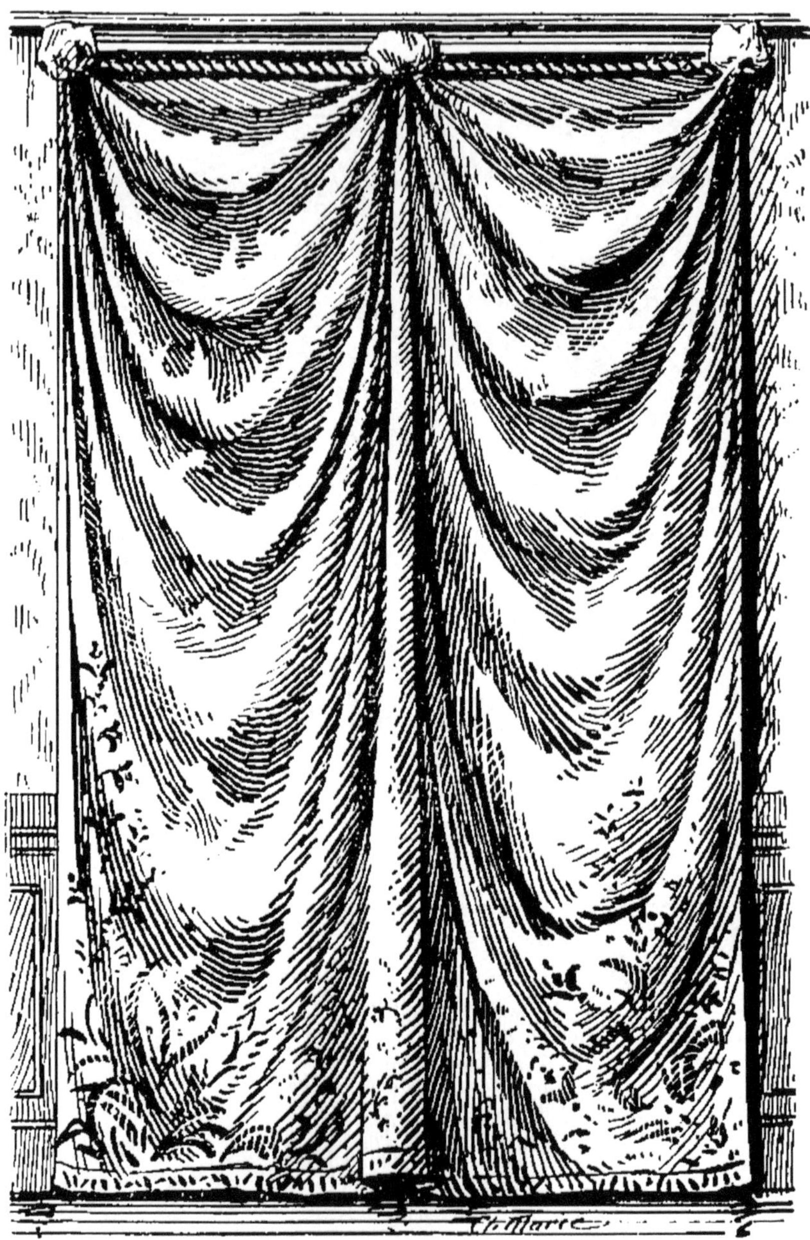

Fig. 71. — Portière drapée à l'antique.

CHAPITRE XI

Lambrequins

Les lambrequins sont très anciens et datent, comme ornementation de fenêtre et de lit, de l'époque de Louis XIII.

Ils sont découpés selon le style que l'on veut reproduire et aussi suivant la conception du tapissier. Les lambrequins sont placés derrière les galeries sculptées, et quelquefois sur le devant des galeries bois blanc; en ce cas, le lambrequin seul forme la décoration du haut de la fenêtre.

Ils se font en étoffe imitant les vieilles tapisseries : étoffe unie avec application de galon ou de crête, ou étoffe unie brodée; ils s'adaptent également au lit, décor de glace et planche de cheminée.

Coupe du lambrequin

Après avoir déterminé la hauteur des pentes de côté, on représente sur le tableau (fig. 72), la galerie de la largeur de la fenêtre : prendre le milieu de cette galerie et descendre une perpendiculaire A B de la hauteur des pentes de côté, soit 1^m20; puis une autre perpendiculaire C D à l'angle du retour de la galerie, de la même hauteur; tirer une ligne horizontale B D qu'on divisera de 10 en 10 centimètres; déterminer la hauteur du milieu, soit 40 centimètres ; dessiner les contours du lambrequin qu'il s'agit de faire ; couper sur une toile gommée la moitié du lambrequin que l'on reploiera

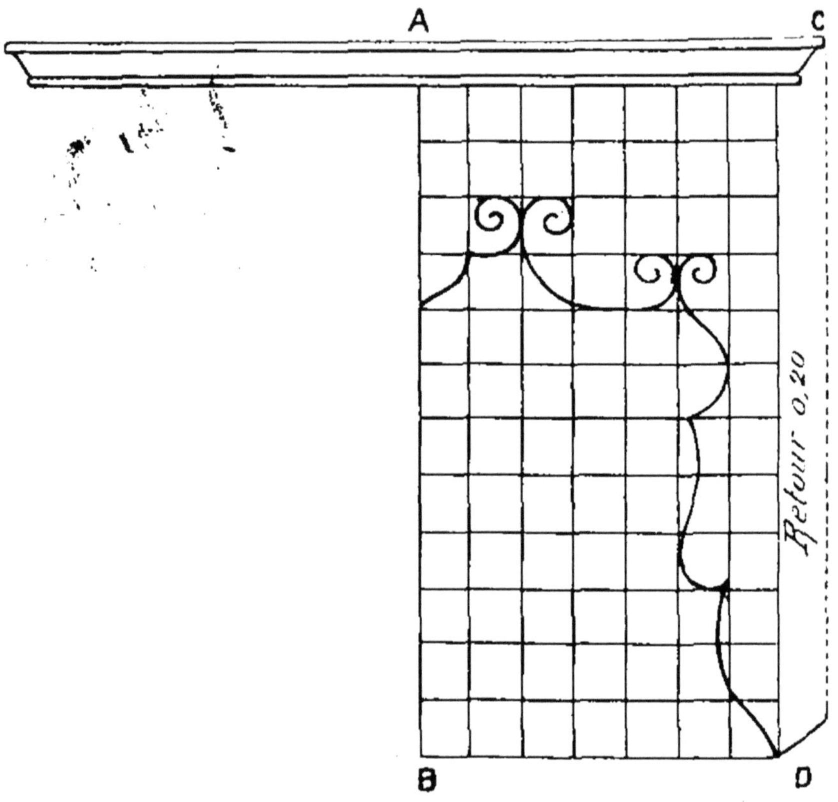

Fig. 72. — Lambrequin.

pour avoir le dessin entier et régulier, avoir soin de laisser une partie plate, en plus de la largeur de face, de 20 centimètres de chaque côté pour le retour. Couper l'étoffe sur la toile gommée en laissant tout autour assez d'étoffe pour rabattre.

Appointer la toile gommée sur l'établi et bâtir l'étoffe dessus ; arrêter l'étoffe derrière la toile à point de *chausson*,

Réappointer le lambrequin pour le doubler ; les glacis doivent prendre la toile et l'étoffe ; coudre ensuite la passementerie et rabattre la doublure.

On procède de la même manière pour les lambrequins de lit.

Si l'étoffe est à fleurs, avoir soin de choisir un motif de milieu.

Lambrequin à application

Ce lambrequin se fait droit ou découpé en étoffe unie.

Lorsqu'il est droit en étoffe unie, on applique un galon dans le bas en laissant un champ de 3 à 4 centimètres au-dessus de la tête de la frange.

Quand il est découpé, les applications se font en galon ou en crête, en laissant toujours le même champ dans le bas et en suivant bien les contours. Le galon est coupé aux endroits arrondis des volutes.

Pour ce travail il faut tracer sur l'étoffe, avec la craie de tailleur, le lambrequin ainsi que le champ que l'on veut donner ; ensuite tracer la largeur de la crête au galon en dessinant les volutes ; appointer l'étoffe sur l'établi et coudre solidement l'application.

Ce lambrequin se termine comme il a été expliqué d'autre part.

Lambrequin brodé

Le lambrequin se brode sur drap, peluche de lin ou peluche soie. Bien le préparer avant de le donner au brodeur.

Lambrequin à draperies

Ce genre de lambrequin (fig. 73) se fait en étoffe unie et principalement en peluche de soie; les draperies sont en étoffe fantaisie.

Cette décoration est riche et de bon goût.

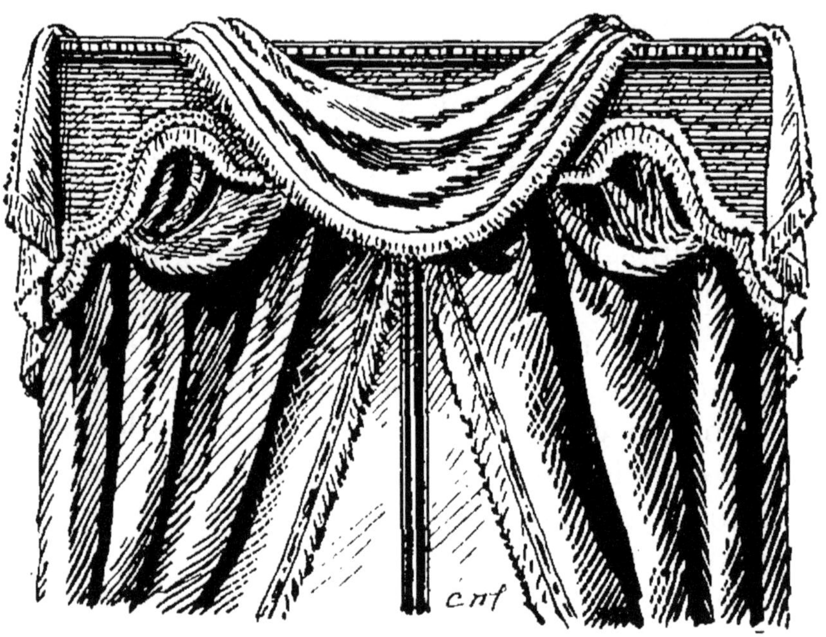

Fig. 73. — Lambrequin à draperies.

Lambrequin de cheminée

Les lambrequins de cheminée Louis XIII sont généralement droits, d'autres sont découpés suivant le style de l'ameublement; ils doivent avoir sur le devant de 20 à 25 centimètres au plus.

Lambrequin de glace

Le haut du lambrequin de glace (fig. 74) représente celui de la cheminée; deux pentes doivent

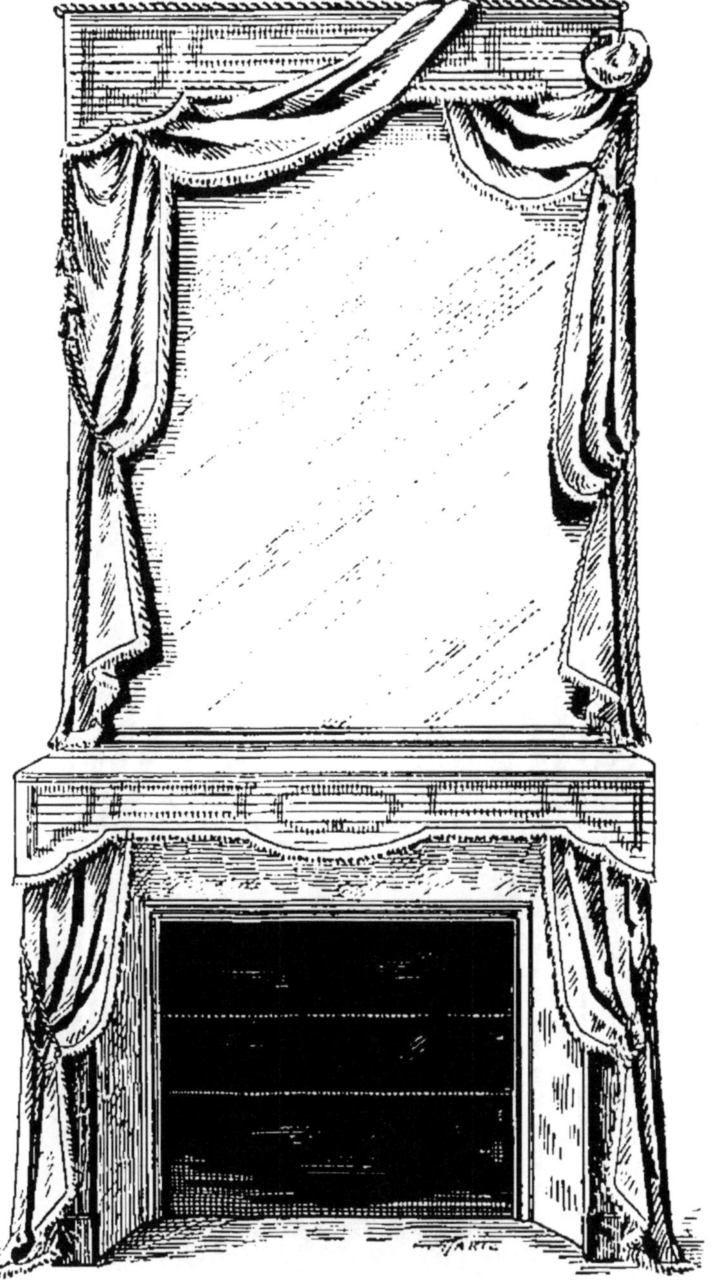

Fig. 74. — Décor glace cheminée.

descendre de chaque côté du cadre pour le cacher
jusqu'à la planche de cheminée.

Lambrequin de fenêtre

Nous représentons ci-dessous (fig. 75) le modèle
d'une fenêtre à lambrequin brodé style Louis XV.

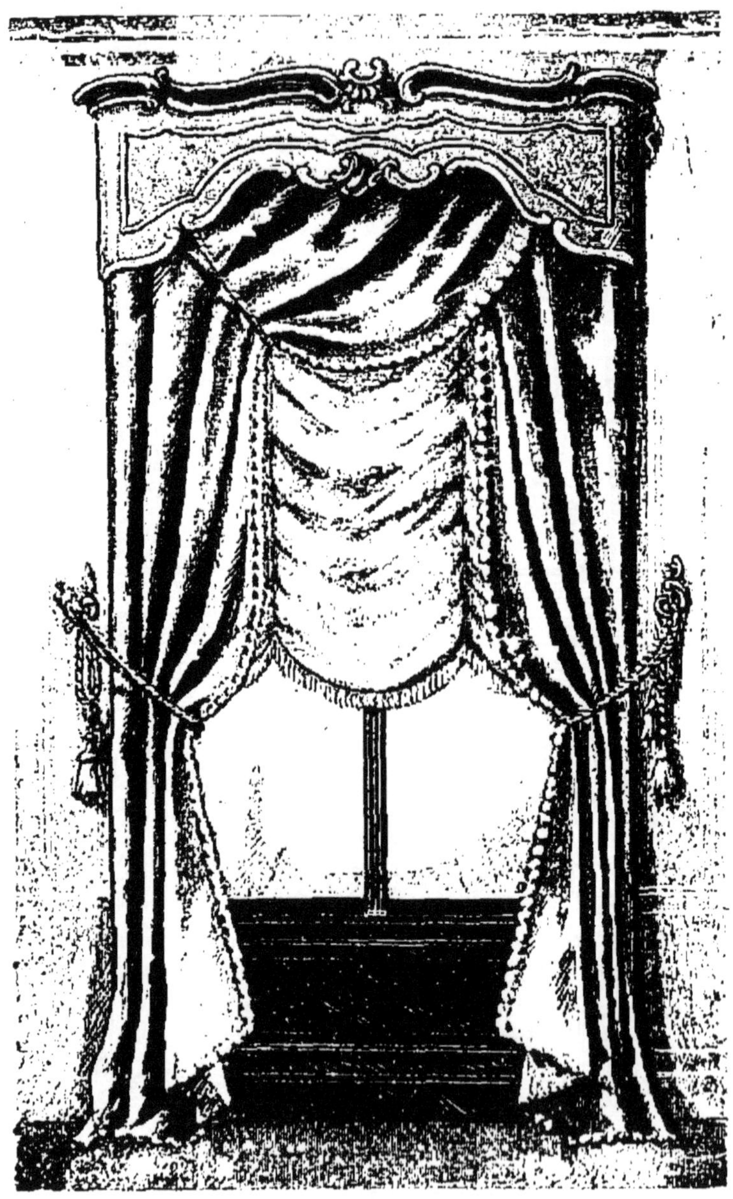

Fig. 75. — Fenêtre Lambrequin Louis XV.

CHAPITRE XII

Devis

—

Après les indications données dans ce volume, et connaissant les diverses matières employées dans la garniture ainsi que celles de la fabrication des tentures de rideaux et draperies, sièges, etc., il est nécessaire d'établir les prix de revient de ces travaux.

Les quantités et métrages seront donnés exactement pour établir ces devis; il ne sera pas donné de prix, mais le lecteur pourra facilement, selon le coût des marchandises, se rendre compte, d'une manière précise, du prix de revient d'un siège, d'une fenêtre, d'une décoration de lit, etc.

Sièges bois recouvert

Fauteuil anglais

		fr.	c.
	Bois	...	..
7 mètr.	Sangles	...	..
9	Elastiques	...	..
1 m. 50	Toile forte	...	..
1 m. 65	Toile d'embourrure	...	..
2 m. 70	Toile blanche	...	..
3 k. 500	Crin animal ou végétal	...	..
	Clous et ficelle	...	..
0 m. 80	Percaline de dessous	...	..

		fr.	c.
4	Roulettes	…	..
4	Bagues unies ou à perles	…	..
3 m. 05	Etoffe	…	..
2 m. 40	Franges	…	..
3 m. 80	Lézarde	…	..
2	Glands ou cartisane	…	..
	Façon du tapissier	…	..
	Couture	…	..
	Total	…	..

Canapé anglais

		fr.	c.
	Bois	…	..
19 m. 40	Sangles	…	..
27	Elastiques	…	..
2 m. 30	Toile forte	…	..
2 m. 60	Toile d'embourrure	…	..
5 mètr.	Toile blanche	…	..
7 kilog.	Crin animal ou végétal	…	..
	Clous et ficelle	…	..
1 m. 75	Percaline de dessous	…	..
4	Roulettes	…	..
4	Bagues unies ou à perles	…	..
3 m. 30	Etoffe	…	..
4 m. 80	Franges	…	..
4 m. 75	Lézarde	…	..
2	Glands ou cartisane	…	..
	Façon du tapissier	…	..
	Couture	…	..
	Total	…	..

Chaise anglaise

		fr.	c.
	Bois	...	..
5 m. 85	Sangles.	...	..
8	Elastiques.	...	..
0 m. 75	Toile forte.	...	..
0 m. 85	Toile d'embourrure.	...	..
1 m. 50	Toile blanche	...	..
2 k. 300	Crin animal ou végétal.. . .	...	..
	Clous et ficelle.	...	..
0 m. 70	Percaline de dessous	...	..
2	Roulettes	...	..
2	Bagues unies ou à perles. .	...	..
1 m. 40	Etoffe.	...	..
2 mètr.	Franges.	..	.
1 m. 80	Lézarde.	...	..
	Façon du tapissier.	...	..
	Couture.	...	..

Total. . . . .

Chaise longue tendue

		fr.	c.
	Bois	...	..
18 m. 50	Sangles.	...	..
24	Elastiques.	...	..
2 m. 10	Toile forte	...	..
2 m. 25	Toile d'embourrure	...	..
3 m. 85	Toile blanche	...	..
3 kilog.	Crin animal ou végétal. . .	...	..
	Clous et ficelle.	...	..
1 m. 75	Percaline de dessous	...	..
4	Roulettes	...	..
4	Bagues unies ou à perles. .	...	..

		fr.	c.
3 m. 30	Étoffe.	…	..
4 m. 75	Franges.	…	..
3 m. 90	Lézarde.	…	..
2	Glands ou cartisane	…	..
	Façon du tapissier.		
	Couture.	…	..
	Total.	…	..

Sièges capitonnés

Fauteuil

		fr.	c.
	Bois	…	..
7 mètr.	Sangles.	…	..
9	Élastiques.	…	..
1 m. 50	Toile forte	…	..
1 m. 65	Toile d'embourrure	…	..
3 m. 50	Toile blanche	…	..
4 kilog.	Crin animal ou végétal.	…	..
	Clous et ficelle.	…	..
0 m. 80	Percaline de dessous	…	..
4	Roulettes	…	..
4	Bagues unies ou à perles.	…	..
3 m. 05	Étoffe.	…	..
2 m. 40	Franges.	…	..
3 m. 80	Lézarde.	…	..
2	Glands ou cartisane	…	..
36	Boutons à capitonner.	…	..
	Façon du tapissier.	…	..
	Couture.	…	..
	Total.	…	..

Canapé capitonné

		fr.	c.
	Bois	...	..
19 m. 40	Sangles	...	..
27	Elastiques	...	..
2 m. 30	Toile forte	...	..
2 m. 60	Toile d'embourrure	...	..
5 m. 40	Toile blanche	...	..
8 kilog.	Crin animal ou végétal	...	..
1 m. 75	Percaline de dessous	...	..
4	Roulettes	...	..
4	Bagues unies ou à perles	...	..
4 m. 85	Etoffe	...	..
4 m. 80	Franges	...	..
4 m. 75	Lézarde	...	..
2	Glands ou cartisane	...	..
75	Boutons à capitonner	...	..
	Façon du tapissier	...	..
	Couture	...	..
	Total	...	..

Chaise capitonnée

		fr.	c.
	Bois	...	..
5 m. 85	Sangles	...	..
8	Elastiques	...	..
0 m. 75	Toile forte	...	..
0 m. 85	Toile d'embourrure	...	..
2 mètr.	Toile blanche	...	..
2 k. 500	Crin animal ou végétal	...	..
	Clous et ficelle	...	..
0 m. 70	Percaline de dessous	...	..
2	Roulettes	...	..

		fr. c.
2	Bagues unies ou à perles.	. . . . .
2 m. 10	Etoffe.	. . . . .
2 mètr.	Franges.	. . . . .
1 m. 80	Lézarde.	. . . . .
26	Boutons à capitonner	. . . .
	Façon du tapissier.	. . . .
	Couture.	. . . .
	Total	. . . .

Chaise longue capitonnée

		fr. c.
	Bois	. . . .
18 m. 50	Sangles.	. . . .
24	Elastiques.	. . . .
2 m. 10	Toile forte.	. . . .
3 m. 25	Toile d'embourrure	. . . .
4 m. 75	Toile blanche	. . . .
3 k. 500	Crin animal ou végétal.	. . . .
	Clous et ficelle.	. . . .
1 m. 75	Percaline de dessous.	. . . .
4	Roulettes	. . . .
4	Bagues unies ou à perles.	. . . .
4 m. 10	Etoffe.	. . . .
4 m. 75	Franges.	. . . .
3 m. 90	Lézarde.	. . . .
2	Glands ou cartisanes.	. . . .
51	Boutons à capitonner	. . . .
	Façon du tapissier.	. . . .
	Couture.	. . . .
	Total.	. . . .

Fauteuil garniture fantaisie à rampe

		fr.	c.
	Bois	...	..
7 mètr.	Sangles.	...	..
9	Elastiques.	...	..
1 m. 50	Toile forte	...	..
1 m. 65	Toile d'embourrure.	...	..
3 m. 50	Toile blanche	...	..
4 kilog.	Crin animal ou végétal.	...	..
	Clous et ficelle.	...	..
0 m. 75	Percaline de dessous	...	..
4	Roulettes	...	..
4	Bagues unies ou à perles.	...	..
2 m. 25	Etoffe.	...	..
2 m. 40	Franges.	...	..
3 m. 60	Lézarde.	...	..
2	Glands ou cartisanes.	...	..
31	Boutons à capitonner.	...	..
3 mètr.	Ganse nervure.	...	..
3 m. 35	Câblé.	...	..
1 m. 20	Peluche.	...	..
0 m. 80	Molleton	...	..
	Façon du tapissier.	...	..
	Couture.	...	..

Total. . . . .

Sièges bois apparent

Fauteuil Louis XIV

		fr.	c.
	Bois	...	..
5 m. 80	Sangles	...	..
8	Elastiques.	...	..

		fr.	c.
0 m. 75	Toile forte.	…	..
0 m. 85	Toile d'embourrure	…	..
1 m. 50	Toile blanche	…	..
2 k.600	Crin	…	..
	Clous et ficelle.	…	..
0 m. 70	Percaline de dessous.	…	..
2	Roulettes	…	..
2	Bagues à perles	…	..
0 m. 75	Etoffe en 1^{m}30.	…	..
0 m. 60	Entoilage soie petite largeur	…	..
6 mètr.	Lézarde à S.	…	..
	Façon de garniture.	…	..
	Couture.	…	..
	Total.	…	..

Canapé Louis XV

		fr.	c.
	Bois	…	..
15 m. 80	Sangles.	…	..
22	Elastiques.	…	..
1 m. 50	Toile forte.	…	..
1 m. 90	Toile d'embourrure	…	..
3 mètr.	Toile blanche	…	..
5 k. 200	Crin	…	..
	Clous et ficelle	…	..
1 m. 70	Percaline de dessous.	…	..
2	Roulettes	…	..
2	Bagues à perles	…	..
1 m. 50	Etoffe en 1^{m}30.	…	..
0 m. 60	Entoilage soie en 1^{m}30.	…	..
12 mètr.	Lézarde à S.	…	..
	Façon de garniture.	…	..
	Couture,	…	..
	Total.	…	..

Chaise Louis XVI

		fr.	c.
	Bois	...	..
4 m. 35	Sangles.	...	..
6	Elastiques.	...	..
0 m. 70	Toile forte	...	..
0 m. 80	Toile d'embourrure.	...	..
1 m. 10	Toile blanche	...	..
1 k. 900	Crin	...	..
	Clous et ficelle.	...	..
0 m. 65	Percaline de dessous.	...	..
2	Roulettes	...	..
2	Bagues à perles	...	..
0 m. 65	Etoffe en 1^m30.	...	..
0 m. 45	Entoilage soie petite largeur	...	..
3 m. 50	Lézarde à S.	...	..
	Façon de garniture.	...	..
	Couture.	...	..
	Total.	...	..

Planches avec garniture

Planche de cheminée ordinaire

		fr.	c.
	Dessus bois	...	..
0. m 40	Etoffe.	...	..
2 métr.	Franges.	...	..
0 m. 50	Satinette pour dessous de franges. .	...	..
	Façon de garniture.	...	..
	Total.	...	..

Planche de cheminée à draperies

		fr.	c.
	Dessus bois	...	..
1 m. 65	Etoffe.	...	..
1 m. 25	Doublure	...	..
4 mètr.	Passementerie.	...	..
	Façon, coupe et couture	...	..
	Façon de garniture	...	..
	Total.	...	..

Planche à bandeau

		fr.	c.
	Dessus bois	...	..
1 m. 20	Etoffe.	...	..
0 m. 90	Doublure	...	..
2 m. 25	Frangette	...	..
2 m. 25	Galon.	...	..
0 m. 80	Toile gommée	...	..
	Façon, coupe et couture	...	..
	Façon de garniture.	...	..
	Total.	...	..

Rideaux

Pour les rideaux, nous nous baserons sur une mesure courante de 3 mètres de hauteur.

Fenêtre ordinaire à bâton

		fr.	c.
6 m. 10	Etoffe.	...	..
6 m. 10	Doublure	...	..
9 mètr.	Passementerie.	...	..
2	Embrasses, ...	...	..

1	Bâton creux.	. . . . .
10	Anneaux bois acajou ou noyer . . .	. . . . .
2	Supports bois acajou ou noyer . . .	. . . . .
2	Pommes bois acajou ou noyer. . . .	. . . . .
2	Porte-embrasses bois acajou ou noyer	. . . . .
2	Glands	. . . . .
2	Clous à crochet gonds d'embrasses .	. . . . .
7 mètr.	Cordon de tirage.	. . . . .
	Façon des rideaux	. . . . .
	Pose et ajustement.	. . . . .

Total. . . . .

Fenêtre tête flamande

		fr.	c.
6 m. 10	Etoffe.	. . .	. .
6 m. 50	Doublure	. . .	. .
9 mètr.	Passementerie frangette	. . .	. .
3 m. 50	Câblé	. . .	. .
2	Embrasses.	. . .	. .
0 m. 30	Toile gommée	. . .	. .
12	Anneaux Saumur	. . .	. .
1	Tringle.	. . .	. .
1	Garniture de poulies	. . .	. .
1	Poulie du bas	. . .	. .
8 mètr.	Cordon de tirage.	. . .	. .
2	Porte-embrasses	. . .	. .
2	Clous à crochets gonds d'embrasses .	. . .	. .
	Façon des rideaux	. . .	. .
	Pose et ajustement.	. . .	. .

Total. . . . .

Lit tête flamande ordinaire

Ciel de lit garni à plat

		fr.	c.
1	Ciel de lit (bois)	...	..
9 m. 70	Etoffe pour rideaux.	...	..
2 m. 40	Etoffe pour draperies de milieu . . .	...	..
18 m. 50	Doublure pour l'intérieur	...	..
14 m. 20	Frangette.	...	..
7 mètr.	Câblé.	...	..
2	Embrasses	...	..
2	Clous à crochets gonds d'embrasses .	...	..
0 m. 60	Toile gommée.	...	..
	Agrafes, fil de fer et pattes.	...	..
2	Porte-embrasses.	...	..
	Façon coupe et couture	...	..
	Façon de garniture du ciel de lit . .	...	..
1 mètr.	Toile forte	...	..
	Pose et ajustement.	...	..

Total. . . . .

Fenêtre à 3 draperies, 2 chutes

Galerie bois apparent

		fr.	c.
6 m. 10	Etoffe de rideaux	...	..
2 m. 40	Etoffe de draperies.	...	..
1 m. 20	Etoffe de chutes.	...	..
9 m. 60	Doublure	...	..
16 m. 10	Passementerie.	...	..
2	Embrasses.	...	..
1	Galerie bois à moulures..	...	..
1	Tringle	...	..
1	Garniture de poulies.	...	..

		fr. c.
1	Poulie du bas	... ..
8 mètr.	Cordon de tirage.	... ..
2	Porte-embrasses	,... ..
2	Clous à crochets gonds d'embrasses .	... ...
2	Pattes à galerie	... ...
	Façon des rideaux.	... ..
	Façon et coupe de draperies.	... ..
	Pose et ajustement.	... ..
	Total.	... ..

Lit à 3 draperies sur le devant, 2 sur les côtés et 2 chutes

Ciel de lit bois apparent garni à plat

		fr. c.
9 m. 70	Etoffe de rideaux.	... ..
3 m. 20	Etoffe pour draperies.	... ..
1 m. 20	Etoffe pour chutes.	... ..
20 m. 40	Doublure	... ..
21 m. 80	Frangette.	... ..
2	Embrasses	... ..
1	Ciel de lit bois à moulures.	... ..
2	Clous à crochets gonds d'embrasses .	... ..
2	Porte-embrasses	... ..
	Agrafes fil de fer et pattes	... ..
	Façon coupe et couture des rideaux .	... ..
	Façon coupe et couture des draperies et chutes	... ..
	Façon de garniture du ciel de lit . .	... ..
1 m. 25	Toile forte du ciel de lit	... ..
	Pose et ajustement.	... ..
	Total.	... ..

Pour les ciels de lit garnis en soleil, il faut en plus 1^m30 de doublure.

Pour les lits de coin, le fond de lit étant plus grand, on mettra deux lés de doublure en plus.

Ajouter 75 centimètres de doublure pour les ciels de lit de coin garnis à plat, et 1^m30 pour la garniture en soleil.

Lambrequins

Fenêtre à bandeau droit

(Galerie bois blanc recouvert)

		fr.	c.
6 m. 10	Etoffe de rideaux.	...	..
0 m. 90	Etoffe pour bandeau	...	..
0 m. 80	Toile gommée	...	..
7 m. 40	Doublure	...	..
11 m. 15	Passementerie frangette	...	..
10 m. 90	Galon (s'il y a une application) . . .	...	..
2	Embrasses	...	..
1	Galerie bois blanc enveloppé	...	..
1	Tringle	...	..
1	Garniture de poulies	...	..
1	Poulie du bas	...	..
2	Pattes à galerie	...	..
8 mètr.	Cordon de tirage.	...	..
2	Porte-embrasses	...	..
2	Clous à crochets gonds d'embrasses .	...	..
	Façon des rideaux	...	..
	Façon du bandeau et coupe.	...	..
	Pose et ajustement.	...	..

Total. . . . .

Lit à bandeau droit

(Châssis bois blanc recouvert garni à plat)

		fr.	c.
9 m. 70	Etoffe de rideaux.	...	..
1 m. 35	Etoffe pour bandeau	...	..
17 m. 35	Doublure	...	..
1 m. 20	Toile gommée.	...	..
15 m. 10	Frangette.	...	..
14 m. 80	Galon (s'il y a une application) . . .	...	..
2	Embrasses	...	..
1	Ciel de lit bois blanc.	...	..
2	Clous à crochets gonds d'embrasses .	...	..
2	Porte-embrasses.	...	..
	Agrafes, fil de fer et pattes.	...	..
	Façon des rideaux.	...	..
	Façon et coupe du bandeau.	...	..
	Façon de garniture du ciel de lit . .	...	..
1 m. 25	Toile forte	...	..
	Pose et ajustement.	...	..
	Total	...	..

Pour les fenêtres et lits à lambrequins de style, mesurer le contour pour frangette, galon ou crête, et ce qu'ils prennent en plus de toile gommée, doublure et étoffe; s'ils sont brodés, ajouter le prix de la broderie.

Draperies diverses

Décor de glace à deux draperies, doubles plis et grandes chutes

(Cadre de 1^m50 de hauteur)

		fr.	c.
1 m. 40	Etoffe pour draperies.	...	..
1 m. 75	Etoffe pour chutes	...	..

		fr.	c.
3 m. 40	Doublure	...	..
7 m. 20	Passementerie frangette	...	..
1	Galerie bois blanc enveloppé	...	..
2	Pattes.	...	..
	Façon coupe et couture.	...	..
	Pose et ajustement.	...	..
	Total.	...	..

Décor de piano relevé à l'antique avec dessus peluche

		fr.	c.
1 m. 70	Peluche pour le dessus.	...	..
1 m. 60	Toile gommée	...	..
3 m. 70	Etoffe fantaisie pour relevé à l'antique	...	..
10 m. 40	Petite frangette.	...	..
5 m. 40	Doublure	...	..
	Façon coupe et couture.	...	..
	Total.	...	..

Portière à l'antique simple, mobile

		fr.	c.
3 m. 55	Etoffe.	...	..
3 m. 75	Doublure	...	..
5 m. 05	Frangette	...	..
2	Hausse-porte	...	..
1	Garniture bois enveloppé	...	..
	Façon de la portière	...	..
	Pose et ajustement.	...	..
	Total.	...	..

Portière dormante à l'italienne

		fr.	c.
4 m. 70	Etoffe	...	..
4 m. 90	Doublure	...	..
5 m. 90	Frangette	...	..
2 mètr.	Câblé ou jeux de glands	...	..
1	Bande de bois pour clouer la portière	...	..
	Façon	...	..
	Pose et ajustement	...	..
	Total	...	..

Tapis

	fr.	c.
Indiquer le métrage du tapis employé selon la pièce	...	..
Indiquer le métrage de la thibaude	...	..
Indiquer le métrage des coutures	...	..
Pose et ajustement du tapis	...	..
Total	...	..

Tenture murale

	fr.	c.
Indiquer le métrage d'étoffe employé pour tendre la pièce	...	..
Indiquer le métrage du galon	...	..
Indiquer le métrage des coutures	...	..
Pose et ajustement	...	..
Plus-value pour porte sous-tentures	...	..
Total	...	..

Stores

Store en coutil

		fr.	c.
2 mètr.	Coutil.	...	..
7 mètr.	Galon.	...	..
1	Bâton.	...	..
2	Rondelles	...	..
2	Supports	...	..
2	Broches.	...	..
1	Arrêt.	...	..
3 m. 50	Septin	...	..
1	Tringle fer	...	..
	Façon.	...	..
	Pose et ajustement.	...	..
	Total	...	..

Pour les stores à joues, ajouter en plus le métrage de coutil et de galon employé par ces joues, les deux compas et la plus-value de façon.

Store à l'italienne hauteur 2 mètres

		fr.	c.
3 m. 50	Etoffe.	...	..
9 m. 20	Extra-fort (galon)	...	..
1 m. 60	Frangette	...	..
4	Glands	...	..
80	Annelets os	...	..
17 m. 50	Petit cordon de tirage	...	..
1	Bande bois à galerie	...	..
4	Poulies à jeux différents	...	..
2	Pattes.	...	..

Façon. . . . .
Pose et ajustement. . . . .

Total. . . . .

Store flamand

Ce store varie suivant l'étoffe et la qualité. La monture est la même que les stores droits (Voir *Store en coutil*).

CHAPITRE XIII

Ornements d'appartements

Les premiers ornements de fenêtres datent de Henri II et s'appelaient *Couronnements* ; ils se faisaient en bois de noyer, à moulures avec clochetons sur les angles et étaient assortis au baldaquin.

Ce n'est que sous le règne de Louis XIV que les galeries de croisées et ciels de lit ont été répandus.

Les premières *patères* datent de Louis XVI.

Depuis cette époque, les ornements ont toujours été employés, ils se font de toute essence de bois : noyer, acajou, palissandre, pitch-pin, etc., et aussi en bois doré et laqué.

Les galeries de croisées ainsi que les ciels de lit

de style sont souvent sculptés, à moulures, mouvementés ou à élévation.

Les fenêtres et lits de fantaisie ont souvent leurs galeries et ciels de lit garnis en torsade ou à boudin ; il se fait aussi des galeries et châssis gainés.

Nous ferons donc connaître, autant que possible, tous les ornements employés pour la décoration.

Anneaux

Il y a différents genres d'anneaux, en bois ou en cuivre ; pour les fenêtres ordinaires à bâton, on emploie des anneaux d'acajou et noyer noir, vernis ou ciré ; ils sont généralement unis ; lorsque le bâton est supporté par des consoles sculptées, les anneaux sont cannelés ou à perles ; les anneaux en cuivre sont employés quand le bâton est en cuivre ou en bois doré ; il se fait aussi des anneaux laqués.

Tous ces anneaux ont de 75 à 110 millimètres.

Bâtons

Les bâtons et les pommes sont du même bois que les anneaux ainsi que les supports, les glands, les patères ou porte-embrasses ; ils sont rainés pour le passage du cordon de tirage et munis à chaque extrémité d'une poulie.

Supports, Lorgnon, Pomme

Les supports renferment intérieurement une ferrure, ils sont munis d'un gond pour y adapter le bâton ; la longueur de la tige est de 15 centimètres.

Le *lorgnon-support* est une tige de bois tourné qui a à son extrémité un gros anneau pour recevoir le bâton.

Il se fait sculpté et à perles.

La *pomme* se visse à l'extrémité du bâton et complète l'ornement de la fenêtre. Ainsi que le lorgnon et les têtes de supports, elle se fait sculptée et à perles.

Consoles

Les consoles sont employées pour supporter les bâtons de style Renaissance ou Louis XVI, elles sont généralement sculptées et à canaux.

Glands

Les glands en bois sont tournés, il y en a aussi de sculptés ; ils se dévissent au milieu pour pouvoir fixer le cordon de tirage ; ils sont généralement plombés pour mieux tendre ce cordon.

Il y a des glands en cuivre de tous modèles.

Patères, Porte-embrasses

Les patères datent du temps de Louis XVI, elles étaient en bronze, ciselées et dorées ; à cette époque on les nommait *rosaces*, ce n'est que sous le premier Empire qu'elles prirent le nom de patères. On en fait en bois et en cuivre estampé.

Vers 1855 les patères ont été remplacées par les porte-embrasses.

Les porte-embrasses sont des ornements montés sur une tige de bois tourné ainsi que les têtes de supports.

Il se fait des porte-embrasses en bois d'acajou, noyer, palissandre, laqués ou dorés.

Rinceaux

Le rinceau (fig. 76), est une tige galbée sortant d'un petit cartouche et se terminant par un ornement quelconque : feuille, écusson, tête, etc.

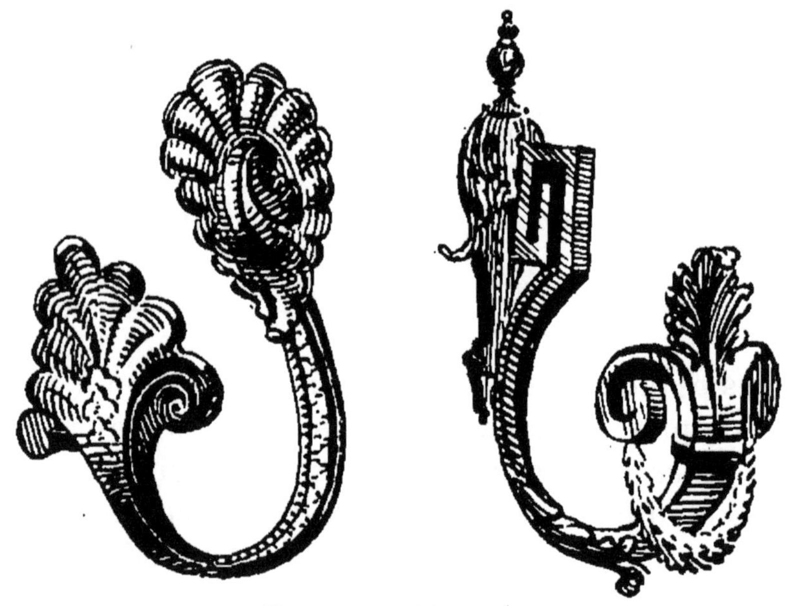

Fig. 76. — Rinceaux.

Les rinceaux étaient déjà employés au xvᵉ siècle; ils ont la même utilité que les porte-embrasses et se font de tous styles, en cuivre poli, bronzé ou doré et aussi ciselé.

Arc

L'arc (fig. 77) se fixe au plafond et au-dessus du milieu du lit par une ferrure qui traverse un plateau et sert à attacher les rideaux qui enveloppent le lit. On n'emploie plus beaucoup ce genre d'ornement.

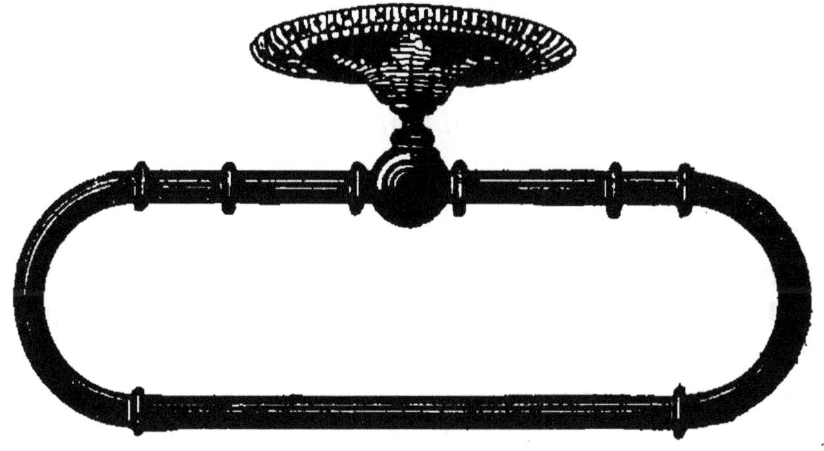

Fig. 77. — Arc de lit.

L'arc se fait le plus souvent en bois de noyer ou acajou.

Flèche

La flèche est un bâton fixé dans le mur; son extrémité est garnie d'une pomme; on passe sur la flèche un rideau double qui retombe sur la tête et les pieds du lit. Comme les arcs, ce genre de décoration ne se fait que très rarement.

On fait des lits à deux et même trois flèches.

Galeries de croisées

Les galeries de croisée bois apparent sont faites de même bois et de même style que les meubles qui garnissent les pièces. Parfois on fait exception à cette règle; particulièrement dans les salons, on place des galeries bois doré. Les galeries doivent être plus larges de 20 centimètres que les fenêtres et leur retour est généralement de 20 centimètres.

Les galeries bois blanc sont recouvertes d'étoffe ou de doublure (Voir *Garniture de galerie et gainage*).

Baldaquin

Nommé plus particulièrement *Ciel de lit*, se fait comme les galeries de fenêtre, de même bois, de même profil de moulure et de même style.

Il y a des ciels de lit de milieu et de coin, à chanfrein et à doucine, d'autres de style.

Les ciels de lit de bout, bois apparent, sont toujours de style Louis XIV, Louis XV ou Louis XVI.

Ciel de lit bois blanc

Ce ciel de lit se fait de tout genre, de tout style, à *dôme* et de fantaisie.

Le ciel de lit ordinaire a 6 centimètres de largeur de bois et est utilisé pour les rideaux d'étoffe légère ; les autres châssis bois blanc ont comme largeur 8 centimètres.

Zinc de cheminée

Sur les cheminées riches, à moulures et sculptures, on ajuste sur le dessus un zinc suivant les contours de la cheminée ; ce zinc est recouvert d'étoffe de soie ou de peluche.

Rosace de tableau

Cette rosace, en cuivre doré, se visse sur broche ou se porte au clou à crochet.

Garniture des ciels de lit et galeries

Ciel de lit bois apparent

Garniture à plat. — Clouer d'abord une toile forte à l'intérieur, à 3 centimètres au-dessus du champ, remplir cette toile au-dessus, ensuite tendre l'étoffe et la remplir; clouer la frange ou les draperies, puis le fil de fer pour le fond du lit et les rideaux.

Garniture plissée. — Si la garniture est plissée en soleil sur le fond du lit, on procède de la manière suivante:

Lorsque le châssis est entoilé, prendre le milieu de la partie du fond et percer un trou à la vrille; couper deux lés d'étoffe, à partir de ce milieu jusqu'à un des angles du devant, en partager un en deux dans le sens de la longueur, plisser régulièrement cette étoffe de 2 en 2 centimètres en mettant le lé entier au milieu; percer tous ces plis, y passer un fil de fer pour bien les arrêter et les attacher solidement (ne pas couper le fil de fer), puis passer ce fil de fer au milieu de la traverse du fond dans le trou préablement percé et l'arrêter par derrière avec des bossettes.

Tendre le grand lé bien droit fil au milieu, continuer à appointer le tour en tendant l'étoffe; les plis se forment d'eux-mêmes; mettre un chou à la jonction des plis.

Faire de même lorsque les plis forment *soleil* au milieu du ciel de lit.

Ciel de lit à boudin

Ce genre de garniture ne se fait que sur châssis bois blanc lorsque ce châssis est garni à plat ou plissé.

Pour ce travail : clouer une bande de molleton à l'intérieur, près de l'étoffe, former le boudin régulièrement avec crin animal ou végétal et rabattre sur le champ du haut du ciel de lit; recouvrir le boudin en clouant l'étoffe à l'anglaise avec carton dans l'intérieur et rabattre comme le molleton sur le haut. On ne doit pas apercevoir de clous dans l'intérieur du ciel de lit.

Clouage à l'anglaise

Clouer une bande de carton de 1 centimètre de largeur sur l'envers de l'étoffe en suivant bien droit la ligne que l'on veut clouer, puis retourner l'étoffe et la clouer comme à l'ordinaire.

Ciel de lit ligature

Pour cette garniture, procéder de la même manière que pour celle à boudin, mais faire le bourrelet assez mou pour pouvoir le serrer avec la ganse. Couper l'étoffe un tiers plus large pour former les plis de la ligature; disposer la ganse de 12 en 12 centimètres et les serrer régulièrement.

Cette torsade se fait souvent en peluche.

Galerie à boudin et ligature

Cette galerie, en bois blanc, se garnit absolument comme les tours des ciels de lit; avoir

soin de ne pas trop tirer l'étoffe à l'angle du retour.
L'intérieur est recouvert de doublure pareille aux
draperies et rideaux.

Gainage

Les ciels de lit et galeries bois blanc à moulures
se font gainés en étoffe ou peluche. Pour que ces
galeries fassent beaucoup d'effet, il faut que les
moulures soient assez saillantes.

Le gainage consiste à coller l'étoffe sur les galeries et ciels de lit en épousant bien toutes les moulures. La colle forte est employée pour ce travail ;
donner un petit trait de scie dans les angles pour
faire rentrer l'étoffe pour le raccord.

Il faut avoir soin de bien étendre la colle et de
n'en mettre que juste le nécessaire sur la partie
que l'on veut gainer et surtout bien faire attention
qu'elle ne passe pas à travers l'étoffe ; appuyer fortement dans le creux des moulures pour faire
adhérer l'étoffe.

Les chevalets, gaine ou colonne se gainent de la
même manière.

CHAPITRE XIV

Ajustement et pose des tentures, rideaux et tapis

—

L'ajustement et la pose des tentures, rideaux et tapis doivent être faits avec beaucoup de soin et de précaution ; l'ouvrier villier doit déployer beaucoup de goût dans ce travail et surmonter toutes les difficultés que l'on rencontre souvent dans les ajustements de fenêtre et de lit.

Les ajustements de croisée et de lit doivent être d'une grande solidité.

Les poulies de fenêtre ainsi que les pattes à galerie et ferrures de porte-embrasses devront être tamponnées ; les ciels de lit bien fixés au mur et au plafond.

Les portières bien ajustées, les tableaux posés selon leur jour et leur grandeur en prenant la base du bas comme hauteur. Les tentures tombant droit au fil à plomb ; les tapis bien tendus ainsi que bien échancrés à la cheminée et les coutures très droites, les plis de draperies bien formés, les plis des rideaux tombant naturellement, etc...

En un mot, l'ouvrier ne doit rien négliger ; il doit s'inspirer de la décoration qu'il doit poser et donner à cette décoration un ensemble gracieux,

Pose d'une fenêtre à bâton

Enfoncer les supports à 5 centimètres de chaque côté et en dehors des chambranles, en dessous de la corniche; où il n'existe pas de corniche, à 6 centimètres en dessous du plafond; faire deux trous à la vrille à 6 centimètres des bouts du bâton, ces trous servent à engonder le bâton sur les supports (le bâton doit toujours avoir au moins 12 centimètres de plus de longueur que la largeur des supports).

Enfiler les anneaux, sauf le dernier, près du retour que l'on place sur la partie du bâton en dehors du support, visser les pommes aux extrémités, mesurer et placer le cordon.

Pour mesurer le cordon on prend la mesure du bâton à la hauteur du porte-embrasse, soit 1^m50, la largeur de la fenêtre soit 1^m50; doubler cette mesure, couper 1 mètre en plus, ce qui donne 7 mètres de cordon de tirage.

Pour placer le cordon : faire passer le cordon du côté de la poulie double dans la poulie de derrière en le faisant descendre à 20 centimètres en dessous de la hauteur des porte-embrasses (cette partie du cordon peut être attachée momentanément). Faire glisser le rideau du côté de la poulie double jusqu'au milieu de la fenêtre; attacher le cordon au premier anneau, le nœud en dessous de cet anneau; faire passer l'extrémité du cordon dans la poulie simple et attacher le cordon au premier anneau de l'autre rideau comme il a été déjà fait, c'est-à-dire en faisant venir le deuxième rideau jusqu'au milieu de la fenêtre en rejoignant le premier, puis le

passer dans la poulie du devant. Tirer les cordons
ensuite pour s'assurer du fonctionnement, mettre
les **glands** aux extrémités du cordon, poser les
porte-embrasses à l'aplomb des retours que l'on a
préalablement cloués sur le mur à côté des supports, avec des pointes à damas.

Mettre les deux clous à crochets gonds d'embrasses à 10 centimètres en dessous des porte-
embrasses, derrière le rideau près du chambranle ;
pincer sur le mur en vissant le porte-embrasse le
retour du rideau ; terminer en mettant les embrasses, en formant bien les plis du rideau dans toute
sa hauteur.

Mettre, sauf empêchement, le tirage à droite.

Tamponnage

Toutes les ferrures de porte-embrasses, supports,
poulies, etc., doivent être tamponnées.

Pour ce travail : percer, avec le casse-pierre, un
trou de la profondeur nécessaire pour que la ferrure soit bien enfoncée, puis tailler un morceau de
bois légèrement en pointe, de la longueur de la
profondeur du trou, l'enfoncer de force.

Les poulies ou ferrures seront enfoncées au milieu de ce tamponnage.

Si les ferrures doivent être placées dans des parties de bois, faire un trou au vilebrequin de 1 centimètre moins profond que la partie à enfoncer.

Pose des fenêtres sur tringles

Les fenêtres sur tringles se posent sur poulies à
un ou plusieurs jeux suivant le nombre de tringles

que l'on a à placer. Les tringles doivent être de
10 centimètres plus longues que la largeur des fenêtres.

Les poulies sont placées comme les supports en
dessous de la corniche et à 5 centimètres en dehors
du chambranle. Procéder de la même manière pour
placer le cordon et les porte-embrasses.

En général, dans ces fenêtres, les glands sont
supprimés et remplacés par une poulie du bas.
Dans ce cas, on visse une poulie de bas à l'aplomb
de la poulie double, au milieu de la plinthe, on
coupe le cordon de tirage plus long et on passe le
cordon dans cette poulie, on l'attache en le tendant
fortement.

Lorsque la fenêtre est à deux tringles, c'est-à-
dire double jeu de rideaux, on place la poulie du
bas double.

Pose des fenêtres à galeries

Lorsque l'ajustement des poulies est fait on procède à la pose de la galerie.

Pour cette pose, la galerie doit être au moins
plus longue de 10 centimètres que les tringles. On
enfonce les pattes à galerie 5 centimètres en dehors
des poulies et 5 centimètres plus bas; ces pattes
doivent être placées très droites afin qu'elles se
trouvent bien appliquées au retour de la galerie,
puis on met un piton ou une vis dans chaque trou.

Faire bien l'ajustement, la galerie n'étant soute-
nue qu'au retour par ces pitons; dans cette fenêtre,
les retours des rideaux sont cloués au retour de la
galerie.

Autrefois ces galeries étaient posées sur broches (on appelle *broche* un fer droit et rond remplaçant les pattes), deux pitons en ligne droite étaient vissés un peu au-dessus de chaque milieu du retour. Pour poser la galerie, il suffisait de faire rentrer les broches dans les pitons.

Ce moyen pratique pour la pose et la dépose a été abandonné en partie à cause de sa mobilité.

Galerie avec compas

Pour la pose des compas : prendre la mesure de chaque côté de la fenêtre à 6 centimètres en dessus de la corniche et à 6 centimètres en dehors des poulies-supports ; tracer la longueur des compas que l'on à placer, tamponner et enfoncer le compas très droit en le tenant vertical ; placer les poulies mécaniques à 3 centimètres en dessous de la corniche et à 10 centimètres en dedans des poulies-supports.

Visser à la galerie un piton de chaque côté à 16 centimètres en dedans des retours et au milieu du bois, ces pitons doivent se trouver en face des poulies (dites mécaniques).

Ensuite visser la galerie aux extrémités des compas et mettre le cordon.

Ne laisser tomber la galerie que juste pour l'ouverture des fenêtres ; régler le plombage en faisant un nœud au cordon près de la poulie.

Lit de bout

Pour poser ce lit : prendre la mesure du milieu du lit en dessous de la corniche, de l'épaisseur du ciel de lit, poser une patte à glace, puis à droite et à gauche à la même distance de la corniche, à 5 centimètres de moins que la largeur du lit on place une autre patte. Ces pattes doivent être enfoncées jusqu'à 4 centimètres de la tête.

Ensuite, enfoncer en biais un clou à crochet forgé ou tire-fond au plafond, à 20 centimètres en avant du milieu du ciel; attacher après ce clou trois fils de fer de 80 centimètres de longueur qui serviront à soutenir le ciel de lit par devant; visser trois pitons, un au milieu, deux près des angles en dedans de la ceinture et au milieu du bois du châssis.

Poser le ciel de lit sur les pattes et régler la hauteur sur le devant en l'attachant avec le fil de fer; il faut l'attacher d'abord au milieu puis clouer le ciel de lit sur les pattes avec une bossette.

Dans ce travail, il faut bien s'assurer de la solidité du clou du plafond. Quelquefois dans les plafonds creux il est impossible de mettre un clou; dans ce cas, on attache le fil de fer au milieu d'une tige de fer quelconque de 20 à 25 centimètres de longueur; on fera passer cette tige verticalement dans le plafond et on la fera basculer afin qu'elle repose au dessus du plafond (ce cas particulier est rare).

Il faut avoir soin de bien prendre ses mesures afin d'éviter les trous et le dégât qui pourrait être fait au plafond.

Lorsque l'on veut faire toucher le ciel de lit au plafond, faire un trou à la vrille à la ceinture du châssis, y passer le fil de fer et l'arrêter en le faisant toucher au plafond avec des bossettes.

Cette pose ne se fait en général que pour les châssis bois blanc garni ; si le châssis est de bois apparent, faire passer le fil de fer près de la ceinture à l'intérieur et le clouer.

Quand le ciel de lit est posé, agrafer le fond du lit, les rideaux de côtés, le bandeau ou autre décoration.

Si le ciel est entouré de draperies rejetées, ces draperies sont clouées avant la pose ; placer les porte-embrasses ou rinceaux à la même hauteur que ceux des fenêtres.

Lit de milieu

Ce genre de lit se pose absolument comme le lit de bout, la différence n'existe que pour le fond du lit qui, une fois placé, s'élargit jusqu'au dossier du lit ainsi que les rideaux de côté ; les fixer au mur à la hauteur du porte-embrasse avec des pointes à damas.

Lit de coin ou d'angle

Ce lit se pose par les mêmes principes que les autres lits, il n'y a que les rideaux qui diffèrent.

Le petit rideau se place à la tête.

L'embrasse du rideau du pied doit être plus longue, vu le développement de ce rideau.

Portières

Portières à plat

Les portières à plat se posent du côté opposé à l'ouverture.

Ces portières sont clouées ou agrafées sur une bande de bois à galerie, de la largeur prise entre les chambranles, que l'on a fixée au-dessus de la corniche.

Règle générale. — Toutes les portières doivent être posées à la même hauteur que les rideaux, à moins que les appartements ne soient trop élevés. Il n'y a que dans ce seul cas que les rideaux sont placés un peu plus bas.

Portières à hausse-porte

Ces portières sont mobiles. Pour les poser il faut visser les ferrures après le bâti de la porte de manière que l'extrémité arrive au-dessous de la corniche, puis visser après l'extrémité des ferrures une bande bois à galerie de la largeur prise entre le chambranle du devant de la porte et des charnières ou paumelles ; clouer un taquet sur le mur de toute la largeur du chambranle et de l'épaisseur du bois, visser après les hausse-portes.

Ensuite clouer ou agrafer la portière et clouer le retour, le devant de la portière doit dépasser, de toute la hauteur de la frange, le chambranle.

Portières sur tringle

La portière sur tringle se place presque toujours lorsque les portes sont supprimées ou du côté opposé à l'ouverture.

On fait l'ajustement de ces portières absolument semblable aux croisées.

Portières doubles

Les portières doubles se placent, à plat, sur hausse-porte, ou sur tringle de la même manière que chaque portière simple.

Cordon de sonnette

De nos jours on ne se sert presque pas, ou peu, du cordon de sonnette ; la sonnerie électrique a complètement fait disparaître ce cordon qui, il y a quarante ans, ornait les cheminées.

A cette époque, de chaque côté des glaces, il y avait un cordon utilisé pour le service et l'autre cordon faisant pendant. Le cordon de service était placé à droite de la cheminée ; pour le poser, on formait un trèfle dans le haut avec le câblé, on l'attachait avec du fil de fer au mouvement, sa longueur ne devait pas dépasser la planche de cheminée.

Aujourd'hui, les rares cordons de sonnettes de portes de paliers se posent de la même manière et doivent descendre à un mètre du sol.

Vitrage

Les tringles de vitrage doivent être posées avec pitons à 2 centimètres du haut du vantail de la fenêtre sur le montant des bâtis.

Brise-bise

Ce petit rideau se pose de 70 à 90 centimètres de hauteur du bas des vantaux de fenêtre.

Les pitons dorés se vissent avec les pinces, comme les vitrages, au bâti du montant du vantail.

STORES

Store droit extérieur

En général le store demande une grande précision dans la pose car il n'y a rien de plus désagréable à l'œil que de voir un store qui ne monte pas droit.

Pour éviter cet inconvénient, il faut poser le bâton très droit (horizontalement) sur les deux supports coudés que l'on a placés de chaque côté et au milieu dans le haut de la baie ; poser les deux conducteurs perpendiculaires également séparés l'un de l'autre du haut en bas.

Clouer très droit le store sur le bâton, placer l'arrêt à feuille ou à bouton du côté de la rondelle double, au milieu de la baie et à portée de la main, puis fixer le cordon à la rondelle double : monter le store plusieurs fois avant de terminer la pose pour bien le régler.

Store à compas et à joues

Le store à compas se pose de la même manière que le store droit, sauf les conducteurs qui sont remplacés par des compas.

Le store relevé, l'extrémité des compas doit arriver au rouleau ; donc, pour le poser, il faut prendre la mesure des compas et reporter cette mesure à partir du rouleau de sa hauteur au milieu de la baie, cette mesure donnera l'emplacement où on le posera ; tamponner, puis dévisser les branches et enfoncer les ferrures à fond. On revisse ensuite les branches et on visse à leur extrémité la tringle horizontale avec un écrou.

Les stores à joues se posent exactement de la même manière.

Stores d'intérieur

Store flamand

Le store flamand qui est un store droit se pose à l'intérieur vis-à-vis des chambranles de la fenêtre, avec des supports droits, de la même façon que les stores droits extérieurs.

Store à l'italienne ou duchesse

Ce store d'intérieur se pose et se règle assez facilement.

Après avoir préparé et enveloppé une bande de bois à galerie (de 6 centimètres de largeur) de la longueur de la largeur de la fenêtre au milieu du chambranle, la diviser en autant de fois que l'on a de festons au store ; commencer à visser les poulies sur cette bande de bois, vis-à-vis des baguettes (Voir *Façon et Coupe des stores*) en commençant par la baguette de gauche ; en face de cette première baguette on place la poulie un jeu, à la deuxième baguette, la poulie deux jeux, et ainsi de suite autant qu'il y a de festons.

Puis clouer le store sur le champ de cette barre et poser le store à l'endroit désigné, sur deux pattes, passer le premier cordon dans toutes les poulies, le faire descendre à la première dans les annelets jusqu'au bas du store et l'attacher à la tringle horizontale ; passer le deuxième cordon jusqu'à la deuxième poulie et le faire descendre dans les annelets du deuxième feston ; et ainsi de suite pour les autres cordons (chaque poulie doit avoir son tirage direct).

Réunir les cordons à la dernière poulie, les régler et les attacher ensemble.

Ce store manœuvre toujours très bien.

Pour bien régler les cordons, monter le store complètement en tirant régulièrement sur ces cordons, puis les attacher.

TENTURES

Tenture droite ordinaire

La tenture droite ordinaire se cloue à même le mur du dessous de la corniche à la cimaise ou à la plinthe.

Avant de procéder au clouage, il faut d'abord l'appointer bien droit, que les coutures tombent bien au fil à plomb ; ensuite clouer le haut en reployant bien droit fil et tendre régulièrement dans le bas.

Les parties de panneaux près des portes se clouent généralement à l'anglaise (Voir *Garniture des ciels de lit*). On termine la tenture en clouant un câblé haut et bas, ainsi que dans les angles où on collera un galon ; ce collage se fait à la colle forte,

Quelquefois aussi les angles sont garnis de plis faits avec une bande d'étoffe.

Tenture sur bâtis et molletonnée

La tenture sur bâtis offre plus de facilité à l'ouvrier pour la pose, le clouage se fait mieux et n'a pas l'inconvénient, comme dans la tenture ordinaire, de se déclouer dans le haut au moment du tendage (étant clouée dans le plâtre).

Pour cette tenture il faut clouer des lattes de bois de 3 centimètres au moins de largeur, haut et bas, dans les angles, et aussi autour des portes et fenêtres.

Ce travail terminé, appointer l'étoffe, puis la clouer comme il a été expliqué pour la tenture ordinaire.

Tenture molletonnée

Lorsque l'étoffe de la tenture est de soie légère, on pose, avant cette étoffe une tenture de molleton, ce molleton doit être cloué sans être remployé au milieu des petits bois, puis poser l'étoffe avec beaucoup de soin.

Dans les tentures de soie légère, les clous tirent quelquefois l'étoffe, il faut alors clouer très près ; on enfonce la semence pas trop à fond, c'est-à-dire que la tête ne rentre pas complètement dans le bois.

Tenture plissée

La tenture plissée se fait à plis ou froncée, en étoffe unie.

Pour la tenture à plis il faut le double d'étoffe ; les plis se font de 5 à 6 centimètres de largeur et d'écart les uns des autres et doivent tomber très droit en tuyaux d'orgues.

Ce travail long et minutieux demande beaucoup de goût.

La tenture plissée ainsi que la tenture froncée se fait aussi sur molleton tendu à plat ; mettre des plis rapportés aux angles.

Tenture froncée

Pour la tenture froncée il ne faut que la moitié d'étoffe en plus ; pour ce travail, tracer haut et bas la largeur des lés d'étoffe au mur comme point de repère ; puis froncer avec un carrelet le haut de la tenture en mettant par lé la moitié en plus ; appointer ensuite haut et bas chaque lé et demi, plisser au point de repère, puis clouer à fond dans le haut et tendre dans le bas.

Les côtés des portes et angles se clouent naturellement ; ne rien mettre dans les angles, les froncés seuls terminent ces angles.

Tenture par panneaux

Quand la pièce qu'il s'agit de tendre est divisée par panneaux avec moulures, ce qui arrive fréquemment dans les salons et salles à manger, on place la tenture dans chaque panneau.

Pour les salles à manger, ces tentures sont en tapisseries ou imitation, draps unis ou avec applications, ou autres étoffes.

10.

Les salons sont d'étoffes riches à motifs. Il faut placer les dessins de ces étoffes au milieu de chaque panneau, puis clouer autour, près de la moulure et terminer en posant le galon ou câblé en faisant bien les onglets des coins.

Tenture de plafond

Certains appartements ont le plafond tendu en étoffe ainsi que la voussure ; dans ce cas on cloue des lattes de bois tout autour du plafond, près de la moulure, puis une barre de bois à galerie dans les angles (que l'on placera sur champ) à partir de la moulure du plafond jusqu'au bas de la moulure de la tenture.

On cloue généralement une toile blanche à la voussure ou du molleton si la tenture est molletonnée.

Pour cette tenture on commence à clouer le plafond puis la voussure du plafond au haut de la tenture en l'arrêtant bien sur les angles.

La tenture murale se cloue ensuite, comme il a été dit.

Plafond soleil

En général, dans les appartements, il y a toujours une rosace de milieu ; c'est au piton de cette rosace que l'on plisse l'étoffe pour former le plafond soleil.

La coupe et la pose de ce plafond se font absolument semblables aux ciels de lit plissés en soleil (Voir *Garniture des ciels de lit*) ; cacher la jonction des plis par un gros chou ou une rosace.

Plafond ovale à écoinçons

Pour ce travail : tracer au fusain l'ovale du plafond arrivant jusqu'aux moulures des quatre côtés ; les quatre parties non tracées de cet ovale sont appelées *écoinçons*.

Ce plafond se fait toujours en soleil.

Clouer exactement l'étoffe sur le tracé de l'ovale, puis la voussure et la tenture murale.

Les écoinçons se font presque toujours capitonnés.

Ensuite, prendre le calibre en papier et faire un châssis de l'épaisseur du bois de tenture, puis recouvrir ce châssis de toile forte, et le capitonner ; il se fait aussi plissé.

Clouer les quatre châssis aux angles et terminer par le câblé. Le galon n'est pas utilisé dans les tentures plissées.

Tenture d'escalier

Aujourd'hui beaucoup d'escaliers sont garnis de tentures murales, toiles imprimées ou étoffes jute à grands dessins détachés. Il faut que les lés des tentures soient exactement coupés, que les biais soient bien observés ; enfin que les dessins soient droits et réguliers.

Les parties droites de l'escalier se clouent.

Les parties cintrées se collent avec la colle de seigle en clouant légèrement. Ne pas tirer sur les biais en posant cette tenture.

TAPIS

Généralement on pose une *thibaude* sous les tapis ; cette thibaude doit être clouée à **20** centimètres de la plinthe.

Clouer aux deux extrémités un premier lé passant à 10 centimètres devant le foyer, puis un second lé à **2** centimètres du premier, et ainsi de suite ; mettre les deux lés à droite et à gauche. Coudre ensuite ces lés avec un carrelet courbe et de la ficelle à piquer, ce point doit avoir 10 centimètres de longueur et ne doit pas être serré, il faut que cette couture soit très lâche et que la thibaude ne soit pas clouée dans le sens de la lisière, afin d'éviter les plis qui se produiraient au tendage du tapis.

Pose du tapis

Appointer le tapis bien droit fil en le tendant une première fois, clouer la partie de la fenêtre, puis la partie opposée, en le tendant avec le pied et la pointe à tapis ; continuer par le côté opposé à la cheminée (il ne faut pas clouer ces trois côtés jusqu'aux angles), ensuite échancrer et clouer le foyer et terminer le tapis par les angles.

Lorsque le tapis est posé, le balayer avec un balai en chiendent pour enlever les clous d'appoint qui y sont restés.

Carpette

La carpette se pose sans être clouée, mais quelquefois on la fixe avec des fiches. Dans ce cas : percer quatre trous au vilebrequin, dans le parquel, dans chaque sens de la carpette et à 1 centimètre des lisières ; enfoncer la gaine des fiches dans le parquet, puis fixer la carpette en la perçant avec la pointe en cuivre de la fiche.

Ce moyen est pratique pour enlever et replacer la carpette.

Tapis d'escalier. — Chemin

Tracer sur l'escalier, de chaque côté des marches, la largeur du tapis ; commencer la pose par le haut en appointant le tapis du côté le plus large des marches ; puis, appointer droit fil du côté opposé et au milieu ; replier en biais le surplus dans le bas de la contre-marche ; clouer, et ainsi de suite jusqu'au bas de l'escalier.

Aux paliers, le tapis se cloue au milieu, d'un bout à l'autre.

Le tapis d'escalier doit croiser celui des paliers, en passant par dessous ; quelquefois, pour ne pas le couper à chaque étage, on fait sur chaque palier des onglets. Ces onglets doivent être cousus solidement à l'aiguille courbe.

Lorsque le tapis est posé, on procède à la pose des tringles.

Pour cette pose : percer de chaque côté et à 2 centimètres des tapis, des trous pour visser les pitons ; puis placer les tringles.

Le tapis dit *chemin* est employé principalement dans les couloirs, on le pose de la même manière que pour les paliers.

Dans les passages très fréquentés, pour conserver le tapis, on le recouvre d'une toile grise à bordure de la même largeur.

Linoléum

Le linoléum remplace très avantageusement la toile cirée, il se fait uni ou à dessins, sa largeur varie de 50 centimètres à 1 mètre pour chemins et de 1 à 2 mètres pour carpettes et tapis.

Ce genre de toile, enduite et encollée de liège, est d'un emploi commun pour salle à manger, cabinet de toilette, salle de bain, salle d'escrime, etc. Son entretien est des plus faciles, soit cirée à l'encaustique ou lavée à l'aide d'une éponge.

Toile cirée

Cette toile, imprimée ou peinte, est utilisée comme le linoléum ; sa largeur est la même.

Il existe une qualité dont le dessous est drapé ou molletonné, on l'emploie pour dessus de table ou de buffet.

Bourrelets

La pose des bourrelets doit être faite d'une façon irréprochable ; il n'est pas facile de les poser, quoique cela paraisse très simple, il faut qu'ils soient très proprement posés et qu'ils empêchent absolument l'air de pénétrer par les portes ou fenêtres.

Pour cela, il faut choisir des bourrelets de grosseur voulue, bien les clouer sur les chambranles des portes et fenêtres et tout au bord, afin que l'air ne parvienne pas par les feuillures.

Les bourrelets se font de toute teinte et doivent se rassortir à la boiserie.

Le *bourrelet blanc* est cloué avec des semences étamées.

On distingue plusieurs qualités de bourrelets; le plus ordinaire est fait de percale avec intérieur en étoupe, la qualité supérieure est en toile de coton et l'intérieur en déchet de coton.

Il y a également le bourrelet à feuillure que l'on emploie de préférence; ce bourrelet dit « invisible », est tout en coton, et se pose, au moyen de colle forte, dans les feuillures des portes et fenêtres.

Porte battante

La porte battante ou « double porte » est garnie à pelote et recouverte de molesquine, drap ou velours avec encadrement de galon ou clous dorés.

Les portes battantes sont à un ou deux vantaux, et sont posées sur le chambranle des portes déjà existantes.

Sourdines

De nos jours on emploie rarement les sourdines; mais il en existe encore et on peut être appelé à en avoir à faire.

La sourdine n'est autre chose qu'une persienne garnie d'une certaine épaisseur et destinée à empêcher le bruit extérieur.

Ces sourdines sont le plus souvent recouvertes de molesquine blanche.

POSE DES TABLEAUX ET DES GLACES

Pose des tableaux

Les tableaux sont d'une pose très difficile.

On doit, avant tout bien choisir leur emplacement et les poser selon leur jour, bien régler leur hauteur par le bas, à moins que la hauteur de certains tableaux ne s'y oppose.

Les clous à crochets doivent être solidement enfoncés, les pitons bien vissés aux cadres et la corde très solide.

Pour les tableaux d'une assez grande dimension, on emploiera du septin.

Pose de glaces

Les glaces posées à plat sur une cheminée ou une console se fixent dans le haut par des pattes.

Les glaces posées à même le mur reposent sur des pattes et sont également maintenues dans le haut par d'autres pattes.

Éviter autant que possible de mettre des pattes sur les côtés du cadre.

Miroir

Le miroir se place penché et se pose comme les tableaux avec clous à crochets et septin.

Le tapissier décorateur doit se servir, pour la pose des tentures, rideaux, etc., d'une échelle double très solide, à barreaux épais et carrés, régler l'ouverture par un double septin; les bas des montants garnis de sabots en tapis pour ménager les parquets cirés et empêcher l'échelle de glisser.

Autant que possible, ne pas se servir de marche-pieds.

CHAPITRE XV

De la décoration et de l'ameublement des appartements en général

—

Pour décorer un appartement il ne suffit pas d'être un ouvrier habile dans l'art de la tapisserie, il faut avoir aussi beaucoup de goût et même une grande connaissance du style.

Dans un ameublement, il faut que, par le choix des étoffes, des meubles et des différents objets qui le composent, l'ensemble puisse plaire et convenir au goût, aux usages et à la mode du jour.

Autrefois, le nombre et le genre des meubles étaient déterminés par des règles invariablement adoptées; maintenant, on exige bien davantage. On veut que chaque objet soit beau et agréable à l'œil et allie l'utilité à la commodité et que l'ensemble soit élégant et confortable.

L'ensemble d'un petit appartement ordinaire doit être aussi bien traité que les appartements somptueux.

Dans les grands appartements, la hauteur proportionnée à l'étendue des pièces facilite beaucoup leur décoration, surtout en ce qui concerne les tentures, rideaux et draperies.

Dans les appartements bas de plafond il faut bien proportionner la décoration des fenêtres et du lit.

Les meubles devront être en harmonie et de même style que l'architecture.

Il ne faut pas que les pièces soient garnies de meubles à profusion; ces meubles seront placés avec goût, afin de donner à chaque pièce le caractère qui lui convient.

Vestibule

Le vestibule est garni d'un tapis brosse au bas de l'escalier, d'une ou plusieurs statues, selon sa dimension, ainsi que un ou deux lampadaires; des banquettes, une grande lanterne, une table chêne, des vases avec grandes plantes vertes, deux rideaux en portières à l'entrée de l'escalier, si l'emplacement de ce dernier le permet.

Escalier

Un tapis sur les marches ainsi que sur les paliers, bustes ou vases sur pied; une banquette ou deux chaises sur chaque palier. Quelquefois une main-courante en velours le long du mur; verres gravés ou cristaux très clairs aux croisées.

Antichambre

Les murs recouverts de papier cuir jusqu'à la hauteur de la cimaise ou des tentures murales; les meubles en chêne ou noyer teinté composés de : un coffre à bois garni dessus de velours ou moleskine, deux escabeaux, une table carrée avec tapis, un porte-chapeaux avec glace, une coupe placée au milieu de la table pour déposer les cartes de visite, une lanterne fer forgé ou cuivre poli.

Les fenêtres garnies de vitraux clairs avec bordure; les rideaux de fenêtres et portières soit étoffe unie ou imitation de vieilles tapisseries.

Dans les grandes antichambres riches, on peut placer des panneaux de tapisserie ancienne. Un tapis recouvrant entièrement le parquet, on pourra placer un chemin en toile.

Salle à manger

Un buffet deux corps de quatre à huit portes, selon la grandeur de la pièce, une table à allonges, un dressoir, six, huit ou douze chaises garnies ou cannées.

Ces meubles, en chêne ou noyer et généralement sculptés doivent être du style Henri II, Renaissance ou Louis XIII; la tenture des murs soit papier. étoffes unies ou vieilles tapisseries; les rideaux de fenêtres assortis aux tentures étoffes ainsi que la planche de cheminée.

Les rideaux, les tapis de table et la planche de cheminée seront du même style que les meubles.

Comme garniture de cheminée une glace avec cadre de même bois, deux candélabres et une jardinière; un cartel bronze poli, nickelé ou bois sculpté accroché sur un panneau; des faïences anciennes aux murs, une suspension à branches, une garniture de foyer.

Un tapis, carpette ou linoléum, recouvrira le parquet.

Chambre à coucher

Les appartements, suivant leur grandeur, ont plusieurs chambres à coucher. Dans les hôtels particuliers ainsi que dans les châteaux, il y a une chambre dite d'honneur, chambre de madame, celle de monsieur, celle des enfants ainsi que la chambre d'amis. Nous présenterons ces diverses chambres en leur attribuant à chacune un style différent.

Chambre d'honneur, ou grande chambre

Cette grande pièce est la chambre du château ou de l'hôtel, destinée à recevoir les invités de marque. Nous la représenterons du style Louis XIV.

Le lit de bout, de trois faces, sera placé au milieu du panneau faisant face aux croisées ; deux tables de nuit chiffonnier seront mises à droite et à gauche du lit ; une grande armoire à trois portes sur un panneau de côté, face à la cheminée.

Ces meubles seront en bois de palissandre ou noyer sculptés ; comme sièges on placera deux grands fauteuils, une bergère, une chaise longue, quatre chaises fond garni.

La tenture murale sera de soie ou lampas ; les rideaux de lit et de fenêtres en soie, à grands dessins avec décoration de galerie et ciel de lit de même bois sculpté, avec grands festons de draperie. La cheminée également garnie de draperies.

Comme garniture, une glace dorée, une pendule, deux candélabres, une garniture de foyer, un paravent à quatre feuilles.

Comme meubles de fantaisie, un bureau à doucine, un chiffonnier, une table à ouvrage.

La pièce sera recouverte d'un tapis en moquette avec descentes de lit de chaque côté du lit.

Quelques tableaux complèteront l'ensemble de cet ameublement.

Chambre de dame

De nos jours, cette chambre se fait le plus souvent de style Louis XV (fig. 78).

La chambre de dame est généralement à plafond peint en blanc ou bleu ; la corniche de teinte claire, paille ou ivoire.

La tenture des murs, à plat, sera en soie claire, à petits dessins ton sur ton.

Les croisées, ainsi que le lit, seront garnis de rideaux soie fantaisie assortie à la tenture.

Le lit, vu de pied, à trois faces, comporte un petit ciel de lit plissé en soleil et entouré de draperies ainsi que le dessus des fenêtres.

Les portières relevées à l'antique seront de même étoffe que les rideaux.

Le lit, l'armoire à glace ou psyché, la table de nuit seront en bois de noyer clair, à fronton sculpté et moulures très prononcées ; ces meubles seront cirés.

Les sièges se composent de deux petits fauteuils capitonnés, deux chaises dos sculpté et fond garni ainsi qu'une chaise basse appelée chauffeuse, et quelquefois une petite chaise longue Louis XV de forme élégante.

La cheminée sera recouverte d'une planche à draperies.

Comme garniture : une glace dorée, une petite pendule bronze doré avec cadran porcelaine bleue décorée ; deux candélabres ou flambeaux assortis, deux porte-bouquets, une garniture foyer dorée.

Une table à ouvrage et un petit bureau de dame en marqueterie compléteront l'ensemble des meubles de cette chambre.

Le tapis recouvrant la pièce sera de moquette claire.

On peut placer quelques tableaux sur la tenture.

Chambre d'homme

La chambre d'homme peut se faire de styles différents et de toutes étoffes ; c'est au décorateur à savoir lui donner le genre sérieux qui lui convient.

Pour cette chambre nous choisirons le style *Renaissance*.

Un lit à colonnes avec rideaux en étoffe unie, ou unie avec application de galon, à bandeau autour du ciel de lit ; les fenêtres avec galerie et bandeau de même étoffe ainsi que les portières tombant bien droites ; une armoire à glace, une table de nuit, un chiffonnier-secrétaire de même bois que le lit.

Ces meubles doivent être de bois foncé.

La tenture murale soit en papier, étoffe laine ou laine et soie assortie aux rideaux.

La cheminée garnie d'une glace dorée à cadre uni, d'une planche étroite avec bandeau recouverte d'étoffes assorties ; une pendule marbre avec sujet

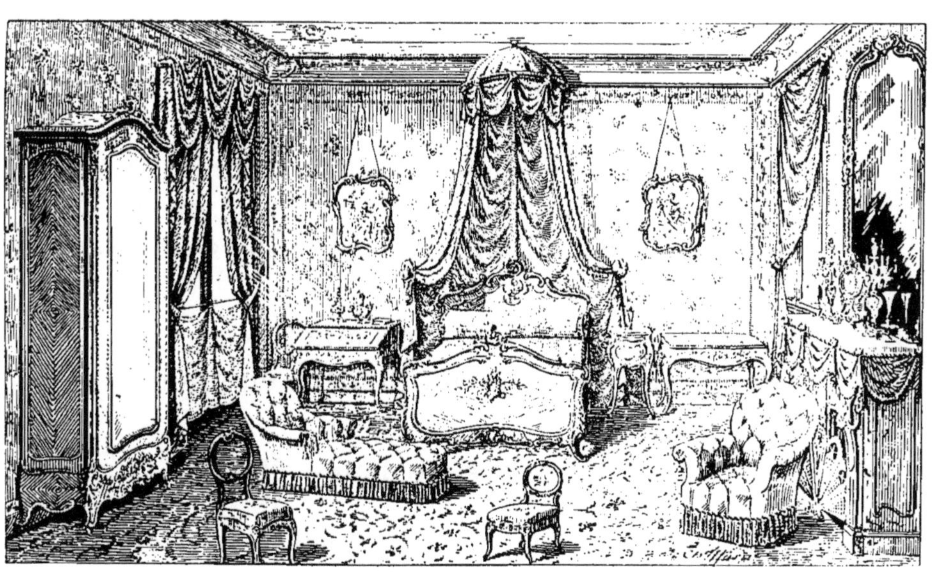

Fig. 78. — Chambre Louis XV.

bronze et deux candélabres. Une garniture de
foyer, deux fauteuils, quatre chaises bois apparent
recouverts d'étoffe semblable aux rideaux; une liseuse ou une petite étagère sur pieds contenant
quelques volumes.

Un tapis moquette, de couleur un peu sombre
ou un tapis de Smyrne recouvriront le parquet.

On place quelquefois, dans cette chambre, le lit
sur une estrade. Cette estrade doit être recouverte
de tapis unis assortis au fond du tapis de la chambre.

Chambre de jeune homme

La chambre d'un jeune homme se fait ordinairement très simple, en étoffe de laine ou cretonne.

Elle contient en plus des meubles nécessaires
une petite bibliothèque.

Les murs sont tendus de papier.

Les meubles sont généralement en pitch-pin.

Chambre de jeune fille

Une chambre de jeune fille est garnie en mousseline ou cretonne très claire, à petits dessins; on
doit y apporter un certain luxe de décoration et de
façon.

Le plafond doit être peint en blanc, très simple-
ment; les corniches et les moulures des portes seront rehaussées de filets de couleurs assorties à
l'étoffe.

La tenture des murs en étoffe cretonne ainsi que
les rideaux (de préférence prendre une cretonne
fond rose),

On peut faire également les rideaux de lit et de fenêtre en mousseline avec transparent rose dans les bouillonnés.

On ne place pas de portières dans cette chambre.

Les meubles qui composent la chambre seront en bois laqué, à filets roses et se composent : du lit, une table de nuit, une petite commode et une table carrée.

Rarement on met une armoire à glace dans une chambre de jeune fille.

La cheminée, en marbre blanc, n'est pas recouverte d'une planche ; une glace, une petite pendulette et deux petits flambeaux garnissent le dessus.

Deux chaises, bois laqué, une chaise basse et un petit fauteuil complètent l'ameublement.

Chambre d'amis

Cette chambre, mise à la disposition des intimes, doit être meublée de la manière suivante :

Un lit de bois cintré ou un lit en cuivre placé de milieu ; une armoire à glace, une table de nuit-chiffonnier, une toilette-commode, une petite table carrée recouverte d'un tapis.

Les rideaux du lit et des fenêtres à tête flamande en étoffe unie ; la cheminée avec dessus en même étoffe que les rideaux.

Comme garniture, une glace, une pendule, deux flambeaux, une garniture de foyer.

Comme sièges, deux fauteuils bois recouvert, deux chaises garnies, deux chaises cannées.

La tenture de papier pas trop foncé ; une carpette ainsi qu'une descente de lit et quelques tableaux termineront l'ameublement de cette chambre.

Grand salon Louis XVI

Aujourd'hui les salons sont garnis de meubles de différents styles réunis ensemble ; il ne faut pas trop s'attacher à ce genre d'ameublement ; il est préférable et plus sérieux d'avoir un salon de style (fig. 79) ; cela n'empêche pas d'y adjoindre quelques sièges de fantaisie.

Les meubles de fond de salon se composent de : un canapé, quatre fauteuils, quatre chaises bois doré sculptées ou noyer rehaussé d'or, recouvertes de velours de Gênes ; quatre chaises volantes bois doré recouvertes de soierie.

Une petite banquette *chauffe-dos* devant la cheminée ainsi que deux *bergères*, à droite et à gauche, recouvertes également de soierie ; des coussins de soie fantaisie jetés sur le canapé et les fauteuils.

Une console bois doré surmontée d'une glace-trumeau placée entre les deux fenêtres ; un piano dans un angle de la pièce avec décoration de draperies.

Une table de salon ainsi qu'une vitrine en marqueterie compléteront les principaux meubles du grand salon.

Les rideaux de soie garnis de passementeries riches seront surmontés d'une galerie sculptée de même bois que les sièges, avec lambrequin en velours de Gênes ; sous les grands rideaux, des stores à l'italienne en soie crème ; des rinceaux dorés soutiendront les embrasses en soie.

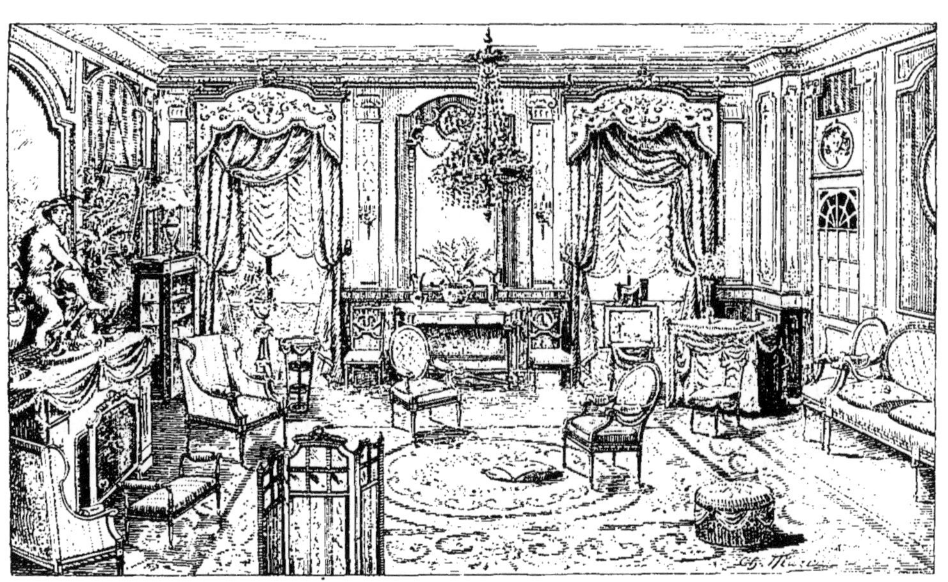

Fig. 79. — Grand salon Louis XVI.

On placera des appliques à droite et à gauche de la cheminée.

La cheminée de marbre sculpté et à moulures sera recouverte sur le dessus avec un zinc garni de peluche ; le cadre de la glace doré et sculpté.

Comme garniture, on placera un bronze au milieu ; de chaque côté, deux vases de Sèvres ; une garniture de foyer dorée avec pare-étincelles.

La tenture de soie ou de tapisserie se fera par panneaux.

Vu la décoration de l'architecture d'un salon, il est rare que l'on place des portières, les portes étant à moulures avec dessus sculptés.

On peut placer aussi des petites tables de fantaisie ; des cache-pots avec plantes aux fenêtres ; des coupes, des bronzes, des vases qui ornent le salon, ainsi que gaines ou colonnes, chevalets drapés.

Des tableaux seront placés dans les panneaux.

Un lustre en bronze doré ou avec cristaux avec tulipes électriques est toujours d'un très bel effet.

Un tapis d'Aubusson ou d'Orient recouvrira le plancher de ce salon.

Petit salon « boudoir »

Ce petit salon, presque toujours à côté du grand salon, peut être de fantaisie.

Les panneaux de tentures sont tendus d'étoffes soie à fleurs, brochées sur un fond clair ; les sièges qui le composent sont : un canapé marquise, deux petites bergères de garniture tendre, deux fauteuils fantaisie, quatre chaises dorées ou blanc et or ; une table en marqueterie ainsi que la table à jeux.

Les croisées ornementées d'une galerie en bois doré assortie à l'ameublement doivent être faites de même étoffe que celle de la tenture et garnies de draperies ; dessous les rideaux un store flamand en soie brodée ; entre les deux fenêtres on placera une petite vitrine ou un meuble d'appui avec glace et miroir au-dessus ; un écran de bois sculpté garni de tapisseries sera placé devant la cheminée.

La garniture de la cheminée se composera d'une pendule en bronze doré, deux candélabres et deux flambeaux. Une lampe-colonne avec grand abat-jour sera placée sur un pied dans un des angles de ce petit salon.

Un lustre en Venise ou porcelaine de Saxe, un tapis de Smyrne termineront la décoration de ce boudoir.

Cabinet de travail

Cette pièce consacrée au travail du maître de la maison est ordinairement de style sévère ; nous meublerons ce cabinet en style Louis XIII (fig. 80).

L'ameublement doit se composer :

D'un bureau plat double face appelé « bureau ministre » placé au centre de la pièce, une bibliothèque de deux ou quatre portes suivant l'emplacement, un cartonnier, une petite table carrée.

Ces meubles doivent être en bois ciré ou autre bois foncé ; une presse à copier.

Les sièges se composent de :

Un fauteuil de bureau recouvert de maroquin, deux fauteuils Louis XIII ainsi que deux chaises ; si la place le permet on placera un canapé.

La cheminée de marbre foncé ne sera pas recouverte d'étoffe.

Comme garniture une glace, une pendule marbre avec sujet bronze, deux coupes.

La tenture murale sera en étoffe unie, de préférence en drap ainsi que les rideaux de fenêtres et portières ; une galerie avec bandeau ou lambrequin terminera le haut de la fenêtre.

Les couleurs employées pour les tentures sont, de préférence, le vert, le havane, le grenat et le gros bleu.

Le tapis d'un cabinet de travail est presque toujours tendu sur toute la surface de la pièce.

Cabinet de toilette

Le cabinet de toilette, comme toutes les pièces d'un appartement, doit être approprié au goût de la personne.

L'étoffe que l'on emploie le plus souvent est la cretonne ou étoffe fantaisie ; les murs sont généralement tendus d'étoffe ainsi que le plafond.

Les rideaux de fenêtres et les portières seront à tête apparente, en même étoffe que la tenture.

Comme meubles, une toilette marbre avec étagère surmontée d'une grande glace ; une psyché ou une armoire à glace, une petite toilette à coiffer recouverte en mousseline, un fauteuil à coiffer ; une chaise basse, un ou deux fauteuils, deux chaises légères et quelquefois une chaise longue de repos.

Un tapis de linoléum recouvrira la surface de ce cabinet.

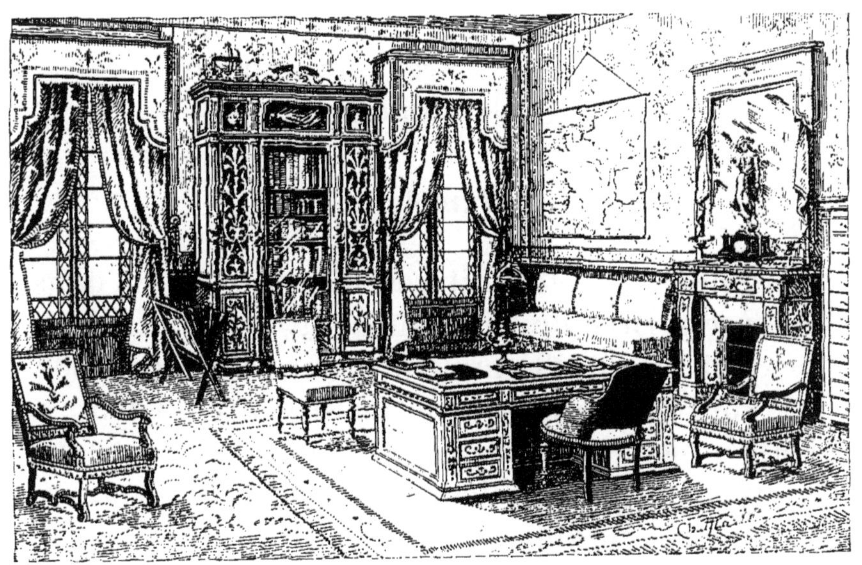

Fig. 80. — Cabinet de travail Louis XIII.

Salle de bain

Dans cette salle, les murs seront peints et vernis; le parquet recouvert sur toute sa surface de toile cirée ou de linoléum.

Comme agencement : une baignoire avec chauffe-bain, un appareil à douches; comme meubles : une table, une chaise cannée, une autre chaise basse également cannée; un petit divan de repos et une glace.

Quelquefois la baignoire repose sur une estrade; dans ce cas, garnir la marche de linoléum.

Les rideaux de fenêtres doivent être unis, en calicot blanc.

Fumoir

Le fumoir doit être fait autant que possible dans une pièce retirée de l'appartement.

Ce petit salon d'homme peut être de décoration genre turc ou mauresque et aussi genre ancien.

L'ameublement sera composé de plusieurs meubles vitrines, de crédences, d'une table longue, d'une liseuse en bois foncé.

Comme sièges : un divan, quatre fauteuils, deux chaises meublantes, plusieurs chaises-fumeuses.

Ces sièges doivent être recouverts en drap ou maroquin.

Les rideaux de drap ou velours de couleur havane ou brun à moins que l'on préfère des étoffes orientales (fig. 81).

Des vitraux seront placés aux croisées; et comme rideaux de fenêtres, des pentes droites avec lambrequin.

On étend sur le parquet des tapis d'Orient ou des peaux de bêtes.

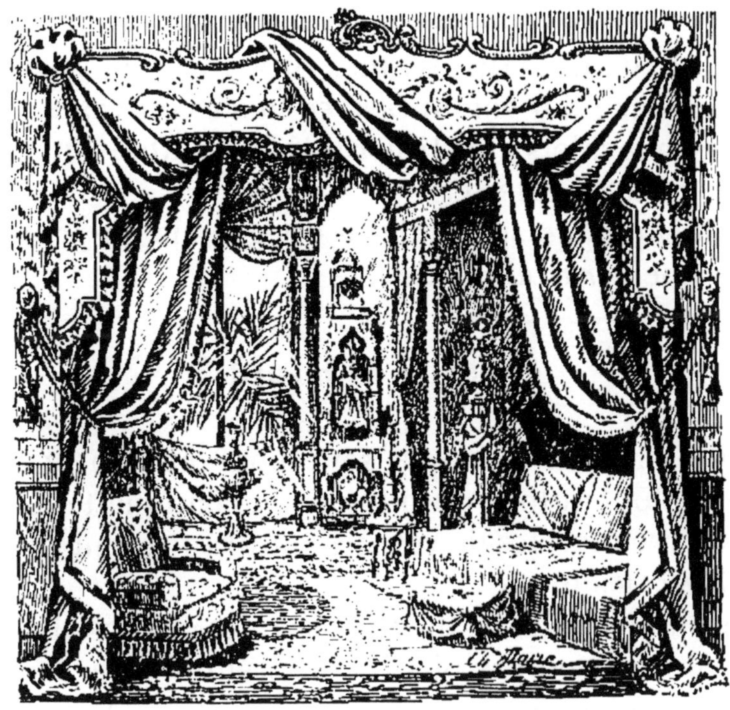

Fig. 81. — Fumoir oriental.

L'éclairage du fumoir se compose d'une lanterne mauresque ou lustre flamand en bronze poli ainsi que de candélabres du même genre sur la cheminée.

On peut placer aux murs des tableaux et de petites statuettes sur des supports.

La tenture sera en papier cuir repoussé de couleur havane.

Galerie de tableaux

La tenture de cette galerie doit être tendue d'étoffe unie, d'un brun clair ; cette couleur fait mieux ressortir la dorure des cadres. Des stores clairs et tombant droit seront posés aux fenêtres.

Comme sièges : des banquettes garnies sans dossiers ainsi que des tabourets recouverts de velours ; un ou deux petits divans, suivant la longueur de la galerie ; des colonnes avec bustes ou vases, quelques chevalets constitueront l'ensemble du mobilier de cette galerie.

Quelquefois si la galerie est grande on peut placer une *borne* au milieu.

Salle de billard

Un chemin de tapis sera posé au centre de la pièce, tout autour du billard. Des banquettes à dossiers recouvertes de velours ou drap seront placées le long des murs.

Comme rideaux de croisées, des pentes droites ; un store à compas placé à l'extrémité de la fenêtre.

Pour meubles, une servante, des tables de jeux, un tableau à marquer et un porte-queues.

Salle d'armes

Le parquet de la salle d'armes doit être recouvert de tapis linoléum. Comme meubles : des armoires portes pleines, une crédence, un râtelier d'armes, socles pour armures.

Comme sièges : des banquettes sans dossiers, garnies en molesquine ou cannées, des tabourets et un divan.

La tenture des murs en étoffe unie ; des panoplies posées sur la tenture. Comme pendule : un cartel.

Des rideaux de fenêtres très simples, en basin ou étoffe légère compléteront l'ameublement de cette salle.

Jardin d'hiver

La grande partie vitrée d'un jardin d'hiver doit être décorée de stores à l'italienne.

Des jardinières, des colonnes avec vases, des chaises laquées, des fauteuils en osier formeront l'ensemble de ce jardin.

Véranda

A toutes les parties vitrées seront placés des stores, soit flamands ou à l'italienne; devant ce vitrage, des jardinières; aux extrémités, des vases sur des colonnes.

Une ou deux petites banquettes et quelques chaises termineront l'installation.

Chambre de domestique

Un lit de fer, une table de nuit en noyer verni ou acajou, droite ordinaire, une commode ou armoire porte pleine, deux chaises cannées, une toilette anglaise de même bois, des porte-manteaux.

Comme rideaux, des vitrages et un store droit.

Cuisine

Une grande table, une autre petite table, un buffet, deux ou trois chaises paille, une chaise-escabeau.

CONSERVATION ET ENTRETIEN DES MEUBLES ET TENTURES

Pour entretenir les meubles cirés, il faut les frotter avec un morceau d'étoffe de laine, drap ou flanelle ; les parties sculptées avec une brosse douce en crin.

Les taches sont faciles à enlever avec l'encaustique.

Pour faire l'encaustique :

Faire fondre à petit feu de la cire jaune (quand elle est liquide on la retire du feu), on y ajoute de l'essence de térébenthine en la remuant, pour bien mêler, jusqu'à complet refroidissement ; il en résulte une bouillie épaisse ; puis éclaircir cette encaustique, toujours avec de l'essence (il ne faut l'employer ni trop claire ni trop épaisse).

Si on veut la teinter, on mettra soit de l'arcanette soit de la terre d'ombre.

Étaler l'encaustique à l'aide d'un pinceau et frotter le lendemain.

Les meubles entretenus de cette manière sont toujours beaux.

Pour entretenir les meubles vernis il faut les essuyer avec un vieux chiffon de toile. Lorsque le verni est terni on peut le faire revenir en le frottant avec de la *popotte* (terme de métier).

Recette pour faire un litre de popotte

Alcool	20 centilitres
Huile de lin.	18 —
Essence de térébenthine	12 —
Vitriol	3 —
Eau	55 —

1/2 pain de tripoli écrasé très fin.

Bien agiter cette composition chaque fois que l'on s'en sert.

Pour le nettoyage, imbiber un chiffon de toile de cette composition; frotter fortement sur les meubles, puis essuyer à sec avec un autre chiffon très propre.

Nettoyage des glaces

Les glaces ne doivent jamais se nettoyer à l'eau et au blanc d'Espagne.

Imbiber d'alcool une toile très douce, les frotter légèrement et les essuyer ensuite avec un chiffon bien sec.

Nettoyage et conservation des tapis

Voir article *Tapis*, page 66.

Entretien des sièges et rideaux

Les sièges, rideaux et tentures doivent être souvent battus au moyen d'un battoir en lanières de drap ou flanelle, puis les brosser légèrement avec une brosse de crin très douce.

Les rideaux et draperies seront déposés au moins

une fois par an ; les secouer, les battre et les brosser.

CHAPITRE XVI

Des objets étrangers à l'art du tapissier faisant partie de l'ameublement

---

DIFFÉRENTES ESSENCES DE BOIS

Acajou

L'acajou est un bois de l'Amérique méridionale, très dur, d'un brun rouge, il est un des meilleurs employés pour les meubles.

La qualité de ce bois se reconnaît aux veines et à la finesse du grain.

En France, les meubles en acajou ne sont généralement que plaqués sur du chêne ou du peuplier, les tables à manger seules se font en acajou plein, mais de qualité inférieure.

On emploie l'acajou soit massif, soit en feuilles plaquées ; sous cette dernière forme il offre les plus belles nuances, et, par l'heureuse disposition des veines forme d'élégants dessins. Il prend un très beau poli et brunit en vieillissant.

Introduit d'abord en Angleterre, il s'est rapidement répandu en France.

On en distingue plusieurs qualités dont la plus renommée est l'acajou de Saint-Domingue.

Chêne

Le chêne est un excellent bois pour les meubles ; on l'emploie comme intérieur d'armoire, bureau, bibliothèque, etc., en général pour toutes les grosses pièces, on l'encaustique alors en jaune. Les buffets et tables de salle à manger se font également en bois de chêne sculpté et teinté.

Il convient très bien aussi aux bâtis des meubles qui sont pour être plaqués. Etant bien sec il travaille peu, et prend fortement par ses pores la colle du placage.

Erable

Ce bois très compact, souple et fin de grain est surtout recherché pour le placage lorsqu'il a beaucoup de nœuds et est bien teinté.

On le teint de toutes couleurs.

Les intérieurs de meubles riches sont plaqués en érable.

Hêtre

Le hêtre est principalement employé pour les sièges bois recouvert. Il n'est pas bon pour les bâtis des meubles destinés à être plaqués, car il se fend.

On s'en sert pour faire les tables, buffets de cuisine et escabeaux.

Merisier

Le merisier s'emploie surtout pour les meubles de province, dans les petites villes; on fabrique cependant à Paris des chaises ordinaires en merisier verni, d'un très bel effet, et c'est pour ce genre de travail que ce bois est d'un très grand usage.

Noyer

Le noyer est originaire de la Perse et de l'Amérique du Nord.

Le noyer commun vient des bords de la mer Caspienne.

Par sa couleur et le dessin de ses veines, il peut rivaliser avec l'acajou.

Avec ce bois on fait toutes sortes de meubles, riches et ordinaires, ainsi que chaises ordinaires et sièges de salon.

Les salles à manger se font, en général, en noyer teinté.

Les plus beaux noyers de France sont les noyers d'Auvergne.

Poirier

Le poirier est d'une extrême finesse et d'une grande dureté et reçoit parfaitement le poli; il prend également très bien la teinture noire.

On emploie le poirier pour meubles de bureau, de chambre à coucher, etc.

Palissandre

Ce bois très veiné est très dur à travailler. Les meubles riches de chambre à coucher, de salon et quelquefois de bureau sont en palissandre ciré. Il y a quelques années ces meubles se faisaient en palissandre verni, mais la mode et le goût du jour ont presque abandonné le verni dans ces meubles qui, aujourd'hui, se font cirés.

Pitch-pin et sapin du Nord

Le pitch-pin est utilisé comme meubles de chambre à coucher et meubles de toilette.

Les veines bien prononcées de ce bois sont rougeâtres et donnent aux meubles vernis un très bel aspect.

Les sapins du Nord, étant les plus beaux, sont employés aussi dans l'ameublement.

En outre de ces bois on emploie les diverses essences de *bois de rose*, *thuya*, *olivier*, *violette*, *amaranthe*.

Ces bois sont utilisés généralement en placage.

Placage

Le placage consiste à revêtir de feuilles très minces de bois précieux, les ouvrages faits en bois commun. Il permet, sans nuire en rien à leur solidité, de leur donner plus d'élégance.

Le bois qui convient le mieux aux bâtis est le chêne, car ses pores étant grands il prend plus fortement la colle que le sapin, le marronnier, le peuplier, etc., qui ont l'inconvénient de se tourmenter et de faire retraite.

Il y a deux sortes de placage :

Le placage scié et le placage tranché.

Le placage scié est plus épais et préférable pour la fabrication des meubles.

DES MEUBLES EN GÉNÉRAL

Pour qu'un meuble soit bien fait et solide, il faut que l'assemblage ou bâti soit de bois sain et sec, qu'il soit contre-plaqué, que les veines du placage dans leurs accidents aient de la suite; qu'il n'y ait pas de défectuosités cachées par la gomme laque; que les tiroirs et assemblages soient bien faits; que les coupes des moulures soient bien d'onglet; que le meuble soit proportionné selon sa hauteur et enfin que la sculpture soit bien traitée.

Buffets

La mode du jour a fait presque complètement abandonner le buffet-étagère ainsi que le corps sur corps qui se faisaient il y a une trentaine d'années, en noyer, acajou ou chêne blanc vernis. Aujourd'hui, presque tous les buffets sont à deux corps, avec crédence et vaisselure, en bois de chêne ou noyer teinté, sculptés ou à moulures et pointes de diamant, de style Renaissance, Henri II ou Louis XIII.

Table de salle à manger

Ainsi que les buffets, les tables rondes à volets, en acajou, noyer verni, etc., ont presque totalement disparu de nos salles à manger.

Les tables allant avec le buffet, sont rondes, ovales ou carrées, ceinturées, le piètement à colonnes et patins sculptés ou à quatre colonnes avec croisillons; elles sont de même style et s'ouvrent au milieu pour placer les allonges.

Des faux pieds dissimulés sous le plateau soutiennent les extrémités de la table lorsqu'elle est ouverte pour le service.

Il se fait des tables de trois à six allonges.

Chaises de salle à manger

Les chaises de salle à manger sont de même style que les meubles; elles se font à dos bois sculpté ou dos garni ainsi que les fonds cannés ou garnis.

Les chaises les plus utilisées sont cannées ou garnies, recouvertes de cuir Cordoue teinté brun foncé, orné de gros clous en cuivre poli ou nickelé.

Dressoirs « desserte »

Le dressoir est un meuble à tiroirs, de 1 mètre à 1m40 de largeur, à étagère dans le bas, le dessus s'ouvrant; avec marbre et tablettes.

La ceinture de ce meuble est la reproduction de celle du corps du bas du buffet.

Lits

Les lits riches se font de tous styles, à grand et petit dossier, en noyer, acajou, palissandre, etc., à moulures et fronton sculpté ; les beaux lits Louis XV se font galbés.

Les lits ordinaires se font en bois de noyer ou acajou vernis, leur forme est à dossiers égaux, cintrés ; le pan du devant est à chanfrein ou doucine, il se fait à cadre montant, double cadre, pan coupé et coin rond.

Armoires

L'armoire ordinaire a les portes pleines, sa largeur varie de 1 mètre à 1^{m}40, en bois d'acajou ou de noyer verni, est utilisée de nos jours comme armoire à linge et se place dans les garde-robes.

Dans les cabinets sombres qui font l'office de garde-robes, on place aussi des armoires dont on fait dans l'intérieur un porte-manteau.

Ces armoires tout unies sont en bois de hêtre.

Armoire normande

Cette armoire très en vogue est de bois de chêne ou de noyer teinté, à fronton sculpté et de styles différents. Placée dans une antichambre elle n'enlève pas l'harmonie de cette pièce.

Armoire à glace

Il existe beaucoup de modèles de ces armoires ; les plus ordinaires sont placées dans les chambres d'amis ou de ménages d'employés ; elles sont de bois acajou ou noyer verni, à fronton et à cadre, demi-cintrées et cintrées, à grande ou petite glace.

Leur largeur est de 1 mètre pour les mobiliers secondaires; ces armoires se font aussi à pans coupés et à coins ronds, en acajou, noyer et palissandre vernis, ainsi que noyer et palissandre cirés.

Armoire à glace de style

En outre de ces armoires pour les ameublements riches, il y a l'armoire de tous styles, en acajou, noyer, palissandre, frisée, à fronton, moulures et pieds sculptés, selon le style.

Elle se fait à une, deux ou quatre portes. Ces meubles, bien compris, sont toujours très décoratifs dans une chambre à coucher.

Tables de nuit

La table de nuit ordinaire est droite et étroite, avec porte, un tiroir dans le haut, et sur le dessus un marbre ordinaire.

Cette petite table bon marché n'est placée que dans les chambres communes.

Table de nuit vide poche

Est une petite table de forme carrée, montée sur quatre pieds tournés avec le dessus à volets; par un côté, deux tiroirs; de l'autre, l'abattant dont l'intérieur est garni de zinc, avec tablette marbre pour placer le vase; en dessous est un tiroir vide poche,

Il y aussi de ces tables de nuit dont le dessus est chantourné.

Elles se font en bois d'acajou, noyer, palissandre vernis, ainsi que noyer et palissandre cirés.

Table de nuit chiffonnier

Représente un petit chiffonnier avec tiroirs depuis le bas jusqu'en haut.

Le deuxième et le troisième tiroirs du haut sont faux et forment l'abattant. L'intérieur de cette partie du meuble est tout en marbre blanc ; le dessus de cette table est de marbre de la couleur qu'on a choisie.

Table de nuit wagon

Cette table de nuit, montée sur quatre pieds réunis dans le bas par une tablette a dans le haut un tiroir et l'abattant.

L'intérieur ainsi que le dessus est en marbre.

Table de nuit de style

Les tables de nuit de style Louis XIV, Louis XV ou Louis XVI sont montées sur quatre pieds droits ou cambrés selon le style, un tiroir à moulures est placé dans le haut, ainsi que l'abattant qui est orné de moulures et sculptures. Les tables de nuit Louis XV ont aussi les côtés galbés. Un marbre d'onyx, rouge royal, bleu turquin, etc., est encastré sur le dessus.

Toilettes

Toilette anglaise

Ce genre de toilette se fait en bois d'acajou ou de noyer verni ; le dessus en marbre blanc, un porte-serviette est adapté de chaque côté ; une petite glace à bascule, ronde ou carrée est vissée derrière et au milieu.

Elle se place dans les chambres ordinaires.

Toilette commode

Cette toilette à plusieurs tiroirs est assez pratique ; étant refermée, elle a l'aspect d'une petite commode à dessus verni.

Toilette marbre

Les toilettes marbre varient de mesure et de façon ; il se fait de ces toilettes depuis 70 centimètres jusqu'à 1^{m}50 de longueur avec tablettes et étagère marbre pour y mettre les objets de toilette. Elles reposent sur un piétement à tiroirs que l'on entoure de rideaux.

Une grande glace surmonte cette toilette.

Lavabos

Ce genre de toilette est le plus pratique de nos jours.

Il faut avant de le placer faire une prise d'eau dans le cabinet pour l'alimenter ; les cuvettes sont mobiles, à échappement. Le piétement de cette toi-

lette est à porte et se fait de bois de pitch-pin verni
ou laqué.

Comme les autres toilettes une glace est placée
au-dessus.

Commode

Les fantaisies de la mode ont fait disparaître
aussi ce meuble. Pour les mobiliers ordinaires on
fabriquait des commodes acajou ou noyer, à cadre
verni, dessus marbre ordinaire.

Dans les mobiliers plus riches, les commodes ser-
vaient pour écrire, c'est-à-dire que le tiroir du
haut était à abattant et formait bureau. Ce meuble
se faisait en bois de palissandre ciré ou verni.

Chiffonnier

Le chiffonnier est un meuble garni de tiroirs de
haut en bas, sa largeur est de 70 à 80 centimètres;
le dessus est verni ou recouvert d'un marbre.
Comme les autres meubles, il se fait de toute essence de bois.

Le *chiffonnier-secrétaire* a un abattant pris dans
trois faux tiroirs et lorsqu'il est ouvert forme un
petit bureau dont l'intérieur est garni de tiroirs.

Un velours ou une basane recouvre l'abattant.

Il se fait des chiffonniers-secrétaires de style;
sous le premier Empire on faisait beaucoup de ces
meubles en acajou garni de cuivre.

Bibliothèque

Les bibliothèques se font de deux à quatre portes et généralement de style Henri II, Renaissance,

Louis XIII, Louis XVI ; on fait très rarement des bibliothèques Louis XIV et Louis XV, les caractères de ces styles s'y opposent.

Le bois noir, le noyer teinté, le chêne, l'acajou sont les bois le plus souvent employés pour la fabrication de ce meuble.

La bibliothèque est à colonnes ou pilastre avec moulures et frisé dans le haut ; on couronne le dessus par un fronton ou une galerie de balustre ; dans l'intérieur il doit y avoir des tablettes et demi-tablettes afin de pouvoir placer les volumes selon leur grandeur et leur largeur.

Dans ce meuble comme dans toutes les armoires, les tablettes doivent pouvoir se monter ou descendre à volonté au moyen de crémaillères.

Bureaux

Il existe beaucoup de sortes de bureaux :

La *table-bureau plat* n'est autre chose qu'une table rectangulaire avec un tiroir dont le dessus est recouvert d'une basane.

Le *bureau plat à caisse*, de forme rectangulaire, a un tiroir au milieu ; deux tiroirs à gauche, et comme pendant, à droite la caisse qui représente, une fois fermée, deux faux tiroirs.

Ces bureaux simples se font de toute essence de bois, verni et ciré ; on les place généralement devant une fenêtre.

Bureau à casiers et tiroirs

Ce meuble est le même que le bureau à caisse, mais surmonté d'un casier avec cartons et tiroirs ;

il se place généralement contre le mur. Comme le casier avance sur la table, et pour avoir assez de place pour écrire, on a fait le dessus à coulisse.

On tire en avant le dessus qui s'avance de toute la profondeur du casier.

Bureau doucine

Ce bureau, en forme de piano, est pratique par sa fermeture ingénieuse.

Les tiroirs étant presque tous à l'intérieur, lorsque l'on ferme la doucine, tous les papiers se trouvent renfermés ainsi que les tiroirs apparents du haut.

Bureau ministre

Le bureau ministre est à double face et se place au milieu de la pièce. Sa forme rectangulaire est de 1^m30 à 1^m60 de longueur sur 80 centimètres à 1^m10 de largeur.

Le dessus est recouvert de basane ou de drap ; chaque face a au milieu un tiroir ; à droite et à gauche une série de tiroirs de toute la hauteur. Deux tiroirs à droite formeront la caisse ; une tablette tirante de 50 centimètres de long sur 70 de largeur sera aux extrémités et recouverte également de basane ou drap, ce qui donnera deux places de plus pour écrire à ce bureau ; on dépose momentanément des papiers sur ces tablettes.

L'ameublement de ces bureaux est toujours en rapport avec la bibliothèque.

Cartonnier

Le cartonnier ordinaire est un meuble renfermant au moins 16 cartons ; il a 1^{m}80 de hauteur sur 90 centimètres ou 1 mètre de largeur.

Les cartonniers se font aussi de toute grandeur selon leur usage. Il y a des petits cartonniers à une rangée de cartons ; d'autres, de toute la largeur d'un panneau d'une pièce qui renferment de 50 à 80 cartons ; ces grands meubles sont très hauts et à portes dans le bas ; ils sont de bois acajou, noyer ou bois noir verni ou ciré.

Pupitre à écrire

Ce meuble pour écrire debout a de 50 à 80 centimètres de largeur, le dessus forme pupitre avec écritoire. Le dessous est composé de casiers à livres de différentes grandeurs ainsi que de tablettes.

Il y a aussi le petit pupitre cartonnier dont le dessous est une rangée de cartons.

Pupitre à musique

Ce pupitre double, monté sur une colonne reposant sur patins est mobile, se tourne à volonté et s'élève à la hauteur que l'on veut lui donner au moyen d'une crémaillère au milieu de la colonne ; deux bras de lumière sont fixés au pupitre.

Les bois employés pour ce meuble sont principalement l'acajou, le bois noir et le palissandre.

Casier à musique

Ce meuble en forme d'étagère à petit fronton sculpté est de bois assorti au piano. Les casiers pour séparer les partitions sont de bois tourné.

Il se fait avec tablettes droites ou chantournées.

Consoles

Les consoles sont de style Louis XIV, Louis XV ou Louis XVI. Elles se font en bois sculpté, doré ou laqué ; le dessus droit avec coins à ressauts ou chantourné suivant le style, est fait de façon à adapter un marbre ; deux ou quatre pieds réunis par une entrejambe sculptée ainsi que les pieds soutiennent le dessus ; ce meuble par sa forme est toujours fixé contre le mur et souvent dans l'entre-deux des croisées.

Liseuse

Ce petit meuble à dessus rond avec marbre est soutenu par une colonne avec patins, des petits plateaux tournants sont placés entre le patin et le dessus.

Ce meuble de fantaisie est de bois noir verni et mat ou noyer rehaussé d'or.

Table de salon

La table de salon doit toujours être de style.

Ces tables, d'un travail riche, sont en marquete-rie, bois noir verni avec incrustation de nacre et cuivre, ou genre *Boule*, le dessus est plus ou moins chantourné selon le style, ainsi que les pieds plus ou moins galbés.

Les tables Louis XVI sont à entrejambe avec vases. Ces tables n'ont qu'un grand tiroir dont l'intérieur est d'acajou et d'érable réunis.

Table à jeux

Les tables ordinaires sont de bois acajou ou noyer verni. Celles qui sont destinées à être placées dans un salon sont en marqueterie avec filets cuivre ou genre *Boule*.

Ces tables sont à dessus tournant et déployant, recouvertes d'un drap vert, le dessous forme un tiroir dont l'intérieur est verni.

Table à ouvrage

Cette petite table est de même bois que les meubles de la chambre ; montée sur quatre pieds réunis par une entrejambe, s'ouvrant sur le dessus et maintenue par des ferrures à compas en cuivre, l'intérieur est à double fond et compartiments pour placer les différentes sortes de fil; une glace est fixée à l'intérieur.

Au-dessous se trouve un tiroir vide-poche.

Bahut de salon

Ce meuble appelé aussi buffet de salon ou meuble d'appui est de même fabrication que la table de salon : marqueterie de bois, bois noir avec incrustations de nacre et cuivre, genre *Boule*, et doit toujours être de style.

Tapissier. 13

Sa hauteur est de 90 centimètres à 1 mètre; il se fait à une ou deux portes suivant sa largeur, avec tiroirs dans le haut; le dessus est en marbre, les portes sont pleines, avec motif de milieu; l'intérieur est plaqué d'acajou ou de palissandre verni ainsi que les tablettes.

Vitrine de salon

La vitrine de salon est de marqueterie de bois et souvent tout en bois de rose, garnie de cuivre ciselé.

Les vitrines se font droites ou galbées, avec verre bombé suivant le style; l'intérieur est garni de peluche, les tablettes en verre ou en bois verni; un marbre et une petite galerie cuivre terminent le dessus.

Les vitrines Empire sont de bois acajou verni garnies de cuivre.

Jardinière

Ce petit meuble se fait toujours en fantaisie, soit marqueterie ou à filets cuivre, monté sur quatre pieds; l'intérieur est garni d'une cuvette en zinc pour placer les plantes.

Tables de fantaisie

Ces tables se font de tout genre; elles sont à tiroirs ou à étagère, de forme carrée, ronde, ovale, etc., etc., et souvent garnies de cuivre.

Psyché

La psyché est un cadre de glace à bascule maintenu au milieu par deux colonnes montées sur des patins à roulettes.

Ce meuble se fait de tout style et de toute essence de bois.

On peut adapter à chaque colonne une branche de girandole.

Escabeau

L'escabeau est une chaise de bois sculpté en plein ; le siège en forme de trapèze est à pieds à colonnes torses ou profil. Le dossier est complètement sculpté.

Porte-chapeaux

Le porte-chapeaux est un meuble d'antichambre fait de bois noyer ou bois teinté ; comme hauteur, de 2 mètres à 2^m25 ; sa largeur varie entre 60 centimètres et 1^m40. Une glace est encastrée au milieu du panneau du haut ; sur les montants et la traverse du haut sont vissés les porte-manteaux en cuivre poli ou nickelé ; à 80 centimètres du bas existe une planche percée de trous de différentes grandeurs pour recevoir les parapluies ou cannes, ou une barre de cuivre avec séparations ; un récipient en zinc est ajusté dans le socle du bas.

Le haut de ce meuble est à fronton ou à galerie.

Bidet

On fait le bidet en acajou, noyer ou pitch-pin vernis, de forme carrée ou violon.

Il est nécessaire que les pieds soient bien solides.

Lit en fer

Le lit en fer se fait de 60 centimètres à 1^{m}40 de largeur.

Le lit ordinaire est droit, d'autres sont à dossiers cintrés et volutes avec galerie sur le devant.

Les lits de fer sont généralement peints gris-argent, les plus riches sont rehaussés de rosaces dorées.

Lit en cuivre

Les premiers lits en cuivre ont été fabriqués en Angleterre; ils sont à dossiers égaux ou inégaux et riches de décoration.

Il en existe à colonnes servant à soutenir les rideaux.

Ce genre de lit se fait en cuivre poli.

Barcelonnette

Ce petit lit d'enfant monté sur un pied avec flèche est mobile; un filet de soie ou coton attaché à la ceinture du haut et au fond forme le corps de ce berceau.

Lit-cage

Ce lit ployant, à ressorts, pouvant contenir sa literie, est très pratique pour les pièces restreintes.

Il se fait de 65 centimètres à 1^{m}20 de largeur, droit et à volutes.

LITERIE

Matelas

Plusieurs sortes de laines sont employées pour la confection des matelas ; nous les désignerons par qualités.

Les qualités basses ordinaires sont :

Le déchet gris et le déchet blanc.

On emploie ces laines pour matelas de bonne et d'hôtels secondaires.

Les qualités ordinaires sont :

Les laines de *pays* et de Constantine ;

Les qualités au-dessus sont :

Les laines de Tunis ou picardes « flot » ;

Puis viennent les laines picardes ;

Et enfin la qualité supérieure, les laines *mérinos*.

La toile des matelas est aussi de plusieurs qualités.

Les coutils belges sont plus inférieurs que les coutils de Flers ou d'Evreux.

Leur largeur, en toute qualité, varie de 1 mètre à 1ᵐ60.

Pour fabriquer un matelas, il faut 4ᵐ20 de toile ; la largeur de la toile est déterminée d'après celle du matelas.

Un matelas doit être fait avec une certaine quantité de laine et crin suivant sa largeur.

Pour bien renseigner nos lecteurs, nous donnerons ci-après un tableau indiquant exactement ce qu'il rentre de laine et de crin dans un matelas de telle ou telle grandeur :

LARGEUR	LONGUEUR	LAINE	CRIN	TOTAL
0m70	1m80	6 k.	2 k.	8 k.
0m80	1m85	8 k.	2 k.	10 k.
0m90	»	10 k.	2 k.	12 k.
1m00	1m90	11 k.	3 k.	14 k.
1m10	»	12 k.	4 k.	16 k.
1m20	»	13 k.	4 k.	17 k.
1m30	»	14 k.	5 k.	19 k.
1m40	2m00	16 k.	5 k.	21 k.

Tous les matelas se font de plusieurs manières.

Les matelas courants sont de façon ordinaire, c'est-à-dire piqués et la toile cousue en surjet tout autour.

Les matelas plus soignés ont le tour bordé.

Les matelas plus riches sont faits à plates-bandes tout autour et bordés; cette plate-bande a 18 centimètres de hauteur tout fini, les piqûres du dessus sont plus rapprochées.

Ce genre de façon donne un matelas plat.

Les matelas à plates-bandes se font aussi avec piqûres sur les bords, à la mode anglaise, à points visibles ou invisibles.

Ce genre de matelas se fait le plus souvent recouvert d'une toile futaine blanche avec bordure rouge ou bleue.

Les bouffettes des matelas se font en laine ou coton blanc, rouge ou bleu.

Plumes

Les plumes varient aussi de qualités.

La qualité ordinaire est la plume de poule ; la qualité au-dessus est la plume de canard ; la qualité supérieure est la plume d'oie vive.

Les plumes de bonne qualité rendent beaucoup plus que les autres ; si elles coûtent plus cher il en faut relativement moins pour traversins et oreillers.

Traversins et oreillers

Le traversin se fait de la largeur du lit, en coutil gris et blanc, bleu et blanc ou rayé fantaisie.

L'enveloppe doit être de coutil bonne qualité et frottée intérieurement avec de la cire vierge.

Les oreillers sont de même coutil et également cirés ; leur grandeur est de 65 à 70 centimètres carrés.

Nous indiquons ci-dessous les qualités ainsi que la quantité des plumes pour traversins et oreillers :

TRAVERSINS PLUME ORDINAIRE			
Largeur	Poids	Largeur	Poids
0^m70	1 k . 250	1^m10	2 k . 300
0^m80	1 k . 500	1^m20	2 k . 500
0^m90	1 k . 800	1^m30	3 k . 000
1^m00	2 k . 000	1^m40	3 k . 500

OREILLERS PLUME ORDIN^re		OREILLERS PLUME OIE VIVE	
Dimensions	Poids	Dimensions	Poids
65 × 65	1 k . 250	65 × 65	1 k . 000
70 × 70	1 k . 500	70 × 70	1 k . 200

Oreiller de crin

Cet oreiller est en crin blanc extra savonné.

Il faut, pour un oreiller de 65×65, 900 grammes de crin et 1 kilo pour un oreiller de 70×70.

Edredons

Les édredons sont en duvet ordinaire ou duvet vif.

L'enveloppe des édredons ordinaires est en satinette extra ou andrinople de première qualité.

Celle des édredons de bonne qualité est en soie.

Ces enveloppes sont bordées d'une petite ganse soie avec trèfle à chaque coin.

Le poids d'un édredon varie selon sa grandeur et la qualité du duvet :

DUVET ORDINAIRE		DUVET VIF	
Dimensions	Poids	Dimensions	Poids
65 × 85	0 k . 400	65 × 85	0 k . 350
70 × 90	0 k . 600	70 × 90	0 k . 550
90 × 100	0 k . 800	90 × 100	0 k . 750
100 × 110	1 k . 100	100 × 110	1 k . 000
115 × 120	1 k . 300	115 × 120	1 k . 250
120 × 130	1 k . 500	120 × 130	1 k . 400

A part ces qualités il existe le duvet eider ; son prix est très élevé ; c'est le meilleur duvet.

Un édredon fait en eider est excessivement léger.

Couvre-pieds américain

La mode a fait transformer beaucoup d'édredons en couvre-pieds américains ; ces couvre-pieds, de la longueur et de la largeur du lit, ont le dessus en satin et le dessous en petite soie ; des dessins formés par les piqûres maintiennent le duvet dans toute son étendue.

Couvertures de laine

La grandeur des couvertures est indiquée par points ; il y a plusieurs qualités :

La qualité ordinaire, — bon ordinaire, — fine, — très fine, — surfine, — Mérinos et Ségovie.

Nous les indiquerons donc par points représentant leur longueur et leur largeur :

POINTURE	LARGEUR	LONGUEUR	POINTURE	LARGEUR	LONGUEUR
4 points	1m30	1m95	9 points	2m25	2m60
5 —	1m65	2m10	10 —	2m40	2m80
6 —	1m80	2m25	11 —	2m55	3m00
7 —	1m95	2m40	12 —	2m80	3m10
8 —	2m10	2m50	14 —	3m00	3m25

Couvertures de coton

Ainsi que les couvertures de laine, il en existe de plusieurs qualités et leur grandeur est comptée aussi par points; ces points ne concordent pas avec ceux des couvertures de laine.

La troisième qualité est la plus ordinaire; les qualités au-dessus sont les deuxième, première et longue soie :

POINTURE	LARGEUR	LONGUEUR	POINTURE	LARGEUR	LONGUEUR
4 points	1m40	1m90	10 points	2m25	2m75
5 —	1m55	2m05	11 —	2m35	2m85
6 —	1m70	2m20	12 —	2m45	2m95
7 —	1m85	2m35	13 —	2m60	3m05
8 —	2m00	2m50	14 —	2m90	3m15
9 —	2m15	2m65			

Couvertures de laine de couleur

La grandeur de ces couvertures se marque, comme les couvertures de coton par points.

Leurs qualités se dénomment ainsi :

Mi-laine grise, — mi-laine argent, — mi-laine verte, — laine verte et laine beige.

Couvre-lits

Les couvre-lits en coton sont classés en deux catégories ; la première est le « tricot blanc » à franges : la deuxième catégorie, qui est supérieure, est le « piqué anglais » double face.

Ces deux genres ont chacun deux qualités différentes ; leur longueur et leur largeur ne sont pas non plus les mêmes :

Couvre-lits tricot blanc à franges

LARGEUR	LONGUEUR	LARGEUR	LONGUEUR	LARGEUR	LONGUEUR
1m00	1m40	1m75	2m20	2m25	2m80
1m30	1m70	2m00	2m30	2m50	3m00
1m50	2m00	2m25	2m50		

Couvre-lits piqué anglais double face

LARGEUR	LONGUEUR	LARGEUR	LONGUEUR	LARGEUR	LONGUEUR
1m25	1m60	1m75	2m15	2m30	2m65
1m40	1m75	1m95	2m30	2m45	2m80
1m50	2m00	2m10	2m50	2m65	3m10

Couvre-pieds piqués et ouatés

Ces couvre-pieds, dont l'intérieur est en ouate ou petite laine, sont de qualités bien différentes. Les plus ordinaires sont en coton ou laine de couleur, l'étoffe en cretonne dessin cachemire avec doublure percaline.

Ceux de qualité supérieure sont en coton ou laine blanche avec étoffe cretonne et doublure pareille ; on en fait aussi en andrinople.

Le ouatage de l'intérieur est maintenu par des piqûres mécaniques formant dessins.

MIROITERIE, LAQUAGE, MARBRES, BRONZES

Les glaces ont une importance très grande dans l'ensemble d'un ameublement. Sur les cheminées le cadre doit être en rapport avec la décoration architecturale de la pièce.

Le cadre est presque toujours doré, uni ou sculpté, avec fronton pour toutes les pièces.

Comme hauteur totale elles doivent arriver jusqu'au-dessous de la corniche ; leur largeur doit être de 5 centimètres moins grande que le dessus de la cheminée.

Miroirs

Le miroir meublant se fait de forme droite et ovale, de tous styles. La glace est le plus souvent biseautée ; le cadre et le fronton sont dorés et sculptés.

Il y a aussi le miroir de Venise, dont le cadre et le fronton sont entièrement de glace gravée.

Les glaces à cadre *florentin*, en chêne ou noyer, ainsi que celles à cadres Louis XIII ou Henri II, se placent dans les salles à manger.

Trumeau

Le trumeau est une glace haute et étroite que l'on place sur une console, à un entre-deux de fenêtres ou autres petits pans de mur. Son cadre doit être en rapport avec la console qui le supporte.

Les glaces les plus belles sortent des fabriques de Chauny et Saint-Gobain.

Dorure

La dorure est à or fin ou demi-fin. Les cadres de glaces riches, ainsi que les beaux meubles, sont toujours dorés à l'eau et à l'or fin.

Les cadres ordinaires sont en dorure demi-fine.

Le rehaussé d'or se fait à la mixtion avec feuille d'or ou de cuivre.

On emploie les feuilles de cuivre pour le rehaussé des meubles excessivement bon marché.

Laquage

Le laquage consiste à recouvrir les meubles de plusieurs couches de peinture spéciale vernie. Chaque couche doit sécher au four.

Le laquage se fait principalement de teinte blanche ou ivoire avec filets roses ou bleus. Certains meubles sont aussi de teinte vert d'eau,

Marbres

Les marbres sont employés dans l'ameublement comme dessus de certains meubles, intérieur de tables de nuit et de toilette.

Les marbres ordinaires sont les marbres de Sainte-Anne, employés comme dessus de commode. Les marbres blancs veinés sont les plus répandus dans l'ameublement; on les utilise pour toilettes, dessus de meubles, intérieur de tables de nuit.

Le marbre noir n'est plus beaucoup utilisé. Il y a quarante ans, le dessus des chiffonniers, secrétaires et commodes était garni de ce marbre.

Les marbres plus rares employés comme dessus de consoles, de bahuts, de tables de nuit de style, etc., etc., sont :

Le bleu turquin, portor, griote d'Italie, onyx, rouge royal et vert de mer.

Bleu turquin

Ce marbre très fin, à petites veines rapprochées, est d'un ton gris bleu.

Portor

Est d'un fond noir, veiné de jaune doré.

Griote d'Italie

Sa couleur est rougeâtre avec taches plus foncées et brunes.

Onyx

Ce marbre, très recherché, a une teinte ivoire transparente avec veines jaune or.

Rouge royal

Sa teinte est rouge pâle avec veines blanches.

Vert de mer

Ce marbre très rare est vert, veiné de noir; on l'emploie dans les meubles riches.

Bronzes

Les bronzes garnissent très bien et complètent la décoration d'un appartement.

Ils se placent sur les cheminées, consoles, comme dessus de piano et autres petits meubles. Ils se font dorés et ciselés ou bronze poli; ces derniers sont principalement employés dans les cabinets de travail et salles à manger.

Comme bronzes, on place dans un appartement des pendules, flambeaux, candélabres, vases, statues, bustes, groupes, coupes; garnitures de foyer, pare-étincelles, lampes, lustres, appliques, girandoles et suspensions.

Les statues, groupes et bustes sont, de préférence, en bronze médaille ou vert.

Tous les autres bronzes se font dorés et polis.

Les suspensions se font aussi nickelées.

Les pendules, candélabres, appliques, girandoles, lustres, flambeaux, se font de style.

LUSTRES

Indépendamment des lustres en bronze, il y a le lustre bronze doré avec cristaux ainsi que les *appliques*.

La qualité de ces cristaux se reconnaît à leur pureté ; l'élégance de leur forme et la régularité de la taille réunis aux branches dorées donne à ces lustres lorsqu'ils sont allumés beaucoup d'éclat.

Il se fait des lustres en porcelaine de Saxe ; souvent les branches de ces lustres sont soutenues par des amours.

Le lustre de Venise est tout en verre de plusieurs couleurs ; le motif de sa décoration représente des fleurs avec branches.

Lampes-colonne

Ces lampes ont de 30 à 70 centimètres de hauteur. La colonne bronze est montée sur socle et se termine par un chapiteau qui soutient la toupie.

Il y a de ces lampes avec colonne marbre, principalement en onyx.

Lampadaire

Le lampadaire représente le plus souvent une statue montée sur socle, tenant un flambeau ou une lanterne à la main.

VITRAUX ET PAPIERS PEINTS

Vitraux

Les vitraux d'un appartement sont placés aux fenêtres d'antichambre et de salle à manger, et aussi aux vérandas et jardins d'hiver. Les vitraux décorés représentent des sujets variés : fleurs, personnages, etc.

Les vitraux simples sont de verre anglais, encadrés de rouge, vert ou bleu, avec verre chagriné et verre granulé.

Quelquefois ces vitraux sont ornés de *cabochons*, de pointes de diamant de différentes couleurs, et de culs de bouteille ; ces derniers sont aussi employés comme portes de buffet.

Les plus courants sont les vitraux *Cluny*.

Papiers peints

Les papiers peints, comme les étoffes, suivant l'influence de la mode, varient beaucoup.

Les rouleaux sont d'environ 8 mètres de longueur ; leur largeur est généralement de 55 centimètres.

Il en existe un très grand nombre de qualités ainsi qu'une très grande variété de dessins.

Les papiers se font aussi de dessins de style.

Il y en a de semblables aux étoffes de cretonne ; d'autres sont veloutés et gaufrés.

Les papiers de salle à manger, fumoir, se font en imitation de cuir de Cordoue.

On fait également les papiers vitraux, représentant des sujets variés, ainsi que d'autres ayant l'aspect des vitraux ordinaires.

Collage du papier

Ce genre de travail, à Paris et dans les grandes villes, n'est exécuté que par les peintres en bâtiment ou par des ouvriers dont c'est l'unique profession ; en province, ce sont, le plus souvent, les tapissiers qui s'en chargent.

Le papier ordinaire se colle de suite sur le mur, si ce mur est bien sec.

Pour les papiers supérieurs, on doit coller avant un papier gris. En cas d'humidité, pour éviter le décollage et les taches, on cloue autour des murs des lattes de bois.

Sur toute l'étendue de ce mur on cloue, avec des semences, de la toile d'embourrure très claire ; on colle sur cette toile un premier papier gris avant celui de tenture.

Lorsque tous les lés de papier sont coupés de hauteur et au raccord et ébarbés d'un côté jusqu'au dessin, on couche ces lés face en dessous, les uns sur les autres sur une grande table ; puis on y étend la colle de pâte d'une manière bien égale, surtout sur les bords, et on les applique sur le mur.

En posant les lés sur le mur, il faut avoir soin de placer le premier bien perpendiculairement en se servant d'un fil à plomb, parce que de la bonne pose de celui-ci dépend celle de l'ensemble. Se servir d'une brosse douce pour étendre les lés.

On doit toujours commencer par poser dans une

pièce les premiers lés du côté du jour, afin que la tranche non ébarbée se trouve couverte par les suivants et devienne ainsi moins visible.

Les papiers unis exigent beaucoup de soin ; la moindre tache ou le plus petit pli ou défaut qui se perdent dans les papiers à dessins sont visibles dans ces papiers.

Les bordures se posent en dernier lieu ; avoir soin qu'elles soient collées bien au niveau et d'aplomb.

(Pour plus de détails, voir *Manuel du Peintre en bâtiments*, 1 vol., 3 fr., ENCYCLOPÉDIE-RORET).

TRANSPORT DE MOBILIERS

Les meubles en général ainsi que tous les objets mobiliers doivent être transportés avec beaucoup de précautions.

Rien n'est plus désagréable, dans un déménagement, que de trouver un pied de fauteuil cassé, un meuble rayé ou un vase réduit en miettes.

Pour éviter ces accidents, nous recommanderons aux personnes qui ont la charge d'un déménagement, d'avoir à prendre toutes les précautions nécessaires.

Les gros meubles doivent être toujours transportés à deux personnes ; on doit absolument s'opposer à ce qu'un homme seul, soit pour faire valoir sa force, ou par bravade, descende des meubles trop lourds ; il en résulte toujours quelques dégâts.

Il faut éviter de les cogner ou de les frotter au passage des portes. Les sièges doivent être recouverts, soit d'une housse, soit d'une enveloppe. Les meubles en bois doré seront enveloppés de papier

de soie et recouverts d'une toile, ou à défaut, de
drap.

Les objets fragiles ou autres bibelots seront emballés dans un panier et bien entourés de papier et
de paille de manière qu'ils ne bougent pas.

Chargement

Dans une voiture les glaces doivent toujours être
chargées en premier et placées dans le sens de leur
hauteur, après avoir été préalablement recouvertes
de toile ; puis on charge les gros meubles ; les vides
qui se produisent doivent être remplis par les oreillers et matelas ; les meubles seront bien attachés
avec des sangles et bien calés dans la voiture ; on
ne doit pas serrer les sangles sur les meubles sans
avoir garni ceux-ci de tampons.

De préférence, pour le transport des mobiliers, il
faut faire usage de voitures capitonnées.

FIN

TABLE DES MATIÈRES

Pages

INTRODUCTION   v

CHAPITRE PREMIER
Outils

Boîte à outils   1
Marteaux   1
Carrelets   3
Ciseaux de garniture.   3
Ciseau à dégarnir   4
Casse-pierre.   4
Compas   4
Coupe-étoffe   4
Houzeaux   5
Poinçon.   5
Pointe à tapis   5
Râpe   5
Sac à semence.   6
Scie ployante   6
Tenaille à sangler   6
Tire-crin   6
Tourne-à-gauche.   7
Trente-cinq centimètres, ou pige   7
Atelier de garniture   8

CHAPITRE II
Quincaillerie usitée dans les travaux de garniture

Première catégorie. — Clous ordinaires   9
Bossette.   9
Conduit.   10

Finette 10
Pointe à créter. 10
Pointe à damas 10
Pointe à taquets. 10
Semence 10
Deuxième catégorie. — Clous dorés 11

CHAPITRE III

Quincaillerie en usage dans les travaux de ville

Arrêts de store. 12
Bâton de store. 12
Broche 12
Clous à crochets. 12
Compas mécanique. 13
Compas de store. 13
Cordon de tirage. 13
Ferrure mécanique. 13
Ferrures de portière ordinaire 14
Ferrure de porte-embrasse 14
Ferrure de rinceau. 14
Ferrure de store. 15
Pattes à glace. 15
Patte à galerie. 15
Piton de galerie 15
Pitons de tringles d'escalier 15
Pitons de vitrage 15
Poulies 15
Poulie du bas. 16
Rondelles de store 17
Roulettes et bagues 17
Septin 17
Tringles. 18
Tringles d'escalier. 18

Tringles de store   18
Tringles de vitrage   18

CHAPITRE IV

Matières premières employées pour la garniture des sièges

Corde à guinder   19
Crin animal.   19
Crin au tampico.   20
Crin végétal.   20
Étoupe   20
Ficelle à piquer   20
Fouet à capitonner.   20
Jaconas.   20
Ressorts.   21
Sangle   21
Tampico.   21
Toile blanche   22
Toile d'embourrure   22
Toile forte   22

CHAPITRE V

Sièges bois recouvert

Canapé, fauteuil, chaise coussins.   23
Canapé, fauteuil, chaise anglais   23
Canapé, fauteuil, chaise Marie-Antoinette.   23
Canapé, fauteuil, chaise lambrequin   23
Canapé, fauteuil, chaise jockey-club   23
Canapé, fauteuil, chaise Bébé   23
Canapé, fauteuil, chaise Médicis   23
Canapé, fauteuil, chaise Pompadour   23
Chaise longue   23

Borne. 26
Confident 26
S. 26
Divan droit 26
Divan d'angle 26
Lit canapé. 27
Fauteuil Voltaire 27
Fauteuil de bureau 27
Sièges de style 27
Sièges Louis XIII 27
Sièges Louis XIV 27
Sièges Louis XV. 28
Sièges Louis XVI 28
Sièges Empire. 28
Bergère 29
Marquise 29
Chaises légères 30
Tabouret de piano 30
Chauffeuse 30
Prie-Dieu 30
Fumeuse 30
Tabouret de pieds 30
Chauffe-dos 30
Sommier 30
Manière de prendre mesure du sommier. 31

CHAPITRE VI

Garniture des sièges

Droit fil. 31
Garniture à pelote. 32
Garniture à épaisseur sans ressorts. 32
Fabrication d'un fauteuil crapaud. 32
Garniture à ressorts 32
Sanglage 33

Mise en ressorts.   33
Guindage.   34
Mise en toile forte   34
Emballage.   34
Point de fond   35
Rabattage.   35
Piquage.   36
Piqûre de crin.   36
Mise en toile blanche.   37
Entoilage du dossier sans bosse.   37
Emballage.   38
Mise en toile douce du dossier.   38
Couverture d'étoffe.   39
Même fauteuil dossier à bosse   41
Mise en toile blanche.   41
Couverture d'étoffe.   41
Même fauteuil garniture capitonnée.   42
Disposition des capitons   42
Emballage.   43
Manière de prendre la mesure de la toile blanche. .   43
Traçage.   44
Capitonnage.   45
Entoilage du dossier   45
Bourrelets du dossier et des crosses de manchettes .   45
Traçage des capitons du dossier.   46
Couverture   47
Bourrelet à soufflet   49

CHAPITRE VII

Garniture des sièges de style

Siège Louis XIII.   52
Chaise longue trois parties.   52

Tapissier.   14

CHAPITRE VIII

Principales étoffes employées dans la tapisserie pour la fabrication des sièges, tentures et rideaux.

Brocard.   54
Brocatelle.   54
Damas des Indes   55
Damas de laine.   55
Damas laine et soie.   55
Damas de soie.   55
Granité.   56
Lampas.   56
Lasting.   56
Reps   56
Satin de laine.   56
Satin de soie   57
Etoffe fantaisie coton   57
Etoffe fantaisie jute   57
Etoffe fantaisie laine coton et soie   57
Tapisserie.   58
Tapisserie au métier.   58
Tapisserie d'Aubusson   58
Tapisserie de Beauvais.   58
Velours.   59
Velours cati-panne   59
Velours de Gênes   59
Velours de lin Titien   60
Velours de soie   60
Peluche de lin.   60
Peluche de soie   60

Velvette. 60
Drap 61
Molesquine 61
Peau 61
Tenture murale 61
Etoffes imprimées 62
Cretonne 62
Perse 62
Reps et lasting 62
Broderie 63
Tapis 63
Tapis moquette 63
Tapis de Nimes 64
Carpettes 65
Descente de lit 65
Sparterie 65
Thibaude 65
Tapis d'escalier 65
Battage et conservation des tapis 66
Doublures 66
Andrinople 66
Bougran 66
Doublure mi-soie 66
Doublure soie Marceline 67
Quinze-seize 67
Doublure soie fantaisie 67
Finette 67
Foulard 67
Gourgourand 68
Molleton 68
Percaline 68
Satinette 68
Satin parisien et alsacien 68
Toile gommée 69
Etoffes à housses. 69

Basin. 69
Coutil. 69
Levantine. 70
Pékin. 70
Passementeries 70
Câblé, nervure. 70
Crète 70
Embrasses 71
Frangette. 71
Frange torse 71
Galon. 71
Giselle 72
Lézarde 72

CHAPITRE IX

Fabrication et coupe de rideaux

Indications pour prendre les mesures de lits, fenê-
   tres et portières. 73
Croisées à bâton et à tête flamande. 73
Croisées à galerie droite et à élévation 73
Stores brodés et à l'italienne 73
Rideaux blancs et vitrages 73
Lit à châssis à élévation 74
Lit à châssis sans élévation 74
Lit à anneau ou à arc. 74
Lit de coin 74
Jetés de lit ou courtes-pointes ajustées 74
Portières doubles 74
Portières simples 75
Fenêtres. 75
Fenêtre tête flamande ou à gobelets. 76
Fenêtre à galerie 76
Fenêtre à pentes et bandeaux. 76

Fenêtre cantonnière   78
Coupe et façon de rideaux   79
Rideaux à gros anneaux de bois non doublés. . . .   79
Rideaux tête flamande non doublés   79
Rideaux doublés.   80
Rideaux tête poussette ou à anneaux.   80
Rideaux de lit tête poussette   82
Fond de lit   83
Fenêtre doublée tête flamande.   83
Tête rapportée.   83
Rideaux de lit   85
Rideaux tête groupe.   85
Rideaux tête musique (dit à la vieille)   86
Rideaux tête bouillonnée.   86
Fenêtre à bandeau.   87
Fenêtre cantonnière   87
Rideau à l'italienne   88
Coupe du rideau à l'italienne   88
Rideaux de lit.   91
Portières   92
Rideaux molletonnés.   93
Rideaux de toilette   94
Rideaux de cheminée   94
Rideaux de fenêtre « brise-bise » ou « mystère ». .   95
Dessus de piano   95
Tapis de table.   95
Rideaux à applications.   96
Différents genres de couture   96
Couture à l'anglaise.   96
Couture de velours.   96
Couture de tapis.   97
Couture à vif   97
Couture en point de chausson   97
Couture en point de côté.   97

14.

Couture en point levé 97
Couture au raccord 97
Couture à nervure. 98
Couvre-pieds 98
Jetée de lit 98
Courte-pointe 98
Lit à arc 99
Fond de lit à l'antique 100
Volants 101
Housses. 102
Tenture droite. 102
Tenture grecque (dite tenture flottante) 103
Rideaux de vitrages. 103
Stores. 104
Store droit 104
Store à joues 104
Store d'intérieur 105
Store flamand. 105
Store à l'italienne ou duchesse 106
Coupe et couture des tapis. 108
Coupe et raccord des lés d'étoffe. 109
Raccord d'étoffe 109
Fournitures diverses employées pour les coutures de
  tapisserie 110
Fils 110
Anneaux 110
Annelets 110
Agrafes. 110
Ruban de fil. 111

CHAPITRE X

Coupe et façon de draperies et chutes

Draperies. 111
Hauteur des draperies 112

Largeur des draperies. 112
Coupe pratique du feston régulier. 112
Pli simple 114
Feston irrégulier 115
Double pli. 116
Chutes 118
Chute simple 118
Parementage 119
Chute double 119
Chute en queue d'écharpe 120
Choux 121
Nœud ou cravate 121
Décor de glace. 122
Draperie de cheminée 122
Chevalets. 123
Gaines 123
Draperie de piano 123
Feston découpé fantaisie 124
Feston grec. 124
Tête flamande à draperie. 124
Lit Louis XVI à draperies 125
Portière drapée à l'antique. 126

CHAPITRE XI

Lambrequins

Coupe du lambrequin 127
Lambrequin à application 129
Lambrequin brodé. 129
Lambrequin à draperies 130
Lambrequin de cheminée. 130
Lambrequin de glace. 130
Lambrequin de fenêtre. 132

CHAPITRE XII

Devis

Sièges bois recouvert 133
Fauteuil anglais. 133
Canapé anglais 134
Chaise anglaise 135
Chaise longue tendue 135
Sièges capitonnés 136
Fauteuil capitonné. 136
Canapé capitonné 137
Chaise capitonnée. 137
Chaise longue capitonnée. 138
Fauteuil garniture fantaisie à rampe 139
Sièges bois apparent. 139
Fauteuil Louis XIV 139
Canapé Louis XV 140
Chaise Louis XVI 141
Planches avec garniture 141
Planche de cheminée ordinaire 141
Planche à draperies 142
Planche à bandeau. 142
Rideaux 142
Fenêtre ordinaire à bâtons 142
Fenêtre tête flamande 143
Lit tête flamande ordinaire. 144
Ciel de lit garni à plat. 144
Fenêtre à trois draperies, deux chutes, galerie bois
    apparent 144
Lit à trois draperies sur le devant, deux sur les cô-
    tés, deux chutes 145
Ciel de lit bois apparent garni à plat. 145
Lambrequins 146
Fenêtre à bandeau droit 146

Lit à bandeau droit, châssis bois blanc 147
Draperies diverses. 147
Décor de glace. 147
Décor de piano relevé à l'antique avec dessus pe-
luche. 148
Portière à l'antique simple, mobile 148
Portière dormante à l'italienne. 149
Tapis. 149
Tenture murale 149
Stores 150
Store en coutil 150
Store à l'italienne. 150
Store flamand. 151

CHAPITRE XIII

Ornements d'appartements

Anneaux 152
Bâtons 152
Supports, lorgnon, pomme 152
Consoles 153
Glands 153
Patères, porte-embrasses 153
Rinceaux 154
Arc. 154
Flèche 155
Galeries de croisées 155
Baldaquin. 156
Ciel de lit bois blanc. 156
Zinc de cheminée 156
Rosace de tableaux 156
Garniture des ciels de lit et galeries 157
Ciel de lit garni à plat bois apparent 157
Ciel de lit plissé 157
Ciel de lit à boudin 158
Clouage à l'anglaise 158

Ciel de lit ligature. 158
Galerie à boudin et ligature. 158
Gainage. 159

CHAPITRE XIV

Ajustement et pose des tentures, rideaux et tapis

Pose d'une fenêtre à bâton. 161
Tamponnage. 162
Pose de fenêtres sur tringles 162
Pose de fenêtres à galeries 163
Galerie avec compas. 164
Lit de bout 164
Lit de milieu 166
Lit de coin ou d'angle 166
Portières 166
Portières à plat 166
Portières à hausse porte 167
Portière sur tringles. 167
Portières doubles 168
Cordon de sonnette. 168
Vitrage. 168
Brise-bise. 168
Stores 169
Store droit extérieur. 169
Store à compas et à joues 169
Stores d'intérieur 170
Store flamand. 170
Store à l'italienne ou duchesse 170
Tentures 171
Tenture droite ordinaire 171
Tenture sur bâtis et molletonnée 172
Tenture plissée 172
Tenture froncée 173

Tenture par panneaux. 173
Tenture de plafond. 174
Tenture plafond soleil. 174
Tenture plafond ovale à écoinçons. 175
Tenture d'escalier 175
Tapis. 176
Pose du tapis. 176
Carpette 176
Tapis d'escalier. Chemin. 177
Linoléum 178
Toile cirée 178
Bourrelets 178
Garniture des portes battantes 179
Sourdines. 179
Pose des tableaux 179
Pose de glaces. 180
Pose de miroir. 180

CHAPITRE XV

De la décoration et de l'ameublement des appartements en général

Vestibule. 182
Escalier. 182
Antichambre 182
Salle à manger 183
Chambre à coucher 184
Chambre d'honneur 184
Chambre de dame 185
Chambre d'homme. 186
Chambre de jeune homme 188
Chambre de jeune fille. 188
Chambre d'amis. 189
Grand salon. 190

Petit salon « Boudoir »   192
Cabinet de travail.   193
Cabinet de toilette.   194
Salle de bain   196
Fumoir.   196
Galerie de tableaux   197
Salle de billard   198
Salle d'armes   198
Jardin d'hiver.   199
Véranda   199
Chambre de domestique   199
Cuisine.   200
Conservation et entretien des meubles et tentures .   200
Recette pour le nettoyage des meubles.   201
Nettoyage des glaces.   201
Entretien des sièges et rideaux.   201

CHAPITRE XVI

Des objets étrangers à l'art du Tapissier faisant partie de l'ameublement

Différentes essences de bois.   202
Acajou   202
Chêne.   203
Érable   203
Hêtre.   203
Merisier   204
Noyer.   204
Poirier   204
Palissandre   205
Pitch-pin   205
Placage.   205
Des meubles en général   206
Buffets   206

Table de salle à manger 207
Chaises de salle à manger 207
Dressoir (desserte) 207
Lits 208
Armoires 208
Armoire normande 208
Armoire à glace 208
Armoire à glace de style 209
Table de nuits 209
Table de nuit vide-poches 209
Table de nuit chiffonnier 210
Table de nuit wagon 210
Table de nuit de style 210
Toilettes 211
Toilette anglaise 211
Toilette commode 211
Toilette marbre 211
Lavabos 211
Commode 212
Chiffonnier 212
Bibliothèque 212
Bureaux 213
Bureaux à casiers et tiroirs 213
Bureau doucine 214
Bureau ministre 214
Cartonnier 215
Pupitre à écrire 215
Pupitre à musique 215
Casier à musique 216
Consoles 216
Liseuse 216
Table de salon 216
Table à jeux 217
Table à ouvrage 217
Bahut de salon 217

Tapissier. 15

Vitrine de salon. 218
Jardinière 218
Tables de fantaisie. 218
Psyché 219
Escabeau 219
Porte-chapeaux 219
Bidet. 219
Lit en fer. 220
Lit en cuivre 220
Barcelonnette 220
Lit cage. 220
Literie 221
Matelas. 221
Plumes. 223
Traversins et oreillers 223
Oreiller de crin 224
Edredons 224
Couvre-pieds américain 225
Couvertures de laine. 225
Couvertures de coton. 226
Couvertures de laine de couleur. 226
Couvre-lits 227
Couvre-lits tricot blanc à franges. 227
Couvre-lit piqué anglais 227
Couvre-pieds piqués et ouatés. 228
Miroiterie, laquage, marbres, bronzes. 228
Miroirs 228
Trumeau 229
Dorure 229
Laquage 229
Marbres 230
Bleu turquin 230
Portor 230
Griote d'Italie. 230
Onyx. 231

Rouge royal. 231

Vert de mer. 231

Bronzes. 231

Lustres. 232

Lampes colonne. 232

Lampadaire. 232

Vitraux. 233

Papiers peints. 233

Collage du papier 234

Transport de mobiliers. 235

FIN DE LA TABLE DES MATIÈRES

1er NOVEMBRE 1900

Ce Catalogue annule les précédents

CATALOGUE COMPLET

DE LA

LIBRAIRIE ENCYCLOPÉDIQUE

RORET

L. MULO, SUCCr

12, rue Hautefeuille, 12

PARIS-VIe

NOUVELLE COLLECTION

DE

L'ENCYCLOPÉDIE-RORET

Format in-18 Jésus 19 × 12

COLLECTION DES MANUELS-RORET

OUVRAGES DIVERS
Sur l'Industrie et les Arts et Métiers

OUVRAGES HORTICOLES

JOURNAUX — SUITES A BUFFON

Divers. — Bibliothèque des Arts et Métiers

Ce Catalogue est envoyé *franco* sur demande

ENCYCLOPÉDIE-RORET

COLLECTION

DES

MANUELS-RORET

FORMANT UNE

ENCYCLOPÉDIE DES SCIENCES ET DES ARTS

FORMAT IN-18

Par une réunion de Savants et d'Industriels

Tous les Traités se vendent séparément.

La plupart des volumes, de 300 à 400 pages, renferment des planches parfaitement dessinées et gravées, et des figures intercalées dans le texte.

Les Manuels épuisés sont revus avec soin et mis au niveau de la science à chaque édition. Aucun Manuel n'est cliché, afin de permettre d'y introduire les modifications et les additions indispensables. Cette mesure, qui oblige l'Éditeur à renouveler les frais de composition typographique à chaque édition, doit empêcher le Public de comparer le prix des *Manuels-Roret* avec celui des ouvrages similaires, tirés sur clichés.

Pour recevoir chaque volume franc de port, on joindra, à la lettre de demande, un *mandat sur la poste* (de préférence aux timbres-poste). Afin d'éviter les écritures pour l'expéditeur et les frais de recouvrement pour le destinataire, **aucun envoi n'est fait contre remboursement par la Poste.**

Les volumes expédiés dans les pays qui ne font pas partie de l'Union des Postes, seront grevés des frais de poste établis d'après les tarifs de la poste française. Les demandes venant de **l'Etranger** devront contenir **25 centimes** en sus des prix portés au Catalogue, pour frais de recommandation à la Poste.

Les timbres étrangers ne pouvant être utilisés, nous prions nos correspondants de ne pas nous en adresser.

Nouvelle Collection de l'Encyclopédie-Roret

Format in-18 Jésus 19 × 12

Les ouvrages précédés d'un astérisque (*) ont été honorés d'une souscription du Ministère de l'Instruction publique et des Beaux-Arts.

Manuel de l'Apiculteur Mobiliste, nouvelles Causeries sur les Abeilles en 30 leçons, par l'abbé DUQUESNOIS, curé de Saint-Cyr-sous-Dourdan, auteur des Causeries sur les Abeilles. 1 vol. in-18 jésus, orné de 20 fig. dans le texte. (*Médaille d'argent.*) 3 fr.

*— de l'**Eleveur de Faisans**, par H.-L.-Alph. BLANCHON, 1 vol. in-18 jésus, orné de 31 figures dans le texte. 2 fr.

— de l'**Eleveur de Poules**, par H.-L.-Alph. BLANCHON, 1 vol. in-18 jésus, orné de 67 figures dans le texte. 3 fr,

— du **Pisciculteur**, par H.-L.-Alph. Blanchon, 1 vol. in-18 jésus, orné de 65 fig. dans le texte. 3 fr. 50

*— de l'**Eleveur de Pigeons**, par H.-L.-Alp. BLANCHON, 1 vol. in-18 jésus, orné de 44 fig. dans le texte. 3 fr.

*— de l'**Eleveur de Lapins**, par WILLEMIN, 1 vol. in-18 jésus, orné de 24 figures dans le texte. 2 fr. 50

— **Eléments Culinaires** (les), à l'usage des jeunes filles, par Auguste COLOMBIÉ, 1 vol. in-18 jésus, cartonné. 3 fr.

— **Traité pratique de Cuisine bourgeoise**, par Auguste COLOMBIÉ, 1 vol. in-18 jésus, cartonné. 4 fr.

— **100 Entremets**, par Auguste COLOMBIÉ, 1 vol. in-18 jésus, cartonné. 2 fr.

*— de **Jardinage et d'Horticulture**, par Albert MAUMENÉ, professeur d'horticulture, diplômé de l'Ecole d'arboriculture de Paris, lauréat des Cours d'horticulture et boursier du département de la Seine; avec la collaboration de Claude TRÉBIGNAUD, arboriculteur. — 1 vol. in-18 jésus orné de 275 figures dans le texte. 6 fr.

— de l'**Agriculteur**, par Louis BEURET et Raymond BRUNET, 1 vol. in-18 jésus. (*En préparation.*)

*** **Guide pratique de Teinture moderne**, suivi de l'Art du Teinturier-Dégraisseur, contenant l'étude des fibres textiles et des matières premières utilisées en Teinture, et des procédés les plus récents pour la fixation des couleurs sur laine, soie, coton, etc., par V. THOMAS, docteur ès sciences, préparateur de Chimie appliquée à la Faculté des Sciences de l'Université de Paris. 1 vol. grand in-8° raisin, orné de **133 figures dans le texte**. 20 fr.

DIVISION PAR ORDRE ALPHABÉTIQUE

Manuel pour gouverner les Abeilles et en retirer profit, par MM. RADOUAN et MALEPEYRE. 2 vol. 6 fr.

— **Accordeur de Pianos**, traitant de la Facture des Pianos anciens et modernes et de la Réparation de leur mécanisme, contenant des Principes d'Acoustique, des Notions de Musique, les Partitions habituelles, la Théorie et la Pratique de l'Accord, à l'usage des Accordeurs et des Amateurs, par M. G. HUBERSON. 1 vol. orné de figures et de musique et accompagné de planches. 2 fr. 50

— **Aérostation**, ou Guide pour servir à l'histoire ainsi qu'à la pratique des *Ballons*, par M. DUPUIS-DELCOURT, 1 vol. orné de figures. 3 fr.

— **de l'Agriculteur**, par Louis BECRET et Raymond BRUNET. 1 vol. in-18 jésus. (*En préparation.*) (Voir nouvelle Collection, page 3.)

— **Agriculture Élémentaire**, à l'usage des écoles primaires et des écoles d'agriculture, par M. V. RENDU. (*Ouvrage autorisé par l'Université.*) 1 vol. 1 fr. 25

— **Alcools**, voyez *Distillation, Liquides, Négociant en eaux-de-vie.*

— **Alcoométrie**, contenant la description des appareils et des méthodes alcoométriques, les Tables de Force de Mouillage des Alcools, le Remontage des Eaux-de-Vie, et des indications pour la vente des alcools au poids, par MM. F. MALEPEYRE et AUG. PETIT. 1 vol. 1 fr. 75

— **Algèbre**, ou Exposition élémentaire des principes de cette science, par M. TERQUEM. (*Ouvrage approuvé par l'Université.*) 1 gros vol. 3 fr. 50

— **Alimentation**, par M. W. MAIGNE. 2 vol. 6 fr.

— *Première partie*, SUBSTANCES ALIMENTAIRES, leur origine, leur valeur nutritive, falsifications qu'on leur fait su ir et moyens de les reconnaître. 1 vol. 3 fr.

— *Deuxième partie*, CONSERVES ALIMENTAIRES, contenant tous les procédés en usage pour conserver les Viandes, le Poisson, le Lait, les Œufs, les Grains, les Légumes verts et secs, les Fruits, les Boissons, etc., suivi du Bouchage des boîtes, des vases et des bouteilles. 1 vol. orné de fig. 3 fr.

— **Allumettes**, voyez *Briquets.*

— **Amidonnier et Fabricant de Pâtes alimentaires**, traitant de la Fabrication de l'Amidon et des Produits obtenus des Fruits et des Plantes qui renferment de la

Fécule, par MM. MORIN, F. MALEPEYRE et Alb. LARBALÉ-
TRIER. 1 vol. avec figures et planches.   3 fr.

— **Anatomie comparée,** par MM. de SIEBOLD et STAN-
NIUS ; trad. de l'allemand par MM. SPRING et LACORDAIRE,
professeurs à l'Université de Liege. 3 gros vol.   10 fr. 50

— **Aniline (Couleurs d'). d'Acide phénique et
de Naphtaline,** comprenant : l'étude des Houilles, la
distillation des Goudrons, la préparation des Benzines,
Nitrobenzines, Anilines, de l'Acide phénique, de la Naphtaline et de leurs dérivés, ainsi que leur Emploi en Teinture,
par M. Th. CHATEAU. 2 forts volumes ornés de figures 7 fr.

— **Animaux domestiques (Eleveur d').** (*En préparation.*)

— **Animaux de Basse-Cour (Eleveur d').** (*En
préparation*).

— **Animaux nuisibles** (Destructeur des).
1re *partie*, Animaux nuisibles aux Habitations, à l'Agriculture, au Jardinage, etc., par M. VÉRARDI. (*En préparation.*)
2e *partie*, Insectes nuisibles aux Arbres forestiers et fruitiers, à l'usage des Forestiers, des Jardiniers et des Propriétaires, par MM. RATZEBURG, DE CORBERON et BOISDUVAL.
1 vol. orné de 8 planches.   2 fr. 50

— **de l'Apiculteur Mobiliste.** nou elles Causeries
sur les Abeilles, en 30 leçons, par l'abbé DROVESSNOIS, curé
de Saint-Cyr-sous-Dourdan, auteur des Causeries sur les
Abeilles. 1 vol. in-18 jésus, orné de 20 figures dans le
texte (*Médaille d'argent*). — (Voir nouvelle Collection,
page 3.)   3 fr

— **Aquarelle,** voyez *Peinture à l'Aquarelle*.

— **Arbres fruitiers** (Taille des). contenant les notions indispensables de Physiologie végétale ; un Précis
raisonné de la multiplication, de la plantation et de la culture ; les vrais principes de la taille et leur application aux
formes diverses que reçoivent les arbres fruitiers, par M. L.
DE BAVAY. 1 vol. orné de figures.   3 fr.

— **Archéologie** grecque, étrusque, romaine, égyp-
tienne, indienne, etc., traduit de l'allemand de M. O. MUL-
LER par M. NICARD. 3 vol. avec Atlas. Les 3 vol. 10 fr. 50.
L'Atlas séparé : 12 fr. Les 3 volumes et l'Atlas : 22 fr. 50

— **Architecte des Jardins,** ou l'Art de les composer et de les décorer, par M. BOITARD. 1 vol. avec Atlas
de 140 planches.   15 fr.

— **Architecte des Monuments religieux,** ou
Traité d'Archéologie pratique, applicable à la restauration

et à la construction des Eglises, par M. Schmit. 1 gros vol. avec Atlas contenant 21 planches. **7 fr.**

— **Architecture**, voyez *Construction moderne, Maçon.*

— **Arithmétique démontrée**, par MM. Collin et Trémery. 1 vol. **2 fr. 50**

— **Arithmétique complémentaire**, ou Recueil de Problèmes nouveaux, par M. Trémery. 1 vol. **1 fr. 75**

— **Armurier**, Fourbisseur et Arquebusier, traitant de la fabrication des Armes à feu et des Armes blanches, par M. Paulin Désormeaux. 2 vol. avec planches. **6 fr.**

— **Arpentage**, ou Instruction élémentaire sur cet art et sur celui de lever les plans, par M. Lacroix, de l'Institut, MM. Hugard, géomètre, et Vasserot, avocat. 1 vol. avec figures. (*Autorisé par l'Université.*) **2 fr. 50**
On vend séparément les Modèles de Topographie, par Chartier. 1 planche coloriée. **1 fr.**

— **Art militaire**, ou Instructions pratiques à l'usage de toutes les armes de terre, par M. Vergnaud, colonel d'artillerie. 1 volume avec figures. **3 fr.**

— **Artificier** (Pyrotechnie civile), contenant l'Art de confectionner et de tirer les feux d'artifice, par A.-D. Vergnaud, colonel d'artillerie et P. Vergnaud, lieutenant-colonel. 1 vol. orné de fig. et accompagné d'une planche. **2 fr.**

— **Asphaltes et Bitumes**, voyez *Chaufournier.*

— **Aspirants** aux fonctions de Notaires, Greffiers, Avocats à la Cour de Cassation, Avoués, Huissiers, et Commissaires-Priseurs, par M. Combes. 1 vol. **3 fr. 50**

— **Assolements, Jachère** et **Succession des Cultures**, par M. Victor Yvart, de l'Institut, et M. Victor Rendu, inspecteur de l'agriculture. 3 vol. **10 fr. 50**

— **Astronomie**, ou Traité élémentaire de cette science, trad. de l'anglais de W. Herschel, par M. A.-D. Vergnaud. 1 vol. orné de planches. **3 fr. 50**

— **Astronomie amusante**, Notions élémentaires sur l'Astronomie, par M. L. Tomlinson, traduit de l'anglais par A. D. Vergnaud. 1 vol. avec figures. **2 fr. 50**

— **Avocats**, voyez *Aspirants* aux fonctions d'avocats à la Cour de Cassation.

— **Avoués**, voyez *Aspirants* aux fonctions d'Avoués.

— **Ballons**, voyez *Aérostation.*

— **Bibliographie universelle**, par MM. F. Denis, P. Pincon et De Martonne. 3 gros vol. à 2 colonnes. **20 fr.**

— **Bibliothéconomie**, Arrangement, Conservation et

Administration des Bibliothèques, par L.-A. CONSTANTIN.
1 vol. orné de figures. 3 fr.

— **Bijoutier-Joaillier** et Sertisseur, traitant des Pierres précieuses, de la Nacre, des Perles, du Corail et du Jais, contenant l'Art de les tailler, de les sertir, de les monter, de les imiter, suivi de la description des principaux Ordres et la fabrication de leurs décorations, par MM. JULIA DE FONTENELLE, F. MALEPEYRE et A. ROMAIN. 1 vol. accompagné de planches. 3 fr.

— **Bijoutier-Orfèvre**, traitant des Métaux précieux, de leurs Alliages, des divers modes d'Essai et d'Affinage, du Titre et des Poinçons de garantie de l'Or et de l'Argent, des divers travaux d'Orfèvrerie en or, en argent et en plaqué, du Niellage et de l'Émaillage des Métaux précieux, de la Bijouterie en vrai et en faux, de la fabrication des bijoux de fantaisie, en fer, en acier, en aluminium, etc., par J. DE FONTENELLE, F. MALEPEYRE et A. ROMAIN. 2 vol. avec fig. et planches. 6 fr.

— **Biographie**, ou Dictionnaire historique abrégé des grands hommes, par M. NOEL, ancien inspecteur-général des études. 2 volumes. 6 fr.

— **Blanchiment et Blanchissage**, Nettoyage et Dégraissage des fils de lin, coton, laine, soie, etc., par MM. J. DE FONTENELLE et ROUGET DE LISLE. 2 vol. avec fig. 6 fr.

— **Boissons économiques**, voyez *Vins de Fruits*.

— **Boissons gazeuses**, voyez *Eaux Gazeuses*.

— **Bonnetier et Fabricant de bas**, renfermant les procédés à suivre pour exécuter, sur le métier et à l'aiguille les divers tissus à maille, par MM. LEBLANC et PREAUX-CALTOT. 1 vol. avec planches. 3 fr.

— **Botanique**, Partie élémentaire, par M. BOITARD. 1 vol avec planches. 3 fr. 50

ATLAS DE BOTANIQUE pour la partie élémentaire. 1 vol. in-8 renfermant 36 planches. 6 fr.

— **Bottier et Cordonnier.** (*En préparation.*)

— **Boucher**, voyez *Charcutier*.

TABLEAU FIGURATIF DES DIVERSES QUALITÉS DE LA VIANDE DE BOUCHERIE, in-plano colorié. 1 fr.

— **Boucherie Taxée**, ou Code des Vendeurs et des Acheteurs de Viande, suivi d'un Barème pour l'application du prix à la pesée, par un MAGISTRAT. 1 vol. 1 fr. 50

— **Bougies stéariques et Bougies de paraffine**, traitant de la fabrication des Acides gras concrets, de l'Acide oléique, de la Glycérine, etc., par M. F. MALEPEYRE. 2 vol. accompagnés de planches. 7 fr.

— **Boulanger**, ou Traité pratique de la Panification

française et étrangère, contenant la connaissance des farines, les moyens de reconnaître leur mélange et leur altération, les principes de la Boulangerie, la construction des pétrins et des fours, la fabrication de toute espèce de pains et de biscuits, par J. FONTENELLE et F. MALEPEYRE. Nouvelle édition entièrement refondue et mise au courant de l'état actuel de cette industrie, par SCHIELD-TREHERNE. 1 vol. orné de 97 figures dans le texte   4 fr.

Bourrelier et Sellier, contenant la fabrication des harnais de toute sorte pour les chevaux d'attelage et de selle, ainsi que la garniture des voitures, par M. LEBRUN. 1 vol. orné de figures. (*En préparation.*)

— **Bourse et ses Spéculations** mises à la portée de tout le monde, par M. BOYARD. 1 vol.   2 fr. 50

— **Bouvier.** (*En préparation.*)

— **Brasseur,** ou l'Art de faire toutes sortes de Bières françaises et étrangères, par F. MALEPEYRE. Nouvelle édition, entièrement revue et complétée par SCHIELD-TREHERNE, 2 gros vol. accompagnés d'un Atlas de 14 pl. 8 fr.

— **Briquetier, Tuilier,** Fabricant de Carreaux, de tuyaux de Drainage et de Creusets réfractaires, contenant la fabrication de ces matériaux à la main et à la mécanique, et la description des fours et appareils actuellement usités dans ces industries, par MM. F. MALEPEYRE et A. ROMAIN. 2 vol. accompagnés de planches.   6 fr.

— **Briquets, Allumettes chimiques,** soufrées, phosphorées, amorphes, etc., *Briquets électriques, Lumière électrique* et appareils qui la produisent, par MM. MAIGNE et A. BRANDELY. 1 vol. orné de figures.   3 fr.

— **Broderie,** ou Traité complet de cet Art, indiquant la manière de dessiner et d'exécuter toutes sortes de Broderies, ainsi que les Dentelles, la Tapisserie et d'autres ouvrages de Dames, par Mme CELNART. 1 vol. accompagné d'un Atlas de 40 planches. (*En préparation.*)

— **Bronzage des Métaux et du Plâtre,** par MM. DEBONLIEZ, MALEPEYRE, et LACOMBE. 1 vol. 1 fr. 25

— **Cadrans solaires, Gnomonique,** voyez *Mathématiques appliquées.*

— **Cadres** (Fabricant de), Passe-Partout, Châssis, Encadrements, suivi de la restauration des tableaux et du nettoyage des gravures, estampes, etc., par J. SAULO et DE SAINT-VICTOR. Édition entièrement refondue, par E.-E. STAHL. 1 vol. orné de 27 illustrations.   2 fr.

— **Calculateur,** ou COMPTES-FAITS utiles aux opéra-

tions industrielles, aux comptes d'inventaire, etc., par
M. Aug. TERRIÈRE. 1 gros vol.   3 fr. 50

— **Calendrier** (Théorie du) et Collection de tous les
calendriers des années passées, présentes et futures, par M.
FRANCŒUR, professeur a la Faculté des sciences. 1 vol. (*En
préparation*).

— **Calligraphie**, ou l'Art d'écrire en peu de leçons,
d'après la méthode de CARSTAIRS. 1 Atlas in-8 obl.   1 fr.

— **Canotier**, ou Traité universel et raisonné de cet
Art, par UN LOUP D'EAU DOUCE. 1 vol. orné de fig. 1 fr. 75

— **Caoutchouc, Gutta-percha, Gomme lacuce**
Tissus imperméables, Toiles cirées et gommées, par M.
MAIGNE. 2 vol. accompagnés de planches.   5 fr.

— **Capitaliste**, contenant la pratique de l'escompte et
des comptes-courants, d'après la méthode nouvelle, par
M. TERRIÈRE, employé à la trésorerie générale de la couronne. 1 gros vol.   3 fr. 50.

— **Carrier**, voyez *Chaufournier, Mines, Sondeur*.

— **Cartes à jouer** (Fabrication des), voyez *Graveur*.

— **Cartes Geographiques** (Construction et Dessin
des), par M. PERROT. 1 vol. orné de planches.   2 fr. 50

— **Cartonnier**, Cartier et Fabricant de Cartonnages,
par M. LEBRUN. 1 vol. orné de figures. *En préparation*.)

— **100 Entremets**, par Auguste COLOMBIÉ. 1 vol. in-
18 jésus, cartonné. (Voir nouvelle Collection, p. 3).   2 fr.

— **Chamoiseur, Maroquinier, Mégissier, Teinturier en peaux, Fabricant de Cuirs vernis,
Parcheminier et Gantier**, traitant de l'outillage à la
main, des machines nouvelles, et des procédés les plus récents en usage dans ces diverses industries, par MM. JULIA-
FONTENELLE, MAIGNE et VILLON. 1 vol. avec fig.   3 fr. 50

— **Chandelier et Cirier**, contenant toutes les opérations usitées dans ces industries, par MM. SÉB. LENORMAND
et F. MALEPEYRE. 2 vol. accompagnés de planches.   6 fr.

— **Chapeaux** (Fabricant de) en tous genres, tels que
Chapeaux de soie, de feutre, de poils, de plumes et de
paille, par MM. CLUZ. F. et JULIA DE FONTENELLE. 1 vol.
orné de planches.   3 fr.

— **Charcutier, Boucher et Équarrisseur**, contenant l'élevage et l'engraissement du Porc et de la Truie,
l'Art de préparer et de conserver les différentes parties du
Cochon, les maniements et le Dépeçage du Bœuf, de la
Vache, du Taureau, du Veau, du Mouton et du Cheval, et
traitant de l'utilisation des débris, par MM. LEBRUN et
MAIGNE. 1 vol. avec figures et planches.   2 fr. 50

On vend séparément :
TABLEAU DES QUALITÉS DE VIANDE, in plano col.   1 fr.

— **Charpentier,** ou Traité complet et simplifié de cet Art, traitant de la Charpente en bois et en fer et de la Manipulation des diverses pièces de Charpente, par MM. Hanus, Biston, Boutereau et Gauché. 2 vol. accompagnés d'un Atlas de 22 planches.   7 fr.

— **Charron-Forgeron,** traitant de l'Atelier, de l'Outillage, des Matériaux mis en œuvre par le Charron, du Travail de la forge, de la Construction du gros et du petit matériel, etc., par M. G. Marin-Darbel. 1 vol. orné de nombreuses figures et accompagné de planches.   3 fr. 50

— **Chasselas,** sa culture à Fontainebleau, par un Vigneron des environs. 1 vol. avec fig. *En préparation.)*

— **Chasseur,** ou Traité général de toutes les chasses à courre et à tir, suivi d'un Vocabulaire des termes de Chasse et de la Législation, par MM. de Mersan, Boyard et Robert. 1 vol. contenant la musique des principales fanfares.   3 fr.

— **Chaudronnier et Tôlier,** contenant l'Art de travailler au marteau le cuivre, la tôle et le fer-blanc, ainsi que les travaux d'Estampage et d'Étampage, par MM. Jullien, Valério et Casalonga, ingénieurs civils. 1 vol. et 1 Atlas in-18 de 20 planches.   5 fr.

— **Chauffage et Ventilation** des Bâtiments publics et privés, au moyen de l'air chaud, de l'eau chaude et de la vapeur. Chauffage des Bains, des Serres, des Vins, et des Vagons de chemins de fer, par M. A. Romain. 1 vol. accompagné de planches et orné de figures.   3 fr.

— **Chaufournier, Plâtrier, Carrier et Bitumier,** contenant l'exploitation des Carrières et la fabrication du Plâtre, des différentes Chaux, des Ciments, Mortiers, Bétons, Bitumes, Asphaltes, etc., par MM. D. Magnier et A. Romain. Nouvelle édition. 1 vol. accompagné de planches.   3 fr. 50

— **Chaussures (Imperméabilisation des),** voyez *Encres.*

— **Chemins de Fer,** contenant des études comparatives sur les divers systèmes de la voie et du matériel, le Formulaire des charges et conditions pour l'établissement des travaux, etc., par M. E. With. 2 vol. avec atlas   7 fr.

— **Cheval (Education et dressage du)** monté et attelé, traitant de son hygiène et des remèdes qui lui conviennent, par M. de Montigny. 1 vol. avec planches.   3 fr.

— **Chimie Agricole,** par MM. Davy et Vergnaud. 1 vol. orné de figures.   3 fr. 50

— **Chimie analytique,** contenant des notions sur les

manipulations chimiques, les éléments d'analyse inorganique, qualitative et quantitative, et des principes de chimie organique, par MM. WILL, F. VŒHLER, J. LIEBIG et MALEPEYRE. 2 vol. ornés de planches et de tableaux. 5 fr.

— **Chimie appliquée**, voyez *Produits chimiques*.

— **Chirurgie**, voyez *Médecine, Instruments de chirurgie*.

— **Chocolatier**, voyez *Confiseur et Chocolatier*.

— **Cidre et Poiré** (Fabricant de), traitant de la Culture et de la Greffe des meilleures variétés de fruits propres à faire le Cidre et le Poiré, ainsi que des Méthodes nouvelles et des Appareils perfectionnés employés dans cette industrie, par MM. DUBIEF, F. MALEPEYRE et le Comte DE VALICOURT. 1 vol. orné de figures.   3 fr.

— **Cirage**, voyez *Encres, Papetier-régleur*.

— **Cire à cacheter** (Fabrication de la), voyez *Papetier-régleur, Papiers de Fantaisie*.

— **Ciseleur**, contenant la description des procédés de l'Art de ciseler et repousser tous les métaux ductiles, bijouterie, orfèvrerie, armures, bronzes, etc., par M. Jean GARNIER, ciseleur-sculpteur. 1 v. orné de fig. (*En préparation.*)

— **Clichage** en matière et galvanique, voyez *Graveur*.

— **Coiffeur**, contenant l'Art de se coiffer soi-même par M. VILLARET. 1 vol. orné de figures.   2 fr. 50

— **Colles** (Fabrication de toutes sortes de), comprenant celles de matières végétales, animales et composées, par M. MALEPEYRE. 1 vol. orné de planches (*En préparation.*)

— **Coloriste**, contenant le mélange et l'emploi des Couleurs, ainsi que l'Enluminure, le Lavis, le coloriage à la main et au patron, etc., par MM. PERROT, BLANCHARD, THILLAYE et VERGNAUD. 1 vol. (*En préparation.*)

— **Commerce, Banque et Change**, contenant tout ce qui est relatif aux effets de Commerce, à la tenue des livres, à la comptabilité, à la bourse, aux emprunts, etc., par M. GALLAS, suivi de la MÉTHODE NOUVELLE POUR LE CALCUL DES INTÉRÊTS A TOUS LES TAUX, par M. PIJON. 2 vol. 6 fr.

— **Commissaires-Priseurs**, voyez *Aspirants* aux fonctions de Commissaires-Priseurs.

— **Compagnie** (Bonne), ou Guide de la Politesse et de la Bienséance, par madame CELNART. 1 vol.   1 fr. 75

— **Comptes-Faits**, voyez *Calculateur, Capitaliste, Poids et Mesures (Barème des)*.

— **Confiseur et Chocolatier**, contenant les derniers perfectionnements apportés à ces Arts, par MM. CARDELLI et LIONNET-CLÉMANDOT. Nouvelle édition complète-

ment refondue par M. A. M. Villon, ingénieur-chimiste.
1 vol. avec nombreuses illustrations.   4 fr.

— **Conserves alimentaires**, voyez *Alimentation*.

— **Construction moderne** (La), ou Traité de l'Art
de bâtir avec solidité, économie et durée, comprenant la
Construction, l'histoire de l'Architecture et l'Ornementation des édifices, par M. Bataille, architecte, ancien professeur. 1 vol. et Atlas grand in-8° de 44 planches.   15 fr.

— **Constructions agricoles,** traitant des matériaux
et de leur emploi dans les Constructions destinées au lo-
gement des Cultivateurs, des Animaux et des Produits
agricoles dans les petites, les moyennes et les grandes ex-
ploitations, par M. G. Heuzé, inspecteur de l'agriculture.
1 vol. accompagné d'un Atlas de 16 pl. grand in-8°.   7 fr.

— **Contre-Poisons**, ou Traitement des individus
empoisonnés, asphyxiés, noyés ou mordus, par M. le Docteur H. Chaussier. 1 vol.   2 fr. 50

— **Contributions Directes**, Guide des Contribua-
bles, par M. Boyard. 1 vol. *(En préparation.)*

— **Cordier**, contenant la culture des Plantes textiles,
l'extraction de la Filasse, et la fabrication de toutes sortes
de cordes, par M. Boitard. 1 vol. orné de fig. *(En préparation.)*

— **Cordon bleu** (le), nouvelle Cuisinière bourgeoise,
par Mlle Marguerite. 14e édition. 1 vol. in-18 jésus, orné
de figures dans le texte. *(En préparation.)*

— **Correspondance Commerciale**, contenant les
Termes de commerce, les Modèles et Formules épistolai-
res et de comptabilité, etc., par MM. Rees-Lestienne et
Trémery. 1 vol. *(En préparation.)*

— **Corroyeur**, voyez *Tanneur*.

— **Couleurs** (Fabricant de) à l'huile et à l'eau, Laques,
Couleurs hygiéniques, Couleurs fines, etc., par MM. Riffault, Vergnaud, Toussaint et Malepeyre. 2 volumes
accompagnés de planches.   7 fr.

— **Couleurs vitrifiables et Emaux**, voyez *Peinture sur Verre, sur Porcelaine et sur Email*.

— **Coupe des Pierres**, contenant des notions de
Géométrie élémentaire et descriptive, ainsi que l'art du
Trait appliqué à la Stéréotomie, par MM. Toussaint et
H. M.-M., architectes. 1 vol. avec Atlas.   5 fr.

— **Coutelier**, ou l'Art de faire tous les Ouvrages de
Coutellerie, par M. Landrin, ingénieur civil. 1 vol. *(En préparation.)*

— **Couvreur**, voyez *Plombier.*

— **Crustacés** (Hist. natur. des), par MM. Bosc et Des-
MAREST, etc. 2 vol. ornés de planches.   6 fr.

— **Cuirs vernis**, voyez *Chamoiseur.*

— **Cuisinier et Cuisinière.** (*En préparation.*)

— **Cultivateur Forestier**, contenant l'Art de cultiver en forêts tous les Arbres indigènes et exotiques, par
M. BOITARD. 2 vol.   5 fr.

— **Cultivateur Français**, ou l'Art de bien cultiver
les Terres et d'en retirer un grand profit, par M. THIÉBAUT
de BERNEAUD. 2 vol. ornés de figures.   5 fr.

— **Dames**, ou l'Art de l'Élégance, traitant des Objets
de toilette, d'ameublement et de voyage qui conviennent
aux Dames, par madame CELNART. 1 vol.   3 fr.

— **Danse**, ou Traité théorique et pratique de cet Art,
contenant toutes les *Danses de Société* et la Théorie de la
Danse théâtrale, par BLASIS et LEMAITRE 1 vol.   1 fr. 25

— **Décorateur-Ornementiste.** (*En préparation.*)

— **Dentelles**, V. *Broderie.*

— **Dessin Linéaire**, par M. ALLAIN, entrepreneur de
travaux publics. 1 vol. avec Atlas de 20 planches.   5 fr.

— **Dessinateur**, ou Traité complet du Dessin, par
M. BOUTEREAU, professeur. 1 volume accompagné d'un
Atlas de 20 planches, dont quelques-unes coloriées.   5 fr.

— **Distillateur-Liquoriste**, contenant les Formules
des Liqueurs les plus répandues, les parfums, substances
colorantes, etc., par MM. LEBEAUD, JULIA DE FONTENELLE
et MALEPEYRE. 1 gros volume.   3 fr. 50

— **Distillation des Grains et des Mélasses**, par
MM. F. MALEPEYRE et ALB. LARBALÉTRIER. 1 vol accompagné d'un Atlas de 9 planches in-8°.   5 fr.

— **Distillation des Pommes de terre et des
Betteraves**, par MM. HOURIER et MALEPEYRE. 1 vol. accompagné de planches. (*En préparation.*)

— **Distillation des Vins**, des Marcs, des Moûts, des
Fruits, des Cidres, etc., par M. F MALEPEYRE. Nouvelle
édition revue, corrigée et considérablement augmentée par
M. Raymond BRUNET, ingénieur-agronome. 1 vol.   3 fr.

— **Domestiques**, ou l'Art de former de bons servi-
teurs ; Conseils aux Cuisinières, Valets et Femmes de chambre, Bonnes d'enfants et Cochers, par madame CELNART.
1 vol.   2 fr. 50

— **Dorure, Argenture, Nickelage, Platinage
sur Métaux**, au feu, au trempé, à la feuille, au pinceau,
au pouce et par la méthode électro-métallurgique, traitant

de l'application à l'Horlogerie de la dorure et de l'argenture galvaniques, et de la coloration des Métaux par les oxydes métalliques et l'Electricité, par MM. MATHEY, MAIGNE et A. VILLON. 1 vol. orné de figures. 3 fr. 50

— **Dorure sur bois** a l'eau et à la mixtion, par les procédés anciens et nouveaux, traitant des Peintures laquées sur Meubles et sur Sièges, par M. SAULO. 1 vol. 1 fr. 50

— **Drainage simplifié**, mis à la portée des Campagnes, suivi de la législation relative au Drainage, par M. DE LA HODDE. 1 petit vol. orné de fig. 90 c.

— **Draps** (Fabricant de), voyez *Tissus*.

— **Eaux et Boissons Gazeuses**, ou Description des méthodes et des appareils les plus usités dans cette industrie, le bouchage des bouteilles et des siphons, la Gazéification des Vins, Bieres et Cidres, etc. Nouv. édit. augmentée des Boissons angl. et améric., par L. GASQUET, Ingénieur des Arts et Manufactures, et JARRE, Ingénieur. 1 vol. orné de 140 fig. dans le texte. 4 fr.

— **Eaux-de-Vie (Negociant en)**, Liquoriste, Marchand de Vins et Distillateur, par MM. RAVON et MALEPEYRE. Nouvelle édition revue, corrigée et augmentée par RAYMOND BRUNET, ingénieur-agronome. 1 vol. 1 fr.

— **Ebeniste et Tabletier**, traitant des Bois, de leur Teinture et de leur Apprêt, de l'Outillage, du Débitage des bois de placage, de la fabrication et de la réparation des Meubles de tout genre et du travail de la Tabletterie, par MM. NOSBAN et MAIGNE. 1 vol orné de figures et accompagné de planches. 3 fr. 50

— **Economie domestique**, V. *Maitresse de Maison*.

— **Electricité atmosphérique**, ou Instructions pour établir les Paratonnerres et les Paragrêles, par M. RIFFAULT. 1 vol. avec planche. 2 fr 50

— **Electricité médicale**, ou Eléments d'Electro-Biologie, suivi d'un Traité sur la Vision, par M. SMEE, traduit par M. MAGNIER. 1 vol. orné de figures 3 fr.

— **Elements culinaires** (les) à l'usage des jeunes filles, par Auguste COLOMBIÉ. 1 vol. in-18 jésus, cartonné (Voir nouvelle Collection, page 3). 3 fr.

*— **de l'Eleveur de Faisans**, par H.-L.-Alph. BLANCHON. 1 vol. in-18 jésus, orné de 31 figures dans le texte (Voir nouvelle Collection, page 3). 2 fr.

*— **de l'Eleveur de Lapins**, par WILLEMIN. 1 vol. in-18 jésus, orné de 24 figures dans le texte (Voir nouvelle Collection, page 3). 2 fr. 50

*— **de l'Eleveur de Pigeons**, par H.-L.-Alph. BLAN-

CHON. 1 vol. in-18 jésus, orné de 44 figures dans le texte
(Voir nouvelle Collection, page 3)   3 fr.

— de l'Eleveur de Poules, par H.-L.-Alph. BLAN-
CHON. 1 vol. in-18 jésus, orné de 67 figures dans le texte
(Voir nouvelle Collection, page 3).   3 fr.

— Encres (Fabricant d') de toute sorte, telles que
Encres d'écriture, Encres à copier, Encres d'impression typographique, lithographique et de taille douce, Encres de couleurs, Encres sympathiques, etc., suivi de la *Fabrication
des Cirages* et de l'*Imperméabilisation des Chaussures*, par
MM. de CHAMPOUR, F. MALEPEYRE et A. VILLON. 1 v. 3 fr. 50

— Engrais (FABRICATION ET APPLICATION DES) animaux,
végétaux et minéraux et des Engrais chimiques, ou Traité
théorique et pratique de la nutrition des plantes, par MM.
Eug. et Henri LANDRIN et M. Alb. LARBALÉTRIER. 1 vol.
orné de figures.   3 fr.

— Engrenages, voyez *Filature du Coton*.

— Entomologie élémentaire, ou Entretiens sur
les Insectes en général, mis à la portée de la jeunesse, par
M. BOYER DE FONSCOLOMBE. 1 gros vol.   3 fr.

— Epistolaire (Style), Choix de lettres puisées dans
nos meilleurs auteurs et Instructions sur le Style, par M.
BISCARRAT et Mme la comtesse d'HAUTPOUL. 1 vol.   2 fr. 50

— Equarrisseur, voyez *Charcutier*.

— Equitation, traitant du manège civil, du manége
militaire, de l'Equitation des Dames, etc., par MM. VER-
GNAUD et d'ATTANOUX. 1 vol. orné de figures.   3 fr.

— Escaliers en Bois (Construction des), traitant de
la manipulation et du posage des Escaliers à une ou plusieurs rampes, de tous les modèles et s'adaptant à toutes
les constructions, par M. BOUTEREAU. 1 vol. et Atlas grand
in-8° de 20 planches gravées sur acier.   5 fr.

— Escrime, ou Traité de l'Art de faire des armes, par
M. LAFAUGÈRE. 1 vol. orné de figures.   2 fr. 50

— Etat Civil (Officier de l'), traitant de la Tenue des
Registres et de la Rédaction des Actes, par M. LEMOLT.
1 vol.   2 fr. 50

— Etoffes imprimées et Papiers peints (Fabricant d') traitant de l'Impression des Etoffes de coton, de
lin, de laine, de soie, et des Papiers destinés à l'Ameublement et à la Décoration des appartements, par MM. SÉB.
LENORMAND et VERGNAUD. 1 v. avec planch. (*En préparation*)

— Falsifications des Drogues simples ou composées, moyens de les reconnaître, par M. PÉDRONI, chimiste.
1 vol. avec planche.   2 fr. 50

— **Ferblantier-Lampiste,** ou Art de confectionner tous les Ustensiles en fer-blanc, de les souder, de les réparer, etc., suivi de la fabrication des Lampes et des Appareils d'éclairage, par MM. LEBRUN, MALEPEYRE et A. ROMAIN. 1 vol. orné de fig. et accompagné de planches. 3 f. 50

— **Fermier,** ou l'Agriculture simplifiée et mise à la portée de tout le monde, par M. DE LÉPINOIS. 1 vol. 2 fr. 5"

— **Fermière** (Bonne), voyez *Habitants de la Campagne.*

— **Filature du Chanvre, de l'Etoupe et du Lin,** voyez page 36.

— **Filature du Coton,** contenant la description des Métiers à filer le coton, diverses formules pour apprécier la résistance des Appareils mécaniques, et un Traité des engrenages, par M. DRAPIER. 1 vol. avec planches. (*En préparation.*)

— **Fleuriste artificiel et Feuillagiste,** ou l'Art d'imiter toute espèce de Fleurs, de Feuillage et de Fruits. 1 vol. orné de figures. (*En préparation.*)

On peut se procurer des *modèles coloriés,* dessinés d'après nature, par REDOUTÉ. La planche : 1 fr.

— **Fondeur,** traitant de la Fonderie du fer, de l'acier, du cuivre, du bronze et du laiton, de la fonte des statues, des cloches, etc., par MM. A. GILLOT et L. LOCKERT, ingénieurs. 2 vol. accompagnés de 8 planches. 7 fr.

— **Fontainier,** voy. *Mécanicien-Fontainier, Sondeur.*

— **Forestier praticien** (le) et Guide des Gardes Champêtres, traitant de la Conservation des Semis, de l'Aménagement, de l'Exploitation, etc., etc., des Forêts, par MM. CRINON et VASSEROT. 1 vol. 1 fr. 25

— **Forgeron, Maréchal, Taillandier,** voyez *Charron, Machines-Outils, Serrurier.*

— **Forges** (Maître de), ou Traité théorique et pratique de l'Art de travailler le fer, la fonte et l'acier, par M. LANDRIN. 2 vol. accompagnés de planches. 6 fr.

— **Galvanoplastie,** ou Traité complet des Manipulations électro-métallurgiques, contenant tous les procédés les plus récents et les plus usités, par M. A. BRANDELY ingénieur. 2 vol. ornés de vignettes. 6 fr.

— **Gants** (Fabricant de), voyez *Chamoiseur.*

— **Gardes Champêtres, Gardes Forestiers, Gardes-Pêche, et Gardes-Chasse,** par M. BOYARD, ancien président à la Cour d'Orléans, M. VASSEROT, an-

cien sous-préfet, M. V. Emion et M. L. Crevat, juges de
paix, 1 vol.   2 fr. 50
— **Gardes-Malades,** et personnes qui veulent se soi-
gner elles-mêmes, par M. le docteur Morin. 1 vol. 2 fr. 50
— **Gaz** (Appareilleur a), voyez *Plombier.*
— **Gaz** (Eclairage et Chauffage au), ou Traité élémentaire et pratique destiné aux Ingénieurs, aux Directeurs
et aux Contre-Maîtres d'Usines à Gaz, mis à la portée de
tout le monde, suivi d'un *Aide-Mémoire de l'Ingénieur-
Gazier,* par M. D. Magnier, ingénieur-gazier. Nouvelle édition corrigée, augmentée et entièrement refondue, par E.
Bancelin, ancien élève de l'Ecole polytechnique, ancien sous-
régisseur d'usine de la Cⁱᵉ Parisienne du Gaz. 2 vol. ornés
de 322 figures dans le texte.   8 fr.
On a extrait de ce Manuel l'ouvrage suivant :
Aide-Mémoire de l'Ingénieur-Gazier, contenant les Notions et les Formules nécessaires aux personnes qui s'occu-
pent de la Fabrication et de l'Emploi du Gaz. Br. in-18. 75 c.
— **Géographie de la France,** divisée par bassins,
par M. Loriol (*Autorisé par l'Université*). 1 vol. 2 fr. 50
— **Géographie physique,** ou Introduction à l'étude
de la Géologie, par M. Huot. 1 vol.   3 fr.
— **Geologie,** ou Traité élémentaire de cette science,
par MM. Huot et d'Orbigny. 1 vol. orné de planches. 3 fr.
— **Glaces** (Fabrication des, voyez *Verrier.*
— **Glacier,** voyez *Limonadier.*
— **Glycérine** (Fab. de la), voyez *Bougies stéariques.*
— **Gouache,** voyez *Peinture à l'Aquarelle.*
— **Gourmands,** ou l'Art de faire les honneurs de sa
table, par Cardelli. 1 vol.   3 fr.
— **Graveur,** ou Traité complet de la Gravure en
creux et en relief, Eau-forte, Taille douce, Héliogravure,
Gravure sur bois et sur métal, Photogravure, Similigra-
vure, Procédés divers, Clichage des gravures en plomb et
en galvanoplastie, Fabrication des Cartes à jouer, Gravure
de la musique, etc., par M. Villon. 2 volumes ornés de
figures.   6 fr.
— **Greffes** (Monographie des), ou Description des diverses sortes de Greffes employées pour la multiplication
des végétaux, par M. Thouin, de l'Institut, etc. 1 vol. orné
de 8 planches.   2 fr. 50
— **Greffiers,** voyez *Aspirants* aux fonctions de Greffier.
— **Grillages,** voyez *Treillageur. 2ᵉ partie.*
— **Gutta-Percha,** voyez *Caoutchouc.*
— **Gymnastique,** par M. le colonel Amoros. (*Ouvrage*

couronné par l'Institut, admis par l'Université, etc.)
2 vol. et Atlas. 10 fr. 50

— Habitants de la Campagne et Bonne Fermière,
contenant tous les moyens de faire valoir, de la manière
la plus profitable, les terres, le bétail, les récoltes, etc., par
Madame CELNART, 1 vol. 2 fr. 50

— Histoire naturelle médicale et de Pharmacographie, ou Tableau des Produits que la Médecine
et les Arts empruntent à l'Histoire naturelle, par M. LESSON, ancien pharmacien de la marine à Rochefort. 2 volumes. 5 fr.

— Horloger, comprenant la Construction détaillée de
l'Horlogerie ordinaire et de précision, et, en général, de
toutes les machines propres à mesurer le temps ; par
LENORMAND, JANVIER et MAGNIER, revu par L. S.-T. Nouvelle édition entièrement refondue et augmentée de l'Horlogerie Électrique, l'Horlogerie Pneumatique et la Boîte à
Musique, par E. STAHL. 2 vol. accompagnés d'un Atlas de
15 planches. 7 fr.

— Horloger-Rhabilleur, traitant du rhabillage et
du réglage des Montres et des Pendules, augmenté de :
Corrélation du Pendule au rochet avec le levier
de la Force motrice. Étude mécanique appliquée à l'Horlogerie, par M. J.-E. PERSEGOL. 1 vol. orné de figures et
planches. 2 fr. 50
On vend séparément :
CORRÉLATION DU PENDULE AU ROCHET. 50 c.

— Huiles minérales, leur Fabrication et leur Emploi
à l'Éclairage et au Chauffage, par M. D. MAGNIER, ingénieur. 1 vol. accompagné de planches. 3 fr. 50

— Huiles végétales et animales (Fabricant et
Épurateur d'), comprenant la Fabrication des Huiles et les
méthodes les plus usuelles de les essayer et de reconnaître
leur sophistication, par MM. J. DE FONTENELLE, F. MALEPEYRE et AD. DALICAN. 2 vol. avec 8 planches. 6 fr.

— Huissiers, voy. *Aspirants* aux fonctions d'Huissiers.

— Hydroscope, voyez *Sondeur.*

— Hygiène, ou l'Art de conserver sa santé, par le
docteur MORIN. 1 vol. 3 fr.

— Imperméabilisation, voyez *Caoutchouc.*

— Indiennes (Fabricant d'), renfermant les Impressions des Laines, des Châles et des Soies, par MM. THILLAYE et VERGNAUD. 1 vol. accompagné de planches. 3 fr. 50

— Instruments de Chirurgie (Fabricant d'), Traité
de la fabrication et de l'emploi des Instruments employés

dans les opérations chirurgicales, par M. H.-C. LANDRIN. 1 gros vol. avec planches. 3 fr. 50

— **Irrigations et assainissement des Terres,** ou Traité de l'emploi des Eaux en agriculture, par M. le Marquis DE PARETO, 3 vol. accompagnés de deux Atlas composés de 40 planches in-folio et de tableaux. 18 fr.

— **Ivoirier,** voyez *Marqueteur*.

*— **de Jardinage et d'Horticulture,** par Albert MAUMENÉ, Professeur d'horticulture, Diplômé de l'École d'arboriculture de Paris, Lauréat des Cours d'horticulture et Boursier du département de la Seine; avec la collaboration de Claude TRÉBIGNAUD, arboriculteur. 1 vol. in-18 jésus orné de 275 figures dans le texte. (Voir nouvelle Collection, page 3). 6 fr.

— **Jaugeage,** voyez *Tonnelier*.

— **Jeunes gens,** ou Sciences, Arts et Récréations qui leur conviennent, et dont ils peuvent s'occuper avec agrément et utilité, par M. VERGNAUD. 2 vol. ornés de fig. 6 fr.

— **Jeux d'Adresse et d'Agilité,** contenant les Jeux et les Récréations d'intérieur et en plein air, à l'usage des enfants, des jeunes gens et des jeunes filles de tout âge, et des grandes personnes, par M. DUMONT. 1 vol. orné de figures. 3 fr.

— **Jeux de Calcul et de Hasard,** ou nouvelle Académie des Jeux, comprenant les Jeux de Dés, de Roulette, de Trictrac, de Dames, d'Échecs, de Billard, etc., par M. LEBRUN. 1 vol. *En préparation*.

— **Jeux de Cartes,** tels que l'Écarté, le Piquet, le Whist, la Bouillotte, le Bésigue, le Trente et un, le Baccarat, le Lansquenet, etc. 1 vol. (*En préparation*).

— **Jeux de Société,** renfermant les Rondes enfantines, les Jeux innocents, les Pénitences, les Jeux d'esprit, les Jeux de Salon les plus en usage dans les réunions intimes, par Madame CELNART. 1 vol. 2 fr. 50

— **Justices de Paix,** ou Traité des Compétences et Attributions tant anciennes que nouvelles, en toutes matières, par M. BIRET, ancien magistrat. 1 vol. 3 fr. 50

— **Laiterie,** ou Traité de toutes les méthodes en usage pour traiter et conserver le Lait, faire le Beurre, confectionner les Fromages français et étrangers, et reconnaître les Falsifications de ces substances alimentaires, **par M. MAIGNE.** 1 vol. orné de figures. 3 fr.

— **Lampiste,** voyez *Ferblantier*.

— **Langage** (Pureté du), par M. BLONDIN. 1 vol. 1 fr. 50

3.

— **Langage** (Pureté du), par MM. Biscarrat et Boniface. 1 vol. 2 fr. 50

— **Levure** (Fabricant de), traitant de sa composition chimique, de sa production et de son emploi dans l'industrie, principalement dans la Brasserie, la Distillation, la Boulangerie, la Pâtisserie, l'Amidonnerie, la Papeterie, par M. F. Malepeyre. 1 vol. orné de figures. 2 fr. 50

— **Limonadier**, Glacier, Cafetier et Amateur de thés, contenant la fabrication de la Glace et des Boissons frappées ou rafraîchissantes, par MM. Chautard et Julia de Fontenelle. 1 vol. accompagné de planch. *(En préparation)*

— **Liqueurs**, voyez *Distillateur, Liquides.*

— **Lithographe** (Imprimeur et Dessinateur), traitant de l'Autographie, la Lithographie mécanique, la Chromolithographie, la Lithophotographie, la Zincographie, et des procédés nouveaux en usage dans cette industrie, par M. Villon. 2 volumes et Atlas in-18. 9 fr.

— **Liquides** (Amélioration des), tels que Vins, Vins mousseux, Alcools, Spiritueux, Vinaigres, etc., contenant les meilleures formules pour le coupage et l'imitation des Vins de tous les crus, des Liqueurs, des Sirops, des Vinaigres, etc., par M. Lebeuf. 1 vol. 3 fr.

— **Littérature** à l'usage des deux sexes, par madame d'Hautpoul. 1 vol. 1 fr. 75

— **Locomotion mécanique**, voyez *Vélocipédie.*

— **Lumière électrique**, voyez *Briquets.*

— **Luthier**, ou Traité de la construction des Instruments à cordes et à archet, tels que le Violon, l'Alto, le Violoncelle, la Contrebasse, la Guitare, la Mandoline, la Harpe, les Monocordes, la Vielle, etc., traitant de la Fabrication des Cordes harmoniques en boyau et en métal, par MM. Maugin et Maigne. Nouvelle édition suivie du mémoire sur la construction des instruments à cordes et à archet, par F. Savart. 1 vol. avec fig. et planch. 3 fr. 50

— **Machines à Vapeur** appliquées à la Marine, par M. Janvier. 1 vol. avec planches. 3 fr. 50

— **Machines Locomotives** (Constructeur de), par M. Jullien, ingénieur civil. 1 volume avec Atlas. 5 fr.

— **Machines-Outils** employées dans les usines et ateliers de construction, pour le Travail des Métaux, par M. Chrétien. 2 vol. et atlas de 16 pl. grand in-8°. 10 fr. 50

Le même ouvrage. 1 vol. in-8° jésus, renfermant l'Atlas. Voyez page 35. 12 fr.

— **Maçon, Stucateur, Carreleur et Paveur**, contenant l'emploi, dans ces industries, des matières calcaires et siliceuses, ainsi que la construction des Bâtiments de ville et de campagne, et les méthodes de Pavage expérimentées dans les grandes villes, par MM. TOUSSAINT, D. MAGNIER, G. PICAT et A. ROMAIN. 1 vol. orné de figures et accompagné de 7 planches.   3 fr. 50

— **Maires, Adjoints, Conseillers et Officiers municipaux,** rédigé *par ordre alphabétique*, par M. Ch. VASSEROT, ancien adjoint. 1 gros vol.   3 fr. 50

— **Maître d'Hôtel**, ou Traité complet des menus, mis à la portée de tout le monde, par M. CHEVRIER. 1 vol. orné de figures.   3 fr.

— **Maîtresse de Maison,** ou Conseils et Recettes sur l'Économie domestique, par M**mes PARISET et CELNART. 1 vol.   2 fr. 50

— **Mammalogie,** ou Histoire naturelle des Mammifères, par M. LESSON. 1 gros vol.   3 fr. 50

— **Marbrier, Constructeur et Propriétaire de maisons,** contenant des Notions pratiques sur les Marbres, ainsi que des Modèles de Monuments funèbres, de Cheminées, de Vases et d'Ornements de toute nature, par MM. B. et M. 1 vol. avec un Atlas de 20 planches.   7 fr.

— **Marine,** Gréement, manœuvre du Navire et Artillerie, par M. VERDIER. 2 vol. ornés de figures.   5 fr.

— **Maroquinier,** voyez *Chamoiseur*.

— **Marqueteur et Ivoirier,** traitant de la fabrication des meubles et des objets meublants en marqueterie et en incrustation, de la Tabletterie-Ivoirerie, du travail de l'Ivoire, de l'Os, de la Corne, de la Baleine, de la Nacre, de l'Ambre, etc., par MM. MAIGNE et ROBICHON. 1 vol. orné de figures.   3 fr. 50

— **Mathématiques appliquées,** Notions élémentaires sur les Lois du mouvement des corps solides, de l'Hydraulique, de l'Air, du Son, de la Lumière, des Levés de terrains et nivellement, du Tracé des Cadrans solaires, etc., par M. RICHARD. 1 vol. avec figures.   3 fr.

— **Mécanicien-Fontainier,** comprenant la Conduite et la Distribution des Eaux, le mesurage aux Compteurs et à la Jauge, la Filtration, la fabrication des Robinets, des Fontaines, des Bornes, des Bouches d'eau, des Garde-robes, etc., par MM. BISTON, JANVIER, MALEPEYRE et A. ROMAIN. 1 vol. avec figures et planches.   3 fr. 50

— **Mécanique,** ou Exposition élémentaire des lois de l'Équilibre et du Mouvement des Corps solides, par M. TERQUEM. 1 gros vol. orné de planches.   3 fr. 50

— **Mécanique appliquée à l'Industrie,** voyez *Technologie mécanique.*

— **Médecine et Chirurgie domestiques,** contenant les moyens les plus simples et les plus rationnels pour la guérison de toutes les maladies, par M. le docteur MORIN. 1 vol. *(En préparation.)*

— **Mégissier,** voyez *Chamoiseur.*

— **Menuisier en bâtiments, Layetier-Emballeur,** traitant des Bois employés dans la menuiserie, de l'Outillage, du Trait, de la construction des Escaliers, du Travail du Bois, etc., par MM. NOSBAN et MAIGNE. 2 vol. accompagnés de planches et ornés de figures.   6 fr.

— **Métaux** (Travail des), voyez *Machines-Outils, Tourneur, Charron, Chaudronnier, Ferblantier.*

— **Meunier.** *(En préparation.)*

— **Microscope** (Observateur au). Description du Microscope et ses diverses applications, par M. F. DUJARDIN, ancien professeur à la Faculté des Sciences de Rennes. 1 vol. avec At'as de 30 planches.   10 fr. 50

— **Minéralogie,** ou Tableau des Substances minérales, par M. HUOT. 2 vol. ornés de figures.   6 fr.
ATLAS DE MINÉRALOGIE, composé de 40 planches representant la plupart des Minéraux décrits dans l'ouvrage ci-dessus; fig. noires.   3 fr.

— **Mines (Exploitation des).**
2° *partie,* MÉTAUX PRÉCIEUX ET INDUSTRIELS, SOUFRE, SEL, DIAMANT, par M. L. KNAB, ingénieur. 1 vol. avec pl. 3 fr. 50

— **Miniature,** voyez *Peinture à l'Aquarelle.*

— **Morale,** ou Droits et Devoirs dans la Société. 1 volume.   75 c.

— **Morale** (La) de l'Enfance, par le vicomte DE MOREL-VINDÉ. 1 vol. in-18 cartonné.   1 fr.

— **Moraliste,** ou Pensées et Maximes instructives pour tous les âges de la vie, par M. TREMBLAY. 2 vol.   5 fr.

— **Mouleur,** ou Art de mouler en Plâtre, au Ciment à l'argile, à la cire, à la gélatine, traitant du Moulage du carton, du carton-pierre, du carton-cuir, du carton-toile, du bois, de l'écaille, de la corne, de la baleine, du celluloïd, etc., contenant le moulage et le clichage des médailles, par MM. LEBRUN, MAGNIER, ROBERT et DE VALICOURT. 1 vol. orné de figures.   3 fr. 50

— **Moutardier,** voyez *Vinaigrier.*

— **Musique simplifiée,** ou Grammaire élémentaire contenant les principes de cet Art, par M. LED'HUY. 1 vol. accompagné de musique.   1 fr. 50

— Musique Vocale et Instrumentale, ou Encyclopédie musicale, par M. CHORON, fondateur du Conservatoire de Musique classique et religieuse, et M. DE LAFAGE, professeur de chant et de composition.

— PREMIÈRE PARTIE : EXÉCUTION. Connaissances élémentaires. Sons, Notations, Instruments. 1 vol. et Atlas. (*En préparation.*)

— DEUXIÈME PARTIE : COMPOSITION. Mélodie et Harmonie. Contre-Point. Imitation, Instrumentation, Musique vocale et instrumentale d'Eglise, de Chambre et de Théâtre. 3 vol. et 3 Atlas. (*En préparation.*)

— TROISIÈME PARTIE : COMPLÉMENT OU ACCESSOIRE. Théorie physico-mathématique. Institutions. Histoire de la musique. Bibliographie. Résumé général. 2 volumes et Atlas.   10 fr. 50

SOLFÉGES, MÉTHODES

Méthode de Trompette et Trombone. » 75	Méthode de Guitare. 3 »
Méthode de Harpe. 3 50	— de Cor anglais 1 75

— Mythologies grecque, romaine, égyptienne, syrienne, africaine, etc., par M. DUBOIS. (*Ouvrage autorisé par l'Université.*) 1 vol.   2 fr. 50

— Naturaliste préparateur, 1re *partie :* Classification. Recherche des Objets d'histoire naturelle et leur emballage, Disposition et Conservation des Collections, par M. BOITARD. 1 vol. orné de figures.   3 fr.

— *Seconde partie :* Art de préparer et d'empailler les Animaux, de conserver les Végétaux et les Minéraux, de préparer les Pièces d'Anatomie normale et d'embaumer les corps, par MM. BOITARD et MAIGNE. 1 vol. orné de figures.   3 fr. 50

— Navigation, contenant la manière de se servir de l'Octant et du Sextant, les méthodes usuelles d'astronomie nautique, suivi d'un Supplément contenant les méthodes de calcul exigées des candidats au grade de Maître au cabotage, par M. GIQUEL, professeur d'hydrographie. 1 vol. accompagné d'une planche.   2 fr. 50

— Notaires, voyez *Aspirants* aux fonctions de Notaires.

— Numismatique ancienne, par M. A. DE BARTHÉLEMY, Membre de l'Institut. 1 gros vol. accompagné d'un Atlas renfermant 12 planches.   7 fr.

— Numismatique moderne et du moyen âge, par M. AD. BLANCHET. 3 vol. accompagnés d'un Atlas renfermant 14 planches.   15 fr.

— **Oiseaux (Eleveur d')**, ou Art de l'Oiselier, contenant la Description des principales espèces d'Oiseaux indigènes et exotiques susceptibles d'être élevés en captivité; leur nourriture, leur reproduction, leurs maladies, etc., par M. G. Schmitt. 1 vol.　　　　　1 fr. 75

— **Oiseleur**, ou Secrets anciens et modernes de la Chasse aux Oiseaux, traitant de la Fabrication et de l'emploi des Filets et des Pièges, par J. G. et Conrard. 1 vol. orné de planches et de 18 figures dans le texte. Nouvelle édition　　　　　3 fr. 50

— **Organiste**, 1re partie, contenant l'histoire de l'Orgue, sa description, la manière de le jouer, etc., par M. Georges Schmitt. 1 vol. avec fig. et musique.　　2 fr. 50

— **Organiste**, 2e partie, contenant l'expertise de l'Orgue, sa description, la manière de l'entretenir et de l'accorder soi-même, suivi de Procès-verbaux pour la réception des Orgues de toute espèce, par M. Charles Simon. 1 vol. orné de planches et de musique. *(En préparation.)*

— **Orgues** (Facteur d'), ou Traité théorique et pratique de l'Art de construire les Orgues, contenant le travail de Dom Bédos et les perfectionnements de la facture jusqu'à nos jours, par M. Hamel. 3 vol. avec Atlas in-folio. *(En préparation.)*

— **Ornementiste**, voyez *Décorateur*.

— **Ornithologie**, ou Description des genres et des principales espèces d'oiseaux, par M. Lesson. 2 vol.　7 fr.

Atlas d'Ornithologie, composé de 129 planches représentant la plupart des oiseaux décrits dans l'ouvrage ci-dessus. Figures noires.　　　　　10 fr.

— **Orthographiste**, ou Cours théorique et pratique d'Orthographe, par M. Thémery. 1 vol.　　2 fr. 50

— **Paléontologie**, ou des Lois de l'organisation des êtres vivants comparées a celles qu'ont suivies les Espèces fossiles et humatiles dans leur apparition successive; par M. Marcel de Serres, professeur a la Faculté des Sciences de Montpellier. 2 vol. avec Atlas.　　　　　7 fr.

— **Papetier et Régleur**, traitant de ces arts et de toutes les industries annexes du commerce de détail de la Papeterie, Encres, Cirages, etc., par MM. Julia Fontenelle et Poisson. 1 gros vol. avec planches.　　3 fr. 50

— **Papiers de Fantaisie** (Fabricant de), Papiers marbrés, jaspés, maroquinés, gaufrés, dorés, etc.; Peau d'âne factice, Papiers métalliques; Cire et Pains a cacheter, Crayons, etc., etc., par M. Fichtenberg. 1 vol. orné de modèles de papiers. *(En préparation.)*

— **Papiers peints**. voyez *Étoffes imprimées*.

— **Paraffine** (Fab. et Épuration de la), voyez *Bougies stéariques, Huiles minérales, Huiles végétales et animales*.

— **Parcheminier**. voyez *Chamoiseur*.

— **Parfumeur**, ou Traité complet de toutes les branches de la Parfumerie, contenant les procédés nouveaux, employés en France, en Angleterre et en Amérique, à l'usage des chimistes-fabricants et des ménages, par MM. PRADAL, F. MALEPEYRE, et A. VILLON. 2 vol. ornés de figures. Nouvelle édition corrigée, augmentée et entièrement refondue, par M. A.-M. VILLON, ingénieur-chimiste. 6 fr.

— **Patinage** et Récréations sur la Glace. par M. PAULIN-DÉSORMEAUX. 1 vol. orné de 4 planches. 1 fr. 25

— **Pâtes alimentaires**. voyez *Amidonnier*.

— **Pâtissier**. ou Traité complet et simplifié de Pâtisserie de ménage, de boutique et d'hôtel. par M. LEBLANC. 1 vol. orné de figures. 3 fr.

— **Paveur et Carreleur**, voyez *Maçon*.

— **Pêcheur**, ou Traité général de toutes les pêches *d'eau douce et de mer*, contenant l'histoire et la pêche des animaux fluviatiles et marins, les diverses pêches à la ligne et aux filets en rivière et en mer, etc. (*En préparation*.

— **Pêcheur-Praticien**. ou les Secrets et les Mystères de la Pêche à la ligne dévoilés. par M. LAMBERT. 1 vol. orné de vignettes et accompagné de planches. 1 fr. 50

— **Peintre d'histoire et Sculpteur**. ouvrage dans lequel on traite de la philosophie de l'Art et des moyens pratiques. par M. ARSENNE. peintre. 1 vol. 3 fr.

— **Peintre d'histoire naturelle**. contenant des notions générales sur le dessin, le clair-obscur, l'effet des couleurs naturelles et artificielles. les divers genres de peintures, etc., par M. DUMÉNIL. 1 vol. orné de teintes. 3 fr.

— **Peintre en Bâtiments**, Vernisseur et Vitrier, traitant de l'emploi des Couleurs et des Vernis pour l'assainissement et la décoration des habitations, de la pose des Papiers de tenture et du Vitrage, par RIFFAULT, VERGNAUD, TOUSSAINT et F. MALEPEYRE. Nouvelle édition revue et augmentée du Peintre d'enseignes, de la pose des Vitraux, etc. 1 vol. orné de 44 figures. 3 fr.

— **Peinture à l'Aquarelle**. Gouache, Pastel, Miniature, Peinture à la cire, Peintures orientales, etc. 1 vol. (*En préparation*).

— **Peintre et Graveur en lettres**. (*En préparation.*)

— **Peinture sur Verre, Porcelaine, Faïence et**

4.

Email, traitant de la décoration de ces matières, ainsi que de la fabrication des Emaux et des Couleurs vitrifiables et de l'Emaillage sur métaux précieux ou communs et sur terre cuite, par MM. REBOULLEAU, MAGNIER et ROMAIN. 1 vol. avec fig. Nouv. édit. revue par H. BERTRAN. 3 fr. 50

— **Peinture et Vernissage des Métaux et du Bois**, traitant des Couleurs et des Vernis propres à décorer les Métaux et les Bois, de l'imitation sur métal des Bois indigènes et exotiques, de l'ornementation des Articles de ménage et des Objets de fantaisie, suivi de l'imitation des Laques du Japon sur menus articles, par MM. FINK et LACOMBE. 1 vol. orné de figures. 2 fr.

— **Pelletier-Fourreur et Plumassier**, traitant de l'apprêt et de la conservation des Fourrures et de la préparation des Plumes, par M. MAIGNE. 1 vol. orné de figures. 2 fr. 50

— **Perspective** appliquée au Dessin et à la Peinture, par M. VERGNAUD. 1 vol. accompagné de planches. 3 fr.

— **Pharmacie Populaire**, simplifiée et mise à la portée de toutes les classes de la société, par M. JULIA DE FONTENELLE. 2 vol. 6 fr.

— **Photographie** sur Métal, sur Papier et sur Verre, contenant toutes les découvertes les plus récentes, par M. DE VALICOURT. 2 vol. avec planche. 6 fr.

— SUPPLÉMENT à la Photographie sur Papier et sur Verre, par M. G. HUBERSON. 1 vol. 3 fr.

— **Photographie** (Répertoire de), Formulaire complet de cet Art, par M. DE LATREILLE. 1 vol. 3 fr. 50

— **Physicien-Préparateur**, ou Description des Instruments de physique et leur Emploi dans les Sciences et dans l'Industrie, par MM. Ch. CHEVALIER et le docteur FAU. 2 gros vol. avec un Atlas in-8° de 88 pl. 15 fr.

— **Physiologie végétale**, Physique, Chimie et Minéralogie appliquées à la culture, par M. BOITARD. 1 vol. orné de planches. 3 fr.

— **Physionomiste des Dames**, Étude de la Physionomie de la Femme et des Signes extérieurs au moyen desquels on peut reconnaître son Caractère et ses Aptitudes, d'après LAVATER, par M. le Dr MORIN. 1 vol. accompagné de planches. (*En préparation*).

— **Physique appliquée aux Arts et Métiers**, voyez *Physicien-Préparateur, Technologie physique*.

— **du Pisciculteur**, par H.-L.-Alph. BLANCHON. 1 vol. in-18 jésus, orné de 65 figures dans le texte (Voir nouvelle Collection, page 3). 3 fr. 50

— **Plain-Chant ecclésiastique**, romain et français, à l'usage des Séminaires, des Communautés et de toutes les Eglises catholiques, par M. MINÉ. 1 vol. 2 fr. 50

— **Plâtrier**, voyez *Chaufournier, Maçon.*

— **Plombier, Zingueur, Couvreur, Appareilleur à Gaz**, contenant la fabrication et le travail du Plomb et du Zinc et la manière de les souder, la Couverture des Constructions et l'Installation des Appareils et des Compteurs à Gaz, par M. ROMAIN. 1 vol. orné de figures et accompagné de planches. 3 fr. 50

— **Poêlier-Fumiste**, traitant de la construction des Cheminées de tous modèles, des Fourneaux et des Poêles en terre, de l'agencement et de la Tuyauterie des Fourneaux en maçonnerie et des Poêles en terre, en fonte et en tôle, et du Ramonage des divers appareils de Chauffage, par MM. ARDENNI, J. DE FONTENELLE, F. MALEPEYRE et A. ROMAIN, 1 vol. orné de figures. 3 fr.

— **Poids et Mesures**, par M. TARBÉ, ancien conseiller à la Cour de Cassation.

PETIT MANUEL classique pour l'Enseignement élémentaire, sans Tables de conversions. (*Autorisé par l'Université*). 25 c.

PETIT MANUEL à l'usage des Ouvriers et des Ecoles, avec Tables de conversions. 25 c.

PETIT MANUEL à l'usage des Agents Forestiers, des Propriétaires et Marchands de bois. Brochure accompagnée d'une planche (*En préparation*).

POIDS ET MESURES à l'usage des Médecins, etc. Brochure in-18. 25 c.

TABLEAU FIGURATIF DES POIDS ET MESURES. 75 c.

— **Poids et Mesures**, Comptes faits ou Barème général des Poids et Mesures, par M. ACHILLE NOUHEN. *Ouvrage divisé en cinq parties qui se vendent séparément.*

1re partie, Mesures de LONGUEUR. (*En préparation.*)
2e partie, — de SURFACE. 60 c.
3e partie, — de SOLIDITÉ. 60 c.
4e partie, POIDS. 60 c.
5e partie, Mesures de CAPACITÉ. (*En préparation.*)

— **Poids et Mesures** (Barème complet des), avec conversion facile de l'ancien système au nouveau, par M. BAGILET. 1 vol. 3 fr.

— **Poids et Mesures** (Fabrication des), contenant en général tout ce qui concerne les Arts du Balancier et du **Potier d'Etain**, et seulement ce qui est relatif à la Fabrication des Poids et Mesures dans les Arts du Fon-

dour, du Ferblantier, du Boisselier, par M. RAVON. 1 vol.
orné de figures. (*En préparation.*)

— **Police de la France**, par M. TRUY, commissaire
de police à Paris. (*En préparation.*)

— **Politesse** (Guide de la), voyez *Bonne compagnie*.

— **Pompes** (Fabricant de) de tous les systèmes,
rectilignes, centrifuges, à diaphragme, à vapeur, à incendie, d'épuisement, de mines, de jardins, etc., traitant des
principales Machines élévatoires autres que les Pompes,
par MM. JANVIER, BISTON et A. ROMAIN. 1 vol. orné de
figures et accompagné de planches.   3 fr. 50

— **Ponts et Chaussées** : *Première partie*, ROUTES
ET CHEMINS, par M. DE GAYFFIER, ingénieur en chef des
Ponts et Chaussées, 1 vol. avec planches.   3 fr. 50

— *Seconde partie*. PONTS ET AQUEDUCS EN MAÇONNERIE,
par M. DE GAYFFIER, 1 vol. avec planches.   3 fr. 50

— *Troisième partie*, PONTS EN BOIS ET EN FER, par
M. A. ROMAIN. 1 vol. avec figures et planches.   3 fr. 50

— **Porcelainier, Faïencier, Potier de Terre**,
contenant des notions pratiques sur la fabrication des Grès
cérames, des Pipes, des Boutons, des Fleurs en porcelaine
et des diverses Porcelaines tendres, par D. MAGNIER,
ingénieur civil, Nouvelle édition revue et augmentée par
BERTRAN, Ingénieur des Arts et Manufactures, 1 vol. orné
de 148 figures dans le texte.   4 fr.

— **Potier d'étain**, voyez *Fabr. des Poids et Mesures*.

— **Prestidigitation**, voyez *Sorcellerie*.

— **Produits chimiques** (Fabricant de), formant un
Traité de Chimie appliquée aux Arts, à l'Industrie et à la
Médecine, et comprenant la description de tous les procédés et de tous les appareils en usage dans les labora-
toires de chimie industrielle, par M. G.-E. LORMÉ. 4 gros
volumes et Atlas de 16 planches grand in-8°.   18 fr.

— **Propriétaire, Locataire** et Sous-locataire, des
biens de la ville et des biens ruraux ; rédigé *par ordre alphabétique*, par MM. SERGENT et VASSEROT. 1 vol. 2 fr. 50

— **Puisatier**, voyez *Sondeur*.

— **Relieur** en tous genres, contenant les Arts de
l'Assembleur, du Satineur, du Brocheur, du Rogneur, du
Cartonneur et du Doreur, par MM. Séb. LENORMAND et
W. MAIGNE. 1 vol. avec figures et planches.   3 fr. 50

— **Roses** (Amateur de), leur Histoire et leur Culture,
par M. BOITARD, 1 vol. avec planches.   3 fr. 50

— **Sapeur-Pompier** (Nouveau manuel *complet* du),
composé par une Commission d'officiers du Régiment de

Paris et de la Province, publié par *ordre du Ministère de l'Intérieur.*

Edition entièrement refondue d'après le nouveau matériel de la Ville de Paris. 1 vol. orné de 140 fig. dans le texte.

Broché . . . . 3 fr. 50

Cartonné, avec la couverture imprimée . . 3 fr. 85

— **Sapeur-Pompier** Nouveau Manuel *abrégé* du composé par une Commission d'officiers du Régiment de Paris et de la Province, publié par *ordre du Ministère del'Intérieur.*

Edition abrégée, entièrement refondue, extraite du Nouveau Manuel complet. 1 vol. orné de nombreuses figures dans le texte.

Broché . . . . 2 fr.

Cartonné, avec la couverture imprimée . . . 2 fr. 25

— **Sapeurs-Pompiers** (Théorie des), extraite du nouveau Manuel complet du Sapeur-Pompier composée par une Commission d'officiers du Régiment de Paris et de la Province.

Edition entièrement refondue, contenant les Manœuvres de la Pompe à bras et des Echelles, d'après le nouveau Matériel de la Ville de Paris. 1 vol. orné de nombreuses figures dans le texte.

Broché . . . . 75 c.

Cartonné, avec la couverture imprimée. . . . . 85 c.

— **Sapeurs-Pompiers** (*Manuel des Concours*) (Fédération des Officiers et Sous-Officiers des Sapeurs-Pompiers de France et d'Algérie). 1 vol. broché. 1 fr.

Cartonné avec la couverture imprimée. . . . 1 fr. 20

— **Sapeurs-Pompiers**, manuel des premiers secours par le Dr Ch. Le Page. 1 vol. in-16 orné de 83 illust. dans le texte. 2 fr.

— **Sapeurs-Pompiers**, voir Service d'incendie dans les Villes et les Campagnes, page 30.

— **Sauvetage** dans les Incendies, les Puits, les Puisards, les Fosses d'aisances, les Caves et Celliers, les Accidents en rivière et les Naufrages maritimes, par M. W. Maigne. 1 vol. orné de vignettes et de planches. 2 fr. 50

— **Savonnier**, ou Traité de la Fabrication des Savons, contenant des notions sur les Alcalis et les Corps gras saponifiables, ainsi que les procédés de fabrication et les appareils en usage dans la Savonnerie, par M. E. Lormé. 3 vol. accompagnés de planches. 9 fr.

— **Sculpture sur bois**, contenant l'outillage et les moyens pratiques de Sculpture, les Styles de l'Ornementation, l'Art de Découper les Bois, l'Ivoire, l'Os, l'Ecaille et les Métaux, la Fabrication des Bois comprimés, etc., par M. S. Lacombe. 1 vol. orné de figures.   3 fr. 50

— **Serrurier**, ou Traité complet et simplifié de cet Art, traitant des Fers, des Combustibles, de l'Outillage, du Travail a l'Atelier et sur place, de la Serrurerie du Carrossage et des divers travaux de Forge, par M. Paulin-Désormeaux et M. H. Landrin. 1 vol. et un Atlas.   5 fr.

— **Service d'Incendie** dans les Villes et les Campagnes, en France et a l'Etranger, par le lieutenant-colonel Raincourt, ancien chef de bataillon au régiment des Sapeurs-Pompiers, Président d'honneur du Congrès international des Sapeurs-Pompiers, en 1889, et M. Marcel Grégoire, sous-préfet de Pontoise. 1 vol. in-18 orné de 77 figures dans le texte.   2 fr. 50

— **Soierie**, contenant l'Art d'élever les Vers à soie et de cultiver le Mûrier, traitant de la Fabrication des Soieries, par M. Devilliers. 2 vol. et Atlas.   10 fr. 50

— **Sommelier** et **Marchand de Vins**, contenant des notions sur les Vins rouges, blancs et mousseux, leur classification par vignobles et par crûs, l'Art de les déguster, la description du matériel de cave, les soins à donner aux Vins en cercles et en bouteilles, l'art de les rétablir de leurs maladies, les coupages, les moyens de reconnaître les falsifications, etc., par M. Maigne. 1 vol. orné de fig.   3 fr.

— **Sondeur, Puisatier et Hydroscope**, traitant de la construction des Puits ordinaires et artésiens et de la recherche des Sources et des Eaux souterraines, par M. A. Romain. 1 vol. accompagné de planches.   3 fr. 50

— **Sorcellerie Ancienne et Moderne expliquée**, ou Cours de Prestidigitation. (*Epuisé.*)

— Supplément a la Sorcellerie expliquée, par M. Ponsin. 1 petit volume.   1 fr. 25

— **Souffleur à la Lampe et au Chalumeau**, traitant de l'emploi de ces instruments au dosage des Métaux et à diverses opérations chimiques de laboratoire, par M. Pédroni, chimiste. 1 vol. orné de figures. 2 fr. 50

— **Substances Alimentaires**, voyez *Alimentation.*

— **Sucre (Fabricant et Raffineur de)**, traitant de la fabrication actuelle des Sucres indigènes et coloniaux, provenant de toutes les substances saccharifères dont l'emploi est usuel et reconnu pratique, par M. Zoéga. 1 vol. orné de planches et de figures.   3 fr. 50

— **Tabletier**, voyez *Ebéniste, Marqueteur.*

— **Taillandier**, voyez *Serrurier.*

— **Taille-Douce** (Imprimeur en), par MM. BERTHIAUD et BOITARD. 1 vol. avec fig. 3 fr.

— **Tanneur, Corroyeur et Hongroyeur**, contenant le travail des Cuirs forts de la Molleterie et des Cuirs blancs, suivi de la fabrication des Courroies, d'après les méthodes perfectionnées les plus récentes, par M. MAIGNE. 2 vol. ornés de figure et accompagnés de planches. 6 fr.

— **Tapissier**, par LACROIX. *(En préparation)*.

— **Technologie physique et mécanique**, ou FORMULAIRE à l'usage des Ingénieurs, des Architectes, des Constructeurs et des Chefs d'usines, par M. ANSIAUX, ingénieur. 1 vol. *(En préparation.)*

— **Teinture des peaux**, voyez *Chamoiseur*.

— **Teinture moderne**. Voir page 3.

— **Teinturier, Apprêteur et Dégraisseur**, ou Art de teindre la Laine, la Soie, le Coton, le Lin, le Chanvre et les autres matières filamenteuses, ainsi que les tissus simples et mélangés, au moyen des COULEURS ANCIENNES animales, végétales et minérales, par MM. RIFFAUT, VERGNAUD, JULIA DE FONTENELLE, THILLAYE, MALEPEYRE, ULRICH et ROMAIN. 2 vol. accompag. de planch. 7 fr.

— *Supplément*, traitant de l'emploi en Teinture des COULEURS D'ANILINE et de leurs dérivés, par M. A.-M. VILLON, chimiste. 1 vol. 3 fr. 50

— **Télégraphie électrique**, contenant la description des divers systèmes de Télégraphes et de Téléphones, et leurs applications au service des Chemins de fer, des Sonneries électriques et des Avertisseurs d'incendie, par M. ROMAIN. 1 vol. orné de fig. et accompagné de planches. 3 fr. 50

— **Teneur de Livres**, renfermant la Tenue des Livres en partie simple et en partie double, par MM. TRÉMERY et A. TERRIÈRE *(Ouvrage autorisé par l'Université)*. 1 vol. 3 fr.

— **Terrassier** et Entrepreneur de terrassements, traitant des divers modes de transport, d'extraction et d'excavation, et contenant une description sommaire des grands travaux modernes, par MM. CH. ETIENNE, AD. MASSON et D. CASALONGA. 1 vol. et un Atlas de 22 pl. 5 fr.

— **Théâtral (Manuel)** et du Comédien, contenant les principes de l'Art de la parole, par Aristippe BERNIER DE MALIGNY. 1 vol. 3 fr. 50

— **Tissage mécanique**, contenant la Description des Machines génériques, leur installation, leur mise en œuvre, ainsi que l'organisation des établissements de Tissage, par M. Eug. Burel, ingénieur. 1 vol. orné de figures et de planches.   3 fr.

— **Tissus** (Dessin et Fabrication des) façonnés, tels que Draps, Velours, Ruban, Gilet, Coutil, Châle, Passementerie, Gazes, Barèges, Tulle, Peluche, Damassé, Mousseline, etc., par M. Toustain. 2 vol. et Atlas in-4° de 26 planches. 15 fr.

— **Toiles cirées**, voyez *Caoutchouc*.

— **Tonnelier**, contenant la fabrication des Tonneaux, des Cuves, des Foudres et des autres vaisseaux en bois cerclés, suivi du *Jaugeage* des fûts de toute dimension, par P. Désormeaux, Ott et Maigne. Nouvelle édition revue et corrigée par Raymond Brunet, Ingénieur agronome. 1 vol. orné de 227 figures.   3 fr.

— **Tourneur**, ou Traité théorique et pratique de l'art du Tour, contenant la description des appareils et des procédés les plus usités pour tourner les Bois et les Métaux, les Pierres, l'Ivoire, la Corne, l'Ecaille, la Nacre, etc.; ainsi que les notions de Forge, d'Ajustage et d'Ebénisterie indispensables au Tourneur, par E. de Valicourt. 1 vol. grand in-8, contenant 27 planches de figures; 4e édition, revue et corrigée.   15 fr.

— **Traité pratique de Cuisine bourgeoise**, par Auguste Colombié. 1 vol. in-18 jésus, cartonné (Voir nouvelle Collection, page 3).   4 fr.

— **Treillageur**. *Première partie*, traitant de la fabrication à la main, de la Menuiserie des Jardins et de la fabrication des Objets de jardinage, par M. P. Désormeaux. 1 vol. accompagné de planches.   3 fr.

— **Treillageur**. *Seconde partie*, traitant de l'outillage, de la fabrication à la main et à la mécanique, de la confection des Grillages, Claies, Jalousies, etc., par M. E. Darthuy. 1 vol. avec figures et planches.   3 fr.

— **Tricots** (Fabrication des), voyez *Bonnetier*.

— **Tuilier**, voyez *Briquetier*.

— **Typographie** (de). Historique, Composition, Règles orthographiques, Imposition, Travaux de ville, Journaux, Tableaux, Algèbre, Langues étrangères, Musique et plain-chant, Machines, Papier, Stéréotypie, Illustration, par Emile Leclerc, de la *Revue des arts graphiques*, ancien directeur de l'Ecole professionnelle Lahure. Préface de M. Paul Bluysen. 1 vol. orné de 100 figures dans le texte.   4 fr.
On vend séparément les Signes de correction. 50 c.

— **Vélocipédie** (de), Locomotion, Vélocipèdes, Construction, etc., par Louis LOCKERT, ingénieur diplômé de l'Ecole centrale. 1 vol. orné de 58 fig. dans le texte. Terminé par l'Art de monter à Bicyclette, par RIVIERRE.   1 fr. 50

— **Vernis (Fabricant de)**, contenant les formules les plus usitées de vernis de toute espèce, à l'éther, à l'alcool, à l'essence, vernis gras, etc., par M. A. ROMAIN. 1 vol. orné de figures.   3 fr. 50

— **Vernisseur**, voyez *Peintre en Bâtiments, Peintures sur Métaux et sur Bois.*

— **Verrier et Fabricant de Cristaux**, Pierres précieuses factices, Verres colorés, Yeux artificiels, par JULIA DE FONTENELLE et MALEPEYRE. Nouvelle édition entièrement refondue par BERTRAN, Ingénieur des Arts et Manufactures. 2 vol. ornés de 235 fig. dans le texte. 8 fr.

— **Vétérinaire**, contenant la connaissance des chevaux, la manière de les élever, les dresser et les conduire, la Description de leurs maladies, les meilleurs modes de traitement, etc., par M. LEBEAU et un ancien professeur d'Alfort. 1 vol. orné de figures.   3 fr. 50

— **Vigne (Culture)**, voyez *Chasselas, Vigneron.*

— **Vigneron**, ou l'Art de cultiver la Vigne, de la protéger contre les insectes qui la détruisent, et de faire le Vin, contenant les meilleures méthodes de Vinification, traitant du chauffage des Vins, etc., par MM. THIÉBAUT DE BERNEAUD et F. MALEPEYRE. 1 vol. orné de figures et accompagné de planches.   3 fr. 50

— **Vinaigrier et Moutardier**, contenant la fabrication de l'acide acétique, de l'acide pyroligneux, des acétates, et les formules de Vinaigres de table, de toilette et pharmaceutiques, l'analyse chimique de la graine de moutarde, ainsi que les meilleures recettes pour la préparation de la moutarde, par MM. J. DE FONTENELLE et F. MALEPEYRE. 1 vol. orné de figures.   3 fr. 50

— **Vins (Calendrier des)**, ou instructions à exécuter mois par mois, pour conserver, améliorer ou guérir les Vins. *(Ouvrage destiné aux Garçons de caves et de celliers, et aux Maîtres de Chais, faisant suite à l'Amélioration des Liquides)*, par M. V.-F. LEBEUF. 1 vol. 1 fr. 75

— **Vins**, voyez *Liquides, Sommelier.*

— **Vins de Fruits et Boissons économiques**, contenant l'Art de fabriquer soi-même, chez soi et à peu de frais, les Vins de Fruits, les Vins de Raisins secs, le Cidre, le Poiré, les Vins de Grains, les Bières économiques et de ménage, les Boissons rafraîchissantes, les Hydromels, etc., et l'Art d'imiter avec les Fruits et les

Plantes les Vins de table et de liqueur français et étrangers, par M. F. MALEPEYRE. 1 vol. 3 fr.
— **Vins mousseux**, voyez *Liquides*.
— **Zingueur**, voyez *Plombier*.

Voir page 3 la Nouvelle collection in-18 jésus.

INDUSTRIE, ARTS ET MÉTIERS

Art du Peintre. Doreur et Vernisseur, par WATIN : 13ᵉ édit., revue pour la fabrication et l'application des couleurs, par MM. Ch. et F. BOURGEOIS, et augmentée de l'*Art du Peintre en voitures, en marbres et en fauxbois*, par M. J. DE MONTIGNY, ingénieur. 1 vol. in-8º. 6 fr.

Calcul des essieux pour les Chemins de Fer; Coup d'œil sur les roues de vagons, par A.-C. BENOIT-DUPORTAIL. Brochure in-8º. 1 fr. 75

Carnet de l'Inventeur et du Breveté. Précis des législations française et étrangères, renseignements et conseils pratiques, memento pour l'enregistrement des échéances d'annuités, par M. CH. THIRION, ingénieur-conseil. 1 vol. in-18, cart. toile (*En préparation*).

Considérations sur la perspective, par BENOIT-DUPORTAIL. Brochure in-8º avec planche. 1 fr. 25

Cordon bleu Le. Nouvelle cuisinière bourgeoise, rédigée et mise par ordre alphabétique, par Mᴵᴵᵉ MARGUERITE. 13ᵉ édition, augmentée de nouveaux menus appropriés aux diverses saisons de l'année, d'un ordre pour les services, de l'art de découper et de servir à table, d'un traité sur les vins et des soins à donner à la cave, etc. 1 vol. in-18 de 250 p., orné de fig., broché (*En préparation*).

Cubage des Bois en grume (Tarif de), au mètre cube réel et au mètre cube marchand, par M. CH. BLIND. Brochure in-18. 75 c.

Dictionnaire du Métré et de la Vérification, par M. O. MASSELIN. 3 vol. grand in-8º et un Atlas in-4º. 32 fr.
On vend séparément :
— CHARPENTE EN BOIS, 1 vol. et Atlas. 12 fr.
— SERRURERIE ET QUINCAILLERIE, 1 vol. 10 fr.
— TERRASSE, MAÇONNERIE, MARBRERIE et CARRELAGE, 1 volume. 10 fr.

Etudes sur quelques produits naturels applicables à la *Teinture*, par M. Arnaudon. Br. in-8°. 1 fr. 25

— **Guia** del Cultivador de Montes y de la Guarderia Rural — ó — La Silvicultura Práctica. 1 vol. in-8°. 2 fr.

Levés à vue (Des) et du Dessin d'après nature, par M. Leblanc. Brochure in-18 avec planche. 25 c.

Livret-Devaux, Guide indispensable aux Débitants de Boissons et à tous les Négociants soumis à l'exercice de la Régie, ainsi qu'aux Consommateurs, par M. Devaux, receveur-buraliste. Cartonnage in-18. 50 c.

Machines-Outils (Traité des) employées dans les usines et les ateliers de construction pour le Travail des Métaux, par M. J. Chrétien, 1 volume in-8° jésus renfermant 16 planches gravées avec soin sur acier. 12 fr.

Le même ouvrage, 2 vol. in-18 avec un Atlas grand in-8°. (Voyez page 20.)

Manipulations hydroplastiques, ou Guide du Doreur et de l'Argenteur, par M. Roseleur. 1 volume in-8°. 15 fr.

Manuel-Barème pour les Alliages d'Or et d'Argent. Ouvrage indispensable aux Fabricants Bijoutiers et Orfèvres, ainsi qu'à toutes les personnes qui s'occupent du commerce des Métaux précieux, par M. A. Mercier. 1 vol. in-8°. 10 fr.

Manuel du Commerçant en Épicerie, Traité des marchandises qui sont du domaine de ce commerce, falsifications qu'on leur fait subir ; moyen de les reconnaître, par MM. A. Chevallier fils et J. Hardy, chimistes, 1 vol. in-12 accompagné de 4 planches. (En préparation.)

Manuel de la Filature du Lin et de l'Etoupe, Application du Système au Calcul du mouvement différentiel, par M. Delmotte. 2e *édition*. 1 vol. in-12. 2 fr. 50

Aide-Mémoire de l'Ingénieur-Gazier, contenant, sous une forme succincte, les Notions et les Formules nécessaires à toutes les personnes qui s'occupent de la fabrication et de l'emploi du Gaz, par M. D. Magnier. Nouvelle édition corrigée, augmentée et entièrement refondue, par E. Bancelin, ancien Élève de l'Ecole polytechnique, ancien Sous-Régisseur d'Usine de la Cie Parisienne du Gaz (Extrait du *Manuel de l'Eclairage et du Chauffage au Gaz*, de l'Encyclopédie-Roret. Br. in-18. 75 c.

Mémoire sur l'Appareil des voûtes hélicoïdales et des voûtes biaises à double courbure, par M. A.-A. Souchon. 1 vol. in-4° renfermant 8 planches. 3 fr. 50

Photographie sur papier, par M. Blanquart-Évrard. 1 vol. grand in-8°. 1 fr. 50

Tables techniques de l'Industrie du Gaz; Calculs tout faits des diamètres et des longueurs de conduites, des volumes de gaz qui s'écoulent et des pertes de charges, du pouvoir éclairant et du titre du Gaz, etc., par M. D. Magnier, ingénieur. 1 vol. in 8°. 3 fr. 50

Traité complet de la Filature du chanvre et du lin, par MM. Coquelin et Decoster. 1 gros vol. avec Atlas in-folio de 37 planches. 20 fr.

Traité du Chauffage au Gaz, par Ch. Hugueny. Brochure in-8°. 1 fr. 50

Traité de la Comptabilité du Menuisier, applicable à tous les états de la bâtisse, par D. Clousier. 1 vol. (*En préparation.*)

Traité de la Coupe des Pierres, ou Méthode facile et abrégée pour se perfectionner dans cette science, par J.-B. De la Rue. 3e édition, revue et corrigée par M. Ramée, architecte. 1 vol. in-8° de texte, avec un Atlas de 98 planches in-folio. 20 fr.

Traité des Echafaudages, ou Choix des meilleurs modèles de charpentes, par J.-Ch. Krafft. 1 vol. in-folio relié, renfermant 51 planches gravées sur acier. 25 fr.

Usage de la Règle logarithmique, ou Règle-calcul. In-18. 25 c.

Vignole du Charpentier. 1re partie, Art du trait, contenant l'application de cet art aux principales constructions en usage dans le bâtiment, par M. Michel, maître charpentier, et M. Boutereau, professeur de géométrie appliquée aux arts. 1 vol. in-8°, avec Atlas de 72 pl. 20 fr.

OUVRAGES

SUR

L'HORTICULTURE, L'AGRICULTURE
L'ÉCONOMIE RURALE, ETC.

Art de composer et décorer les Jardins, par M. Boitard; ouvrage orné de 140 planches gravées sur acier, 2 vol. format in-8 oblong. 15 fr

(*Ce traité est un travail très complet et publié à très*

*bas prix, qui permet aux amateurs de jardins de tirer
de leurs propriétés le meilleur parti possible).*

Plantes vivaces de la maison Lebeuf, ou Liste des
espèces les plus intéressantes cultivées dans cet établissement, avec quelques renseignements sur leur culture, leur
emploi, etc., par GODEFROI-LEBEUF et BOIS. 1 vol. in-18,
orné de figures. 2ᵉ édition.   1 fr. 50

Les Fruits populaires, indiquant le mérite et la
valeur des meilleurs fruits à cultiver, suivis des Conseils
aux planteurs, par CHARLES BALTET, horticulteur à Troyes.
1 vol. in-18, 2ᵉ édition.   1 fr. 25

Les Insectes nuisibles aux arbres fruitiers.
Moyens de les détruire, par A. RAMÉ.

1ʳᵉ partie : LES LÉPIDOPTÈRES. 1 vol. in-18, 2ᵉ édit. 1 fr. 25

De la Sciure de bois et de la Tourbe, considérées comme litières et comme engrais, par Gaston JACQUIER. Brochure petit in-8º.   2 fr. 50

De la Vente du Lait en nature, etc., par Gaston
JACQUIER. Brochure in-8º.   2 fr. 50

Histoire du Poirier, par DUVAL. Broch. in-8º. 1 fr. 50

Histoire du Pommier, par DUVAL. Brochure
in-8º.   1 fr. 50

Etude sur les Sauterelles et les Criquets,
moyen d'en arrêter les invasions et de les transformer en
Engrais par les procédés DURAND et HAUVEL, brevetés
s. g. d. g. Brochure in-8º de 36 pages.   75 c.

Pigeon Voyageur (Le) dans les Forteresses et au
Zanzibar, par M. F. CHAPUIS. 1 vol. in-8º.   1 fr. 50

Vade-Mecum de l'Ensileur, Résumé des différentes
méthodes de conservation des fourrages verts, par M. G.
JACQUIER. 1 vol. in-8º orné de 20 figures.   3 fr.

Voyage de découverte autour du Monde et à
la recherche de La Pérouse, par M. J. DUMONT D'URVILLE,
capitaine de vaisseau, exécuté sous son commandement et
par ordre du gouvernement, sur la corvette l'*Astrolabe*,
pendant les années 1826 à 1829. 5 tomes divisés en 10 volumes in-8º ornés de vignettes sur bois, avec un Atlas contenant 20 planches ou cartes grand in-folio.   30 fr.

*Cet important ouvrage, qui a été exécuté par ordre du
gouvernement sous le commandement de M. Dumont-
d'Urville et rédigé par lui, n'a rien de commun avec le
Voyage pittoresque publié sous sa direction.*

Voir page 3 la nouvelle Collection in-18 jésus.

ALBUMS INDUSTRIELS

Carnets du Garde-Meuble, 6 Albums grand in-8°, publiés par D. GUILMARD.

N° 1. EBÉNISTE PARISIEN, Recueil de dessins de Meubles dessinés d'après nature chez les principaux ébénistes du faubourg Saint-Antoine, dont la spécialité est le meuble simple. Album in-8° jésus de 130 feuilles, avec titre.
En noir, 25 fr. — En couleur,   40 fr.

N° 2. FABRICANT DE SIÈGES, Recueil de dessins de Sièges non garnis, dessinés d'après nature chez les principaux fabricants du faubourg Saint-Antoine. Sièges simples. Album de 120 planches avec titre.
En noir, 25 fr. — En couleur,   40 fr.

N° 3. VIEUX BOIS, Recueil de dessins de Meubles et de Sièges en vieux chêne sculpté. Fabrication courante. Album de 26 planches.
En noir, 6 fr. — En couleur,   10 fr.

N° 3 *bis*. MEUBLES EN CHÊNE, Recueil de Meubles et de Sièges sculptés en chêne. Album de 26 planches.
En noir, 6 fr. — En couleur,   10 fr.

N° 4. SCULPTEUR, Recueil de motifs sculptés employés dans la fabrication des meubles simples. Album de 24 planches.
En noir (pas de couleur),   6 fr.

N° 5. SCULPTURES DE FANTAISIE, Recueil de petits objets sculptés : Cartels, Pendules, Cadres, Miroirs, Vide-poche, Petits meubles, etc. Album de 24 planches.
En noir (pas de couleur),   6 fr.

N° 6. MARQUETERIE ET BOULE, Recueil de meubles dans ce genre, contenant 24 planches in-8° jésus, et représentant 44 modèles différents.
En noir, 6 fr. — En couleur,   12 fr.

N° 7 CARNET-RÉFÉRENCE, Collection de Sièges, Meubles et Tentures, contenant 80 planches in-4° noires.   12 fr.

Carnet Empire, 68 planches de Tentures, Sièges et Meubles, genre Empire, par E. MAINCENT. Album cart. toile.
En noir, 10 fr. — En couleur,   20 fr.

Petit Carnet, N° 1, MEUBLES SIMPLES, Petit Album de poche, contenant 40 planches, représentant 67 modèles différents.
En noir, 5 fr. — En couleur,   **7 fr.**

Petit Carnet, Nº 2, Sièges. Petit Album de poche, contenant 40 planches.

En noir. 5 fr. — En couleur, 7 fr.

Petit Carnet, Nº 3, Textures. Petit Album de poche, contenant 39 planches.

En noir, 5 fr. — En couleur, 7 fr.

Petit Carnet du Garde-Meuble, Nº 10, Sièges, Textures. Petit Album de poche, renfermant 32 planches.

En noir, 5 fr. — En couleur, 7 fr.

Décoration (La) au XIXᶜ Siècle, Décor intérieur des habitations, Riches appartements, Hôtels et Châteaux, par D. Guilmard. 48 pl. in-4º coloriées, en carton. 60 fr.

Décoration (La petite), Menuiserie décorative appliquée à l'intérieur des habitations, par E. Maincent. Album de 20 planches coloriées. 16 fr.

Disposition des Appartements, Album relié renfermant 18 plans de faces et d'élévations, etc. En noir, 50 fr.

Fleur décorative (La). 1ʳᵉ *partie*, Broderies, donnant la plus grande partie des types de fleurs employés dans la décoration. 43 planches, dont un titre, réunies en carton.

En noir, 12 fr. — En couleur, 25 fr.

Menuiserie (La) parisienne, Recueil de motifs de menuiserie dans le genre moderne, par D. Guilmard. Album de 30 planches in-4º coloriées, en carton. 15 fr.

Menuiserie (La) religieuse, Ameublement des Églises, styles roman et ogival du xᶜ au xivᵉ siècle, par D. Guilmard. Album in-4º de 30 planches. 15 fr.

Ornementation (La connaissance des Styles de l'), Histoire de l'ornement et des arts qui s'y rattachent depuis l'ère chrétienne jusqu'à nos jours, par D. Guilmard. 1 beau vol. in-4º, richement illustré et accompagné de 42 planches noires. 25 fr.

Ornements d'appartements (Album des), Collection de tous les accessoires de décorations servant aux croisées et aux lits, par D. Guilmard. Album de 24 planches in-8º oblong. En noir. 6 fr. — En couleur, 10 fr.

Portefeuille pratique de l'Ebéniste parisien, Elévation, Plan, Coupe et détails nécessaires à la fabrication des Meubles, par D. Guilmard. Album in-4º de 31 planches coloriées. 15 fr.

Sièges (Portefeuille pratique du Fabricant de), Plan, Coupes, Elévation et Détails nécessaires à la

Fabrication des Sièges, par D. Guilmard. Album in-4º de 41 planches coloriées.   15 fr.

Tapissier garnisseur (Tarif du), Prix de revient de modèles en bois recouverts ou apparents.   7 fr. 50

Albums en cartons contenant les dessins correspondant aux prix de revient du Tarif :

Bois recouverts, 128 modèles, fig. noires.   28 fr.
Bois apparents, 125 modèles, fig. noires.   23 fr.

Tapissier parisien (Album du), par D. Guilmard. Album grand in-8º de 25 planches.
En noir, 7 fr. — En couleur,   12 fr.

Tapissier parisien (Portefeuille pratique du), Première partie. Décors de lits, croisées, etc. Coupe et texte de ces diverses décorations, par D. Guilmard. Album de 30 planches in-4º. En noir, 18 fr. — En couleur, 25 fr.

Seconde partie. Dessins de Tentures modernes avec Coupes, Détails et Texte explicatif, par E. Maincent. Album de 35 planches. En noir, 20 fr. — En couleur, 35 fr.

Tapissier (Tarif du), Tentures, par E. Maincent, donnant le prix de revient, l'emploi et la coupe des Etoffes pour Tentures. 1 vol. grand in-8º cartonné, sans planches.   10 fr.

Tourneur parisien (Albums du), par D. Guilmard. 2 Albums grand in-8º de 24 planches.   12 fr.
Chaque Album séparé.   6 fr.

Tourneur (Art du) ; Profils et renseignements pour servir à l'usage dans tous les Arts et Industries du Tour, par E. Maincent. Album in-4º de 30 planches avec texte.   20 fr.

REVUE GÉNÉRALE D'AGRICULTURE

DIRECTEUR :

Raymond BRUNET

Un an : 5 fr. — Le numéro : 50 centimes.

L'AMEUBLEMENT

RECUEIL DE DESSINS

DE SIÉGES, DE MEUBLES ET DE TENTURES

GENRE SIMPLE

DIVISÉ EN TROIS CATÉGORIES

SIÉGES, MEUBLES, TENTURES

Renfermant 36 Planches par an

Fondé par D. GUILMARD *et continué par* A. MAINCENT

Les abonnements ne se font que *pour un an*
à partir du 1er janvier

3 catégories ensemble :	PARIS	DÉPARTEMENTS	ÉTRANGER
En noir..	15 fr.	18 fr.	20 fr.
En couleur..	25 fr.	28 fr.	30 fr.
2 catégories ensemble :			
En noir..	10 fr.	12 fr.	13 fr.
En couleur..	17 fr.	18 fr. 50	20 fr.
1 catégorie séparée :			
En noir..	5 fr.	6 fr.	7 fr.
En couleur..	8 fr. 50	9 fr. 50	10 fr. 50

Une planche séparée : En noir : 50 c.— En couleur : 80 c.

LE
GARDE-MEUBLE

JOURNAL D'AMEUBLEMENT

DIVISÉ EN TROIS CATÉGORIES

SIÉGES, MEUBLES, TENTURES

Renfermant 54 Planches par an

Fondé par D. GUILMARD *et continué par* A. MAINCENT

Les abonnements se font *pour un an* et *pour six mois*, à partir du 15 janvier et du 15 juillet de chaque année. On ne reçoit pas d'abonnement de six mois pour une catégorie séparée.

TROIS CATÉGORIES RÉUNIES :

	PARIS		DÉPARTEMENTS		ÉTRANGER	
	6 mois	1 an	6 mois	1 an	6 mois	1 an
En noir. . .	11 fr. 25	22 fr. 50	13 fr.	26 fr.	14 fr.	28 fr.
En couleur.	18 fr.	36 fr.	20 fr.	40 fr.	21 fr.	42 fr.

DEUX CATÉGORIES RÉUNIES :

En noir. . .	7 fr. 50	15 fr.	9 fr.	18 fr.	10 fr.	20 fr.
En couleur.	12 fr.	24 fr.	14 fr.	27 fr.	15 fr.	28 fr.

UNE CATÉGORIE SÉPARÉE :

En noir. . .	»	7 fr. 50	»	9 fr.	»	10 fr.
En couleur.	»	12 fr.	»	14 fr.	»	15 fr.

UNE FEUILLE SÉPARÉE :

En noir : 50 c. — En couleur : 80 c.

Coupe, emplois, revient des tentures :
Par an : Paris, 7 fr. ; Départements, 8 fr. ; Etranger, 9 fr.

SUITES A BUFFON

FORMANT

Avec les œuvres de cet Auteur

UN

COURS COMPLET D'HISTOIRE NATURELLE

EMBRASSANT

LES TROIS RÈGNES DE LA NATURE

Belle Édition, format in-octavo

Les possesseurs des OEuvres de BUFFON pourront, avec ces Suites, compléter toutes les parties qui leur manquent, chaque ouvrage se vendant séparément, et formant, tous réunis, avec les travaux de cet homme illustre, un ouvrage général sur l'histoire naturelle.

Le titre de SUITES A BUFFON donné à cette importante collection dès l'origine de sa publication et sous lequel les Traités qui la composent ont été publiés, ne doit pas la faire confondre avec une réimpression même partielle des OEuvres du célèbre naturaliste, sous les auspices duquel elle a été annoncée.

Cette publication scientifique, du plus haut intérêt, confiée à ce que l'Institut et le haut enseignement possèdent de plus célèbres naturalistes, est appelée à faire époque dans les annales du monde savant. Les noms des Auteurs indiqués sont pour le public une garantie certaine de la conscience et du talent apportés à la rédaction des différents traités.

DIVISION DE L'OUVRAGE

Zoologie générale (Supplément à Buffon), ou Mémoires et otices sur la Zoologie, l'Anthropologie et l'Histoire de la Science, par M. ISIDORE GEOFFROY-SAINT-HILAIRE. 1 vol. avec 1 livraison de planches.
Fig. noires. 10 fr. 50
Fig. coloriées. 17 fr.

Cétacés (Baleines, Dauphins, etc.), ou Recueil et examen des faits dont se compose l'histoire de ces animaux, par M. F. CUVIER, membre de l'Institut, professeur au Muséum d'Histoire naturelle 1 vol. avec 2 livraisons de planches.
Fig. noires. 14 fr.
Fig. coloriées. 27 fr.

Reptiles (Serpents, Lézards, Grenouilles, Tortues, etc.), par M. DUMÉRIL, membre de l'Institut, professeur à la Faculté de Médecine et au Muséum d'Histoire naturelle, et M. BIBRON, professeur d'Histoire naturelle. 10 vol. et 10 livraisons de planches.
Fig. noires. 105 fr.
Fig. coloriées. 170 fr.

Poissons, par M. A.-Aug. DUMÉRIL, professeur au Muséum d'Histoire naturelle, professeur agrégé libre à la Faculté de Médecine de Paris. Tomes I et II (en 3 volumes) avec 2 livraisons de planches. (*En publication*).
Fig. noires. 28 fr.
Fig. coloriées. 41 fr.

Entomologie (Introduction à l'), comprenant les principes généraux de l'Anatomie, de la Physiologie des Insectes ; des détails sur leurs mœurs, et un résumé des principaux systèmes de classification, etc., par M. LACORDAIRE, professeur à l'Université de Liège. (*Ouvrage adopté et recommandé par l'Université pour être placé dans les bibliothèques des Facultés et des Collèges, et donné en prix aux élèves*). 2 vol. et 2 livraisons de planches.
Fig. noires. 21 fr.
Fig. co oriées. 34 fr.

Insectes Coléoptères (Cantharides, Charançons, Hannetons, Scarabées, etc.) par M. LACORDAIRE, professeur à l'Université de Liège, et M. le Dr CHAPUIS, membre de l'Académie royale de Belgique. 14 vol. avec 13 livraisons de planches.
Fig. noires. 143 fr.
(*Manque de coloris*).

— **Orthoptères** (Grillons, Criquets, Sauterelles), par M. AUDINET - SERVILLE, membre de la Société entomologique de France. 1 vol. et 1 livraison de pl.
Fig. noires. 10 fr. 50
Fig. coloriées. 17 fr.

— **Hémiptères** (Cigales, Punaises, Cochenilles, etc.) par MM. AMYOT et SER-

VILLE. 1 vol. et 1 livraison de planches.
Fig. noires. 10 fr. 50 *(Manque de coloris)*.

Insectes Lépidoptères (Papillons). *Les deux parties de cet ouvrage se vendent séparément.*
— DIURNES, par M. BOISDUVAL, tome Ier, avec 2 livraisons de planches. (*En publication*).
Fig. noires. 14 fr. *(Manque de coloris)*.
— NOCTURNES, par MM. BOISDUVAL et GUÉNÉE, tome Ier, avec 1 livraison de planches, tomes V à X, avec 5 livraisons de planches. (*En publication*).
Fig. noires. 70 fr.
Fig. coloriées. 109 fr.
— **Névroptères** (Demoiselles, Éphémères, etc.). par M. le docteur RAMBUR. 1 vol. et 1 livraison de planches.
Fig. noires. 10 fr. 50 *(Manque de coloris)*.
— **Hyménoptères** (Abeilles, Guêpes, Fourmis, etc.), par M. le comte LEPELLETIER DE SAINT-FARGEAU et M. BRULLÉ. 4 vol. avec 4 livraisons de planches.
Fig. noires. 42 fr.
Fig. coloriées. 68 fr.
— **Diptères** (Mouches, Cousins, etc.), par M. MACQUART, ancien recteur du Muséum d'Histoire naturelle de Lille. 2 vol. et 2 livraisons de planches.
Fig. noires. 21 fr. *(Manque de coloris)*.

— **Aptères** (Araignées) Scorpions, etc.), par MM. WALCKENAER et GERVAIS. 4 vol. avec 5 livraisons de planches.
Fig. noires. 45 fr. *(Manque de coloris)*.

Crustacés (Ecrevisses, Homards, Crabes, etc.), comprenant l'Anatomie, la Physiologie et la classification de ces animaux, par M. MILNE-EDWARDS, membre de l'Institut, professeur au Muséum d'Histoire naturelle, etc. 3 vol. avec 4 livraisons de planches.
Fig. noires. 35 fr. *(Manque de coloris)*.

Mollusques (Moules, Huîtres, Escargots, Limaces, Coquilles, etc.).

Helminthes ou Vers intestinaux, par M. DUJARDIN, doyen de la Faculté des Sciences de Rennes. 1 vol. avec 1 livraison de planches
Fig. noires. 10 fr. 50 *(Manque de coloris)*.

Annelés marins et d'eau douce (Annélides, Géphyriens, Sangsues, Lombrics, etc.), par M. DE QUATREFAGES, membre de l'Institut, professeur au Muséum d'Histoire naturelle, et M. Léon VAILLANT, professeur au Muséum d'Histoire naturelle. Tomes I et II (en 3 vol.) avec 2 livraisons de planches.
Fig noires. 28 fr.
Tome III (en 2 vol.) avec 1 livraison de planches.
Fig. noires. 17 fr. 50 *(Manque de coloris)*.

Zoophytes Acalèphes (Physales, Béroés, Angèles, etc.), par M. LESSON, correspondant de l'Institut, pharmacien en chef de la Marine, à Rochefort. 1 vol. avec 1 livraison de pl. Fig. noires. 10 fr. 50
(Manque de coloris)

— **Echinodermes** (Oursins, Palmettes, etc.), par MM. DUJARDIN, doyen de la Faculté des Sciences de Rennes, et HUPÉ, aide-naturaliste au Muséum de Paris. 1 vol. avec 1 livraison de planches.
Fig. noires. 10 fr. 50
Fig. coloriées. 17 fr.

— **Coralliaires** ou POLYPES PROPREMENT DITS (Coraux, Gorgones, Eponges, etc.), par MM. MILNE-EDWARDS, membre de l'Institut, professeur au Muséum d'Histoire naturelle, et J. HAIME, aide-naturaliste au Muséum d'Histoire naturelle. 3 vol. avec 3 livraisons de pl.
Fig. noires. 31 fr.
(Manque de coloris).

Zoophytes Infusoires (Animalcules microscopiques), par M. DUJARDIN, doyen de la Faculté des Sciences de Rennes. 1 vol. avec 2 livraisons de pl.
Fig. noires. 14 fr.
(Manque de coloris)

Botanique (Introduction à l'étude de la), ou Traité élémentaire de cette science, contenant l'Organographie, la Physiologie, etc., par M. DE CANDOLLE, professeur d'Histoire naturelle à Genève. *(Ouvrage autorisé par l'Université pour les Lycées et les Collèges).* 2 vol. et 1 livraison de planches noires. 17 fr. 50
Les planches ne sont pas coloriées.

Végétaux phanérogames (Organes sexuels apparents : Arbres, Arbrisseaux, Plantes d'agrément, etc.), par M. SPACH, aide-naturaliste au Muséum d'Histoire naturelle. 14 vol. avec 15 livraisons de pl.
Fig. noires. 150 fr.
Fig. coloriées. 248 fr.

— **Cryptogames** (Organes sexuels peu apparents ou cachés : Mousses, Fougères, Lichens, Champignons, Truffes, etc.).

Géologie (Histoire, Formation et Disposition des Matériaux qui composent l'écorce du globe terrestre), par M. HUOT, membre de plusieurs sociétés savantes. 2 vol. ensemble de plus de 1,500 pages, avec 2 livraisons de pl. noires. 21 fr.
Les planches ne sont pas coloriées.

Minéralogie (Pierres, Sels, Métaux, etc.), par M. DELAFOSSE, membre de l'Institut, professeur au Muséum d'Histoire naturelle et à la Sorbonne. 3 vol. et 4 livraisons de planches noires. 35 fr.
Les planches ne sont pas coloriées.

Les **SUITES A BUFFON** forment actuellement **88 vo**-lumes in-8°, imprimés avec le plus grand soin **sur beau** papier vergé, et planches.

Chaque traité complet se vend séparément.

Prix du texte :

Chaque vol. se composant d'environ 500 à 700 p. **7 fr.**

Prix des planches :

Chaque livraison d'environ 10 pl., fig. noires. **3 fr. 50**
—   —   fig. coloriées. **10 fr.**

Cours d'Entomologie ou Histoire naturelle des Crustacés, des Arachnides, des Myriapodes et des Insectes. par M. Latreille, de l'Institut, etc. 1 gros vol. in-8. *(Epuisé)*

Zoologie classique, ou Histoire naturelle du Règne animal, par M. F. A. Pouchet, ancien professeur de zoologie au Muséum d'Histoire naturelle de Rouen, etc. Seconde édition considérablement augmentée. 2 vol in-8°, contenant ensemble plus de 1,300 pages, et accompagnés d'un Atlas de 44 planches et de 5 grands tableaux.

Fig. noires.   **20 fr.**

Nota. *Le Conseil de l'Université a décidé que cet ouvrage serait placé dans les bibliothèques des Lycées.*

PETITES SUITES A BUFFON
Format in-18

Histoire des Poissons classée par ordre, genres et espèces, d'après le système de Linné, avec les caractères génériques, par Bloch et Réné-Richard Castel. 10 vol. accompagnés de 160 planches représentant 600 espèces de poissons dessinés d'après nature.
Fig. noires.   **26 fr.**

Histoire des Reptiles, par MM. Sonnini, naturaliste, et Latreille, membre de l'Institut. 4 vol. accompagnés de 54 planches, représentant environ 150 espèces différentes de serpents, vipères, couleuvres, lézards grenouilles, tortues, etc., dessinées d'après nature.
Fig. noires.   **10 fr.**

Histoire des Coquilles, contenant leur description, leurs mœurs et leurs usages, par M. Bosc, membre de l'Institut. 5 vol. accompagnés de planches.
Fig. noires. 10 fr. 50

Histoire naturelle des Mineraux, par M. E.-M. Patrin. 5 vol. accompagnés de 40 planches.
Fig. noires. 10 fr. 50

Histoire naturelle des Végétaux classés par familles, avec la citation de la classe et de l'ordre de Linné, et l'indication de l'usage qu'on peut faire des plantes dans les arts, le commerce, l'agriculture, le jardinage, la médecine, etc. ; des figures dessinées d'après nature, et un Genera complet, selon le système de Linné, avec des renvois aux familles naturelles de Jussieu, par J.-B. Lamarck et C.-F.-B. de Mirbel. 15 vol. in-18 accompagnés de 120 planches.
Fig. noires. 30 fr.

Histoire naturelle des Vers, par M. Bosc, membre de l'Institut. 3 vol.
Fig. noires. 6 fr. 50
Fig. coloriées. 10 fr. 50

Histoire des Insectes, composée d'après Réaumur, Geoffroy, De Geer, Roesel, Linné, Fabricius, et les meilleurs ouvrages qui ont paru sur cette partie, rédigée suivant les méthodes d'Olivier, de Latreille, avec des notes, plusieurs observations nouvelles et des figures dessinées d'après nature, par F.-M.-G. de Tigny et Brongniart, pour les généralités. Édition augmentée par M. Guérin. 10 vol. ornés de planches. Fig. noires. 23 fr.
Fig. coloriées. 39 fr.

Histoire des Crustacés, contenant leur description, leurs mœurs et leurs usages, par MM. Bosc et Desmarest. 2 vol. accompagnés de 18 planches.
Fig. noires. 7 fr. 50
Fig. coloriées (manquent).

NOUVEAUX PROCÉDES
DE
TAXIDERMIE

Accompagnés de Photographies des principaux types de la collection de l'auteur à Makri-Keui, près Constantinople, de Physionomies de Rapaces sur nature, et suivis de quelques impressions ornithologiques, par le Comte ALLÉON, commandeur de l'ordre du Mérite civil de Bulgarie, chevalier de l'ordre de St-Grégoire, officier du Medjidié, membre du Comité international permanent ornithologique de Vienne, médaille d'or à l'exposition de Vienne 1883. 1 vol. in-8° jésus, 32 p. de texte, 132 fig. tirées sur papier couché. 25 fr.

OUVRAGES DIVERS D'HISTOIRE NATURELLE

Arachnides (Les) de France, par M. E. SIMON, membre de la Société entomologique de France.

Tome 1er, contenant les Familles des Epeiridæ, Uloboridæ, Dictynidæ, Enyoidæ et Pholcidæ. 1 vol. in-8°, accompagné de 3 planches. 12 fr.

Tome 2, contenant les Familles des Urocteidæ, Agelenidæ, Thomisidæ et Sparassidæ. 1 vol. in-8°, accompagné de 7 planches. 12 fr.

Tome 3, contenant les Familles des Attidæ, Oxyopidæ et Lycosidæ. 1 vol. in-8°, accompagné de 4 planches. 12 fr.

Tome 4, contenant la Famille des Drassidæ. 1 vol. in-8°, accompagné de 5 planches. 12 fr.

Tome 5 (1re partie), contenant la Famille des Epeiridæ (supplément) et des Theridionidæ. 1 vol. in-8°, accompagné de planches. 12 fr.

Tome 5 (2e partie), contenant la Famille des Theridionidæ (suite). 1 vol. in-8°, accompagné de planches et orné de figures. 12 fr.

Tome 5 (3e partie), contenant la Famille des Theridionidæ (fin). 1 vol. in-8°, accompagné de planches et orné de figures. 12 fr.

Tome 6. (*En préparation*).

Tome 7, contenant les Familles des Chernetes, Scorpiones et Opiliones. 1 vol. in-8°, accompagné de planches. 12 fr.

Histoire naturelle des Araignées. par M. Eug. SIMON, *Deuxième édition*.

Tome premier, *1er fascicule* contenant 215 figures intercalées dans le texte. 1 vol. grand in-8° de 256 pages. 6 fr.

Tome premier, *2e fascicule* contenant 275 figures intercalées dans le texte. 1 vol. grand in-8°. 6 fr.

Tome premier, *3e fascicule* contenant 347 figures intercalées dans le texte. 1 vol. grand in-8°. 6 fr.

Tome premier, *4e et dernier fascicule* (du tome 1er), contenant 261 figures intercalées dans le texte. 1 vol. grand in-8°. 6 fr.

Tome second, *1er fascicule* contenant 200 figures intercalées dans le texte. 1 vol. grand in-8°. 6 fr.

Tome second, *2e fascicule* contenant 184 figures intercalées dans le texte. 1 vol. grand in-8. 6 fr.

Catalogue des espèces actuellement connues de la famille des Trochilides, par EUGÉNE SIMON, brochure in-8°. 3 fr.

OUVRAGES D'ASSORTIMENT

Aranéides des îles de la Réunion, Maurice et Madagascar, par M. Aug. Vinson. 1 gros volume in-8, illustré de 14 planches.
Fig. noires. 20 fr.

Astronomie des Demoiselles, ou Entretiens entre un frère et sa sœur, sur la mécanique céleste, par James Fergusson et M. Quétrin. 1 vol. in-12. 3 fr. 50

Botanique (La). de J.-J. Rousseau, contenant tout ce qu'il a écrit sur cette science, augmentée de l'exposition de la méthode de Tournefort et de Linné. suivie d'un Dictionnaire de botanique et de notes historiques, par M. Deville. 2e édition, 1 gros vol. in-12, orné de 8 planches.
Figures noires. 4 fr.

Chimie élémentaire, inorganique et organique, à l'usage des Écoles et des Gens du monde, par E. Burnouf. 1 gros vol. in-12. 3 fr.

Choix des plus belles fleurs et des plus beaux fruits, par P.-J. Redouté, peintre d'histoire naturelle.
150 planches différentes coloriées. Chaque pl. 1 fr.

Collection iconographique et historique des Chenilles d'Europe, ou Description et figures de ces Chenilles, avec l'histoire de leurs métamorphoses, et leur application à l'agriculture, par MM. Boisduval, Rambur et Graslin.
Cette collection se compose de 42 livraisons, format grand in-8, papier vélin : chaque livraison comprend *trois planches coloriées* et le texte correspondant.
Les 42 livraisons réunies (la pl. I des Papillonides n'a jamais existé) : 100 fr.

Cours d'agriculture, de viticulture et de jardinage, par Mathieu Risler (1849). 1 vol. in-12. 2 fr.

Fauna japonica, sive Descriptio animalium quæ in itinere per Japoniam jussu et auspiciis superiorum, qui summum in India Batava imperium tenent, suscepto anni 1823-1830, collegit, notis, observationibus et adumbrationibus illustravit Ph. Fr. de Siebold.
Reptiles, 3 livraisons noires. Ensemble. 25 fr.

Faune de l'Océanie, par M. le docteur Boisduval. 1 gros vol. in-8, imprimé sur grand papier. 10 fr.

Faune entomologique de Madagascar, Bourbon et Maurice. — *Lépidoptères*, par le docteur Boisduval ; avec des notes sur leurs métamorphoses, par M. Sganzin.
Huit livraisons, format grand in-8, papier vélin.
Planches noires. 10 fr.

Icones historique des Lépidoptères nouveaux ou peu connus, collection, avec figures coloriées, des papillons d'Europe nouvellement découverts, par M le docteur Boisduval. Ouvrage formant le complément de tous les auteurs iconographes. Cet ouvrage se compose de 42 livraisons grand in-8, comprenant chacune *deux planches coloriées* et le texte correspondant.
Les 42 livraisons réunies. Coloriées. 100 fr.
Noires. 25 fr.
Nota. — Tome 2. Le texte s'arrête page 208. Toutes les fig. des planches 48 à 70 inclusivement sont décrites.
Les fig. des planches 71 à la fin ne sont pas décrites.

Manuel des Candidats à l'emploi de Vérificateur des Poids et Mesures, par M. Ravon. 2ᵉ édit. 1 vol. in-8. 5 fr.

Manuel des Sociétés de secours mutuels. Une brochure in-12. 1854. 0 fr. 50

Mémoires de la Société royale des Sciences de Liège. Première série, 1843 à 1866, 20 vol. à 7 fr.
Deuxième série, 1866 à 1887, 13 vol. à 7 fr.

Mémoires récréatifs, scientifiques et anecdotiques du physicien-aéronaute Robertson. 2 vol. in-8 ornés de vignettes. 12 fr.

Ministre (Le) de Wakefield, traduit en français par M. Aignan. 1 vol. in-12, avec figures. 1 fr.

Monographie des Erotyliens, famille de l'ordre des Coléoptères, par M. Th. Lacordaire. In-8. 9 fr.

Synonymia insectorum. — Genera et species curculionidum (ouvrage comprenant la synonymie et la description de tous les Curculionides connus), par M. Schoenherr. 8 tomes en 16 parties. (*Ouvrage terminé.*) 144 fr.

Théorie élémentaire de la Botanique, ou Exposition des principes de la classification naturelle et de l'art de décrire et d'étudier les végétaux, par M. de Candolle. 3ᵉ édition, 1 vol. in-8. 8 fr.

Voyage à Madagascar, au couronnement de Radama II, par Aug. Vinson, Ouvrage enrichi de Catalogues spéciaux publiés par MM J. Verreaux, Guénée et Ch. Coquerel. 1 beau volume in-8 jésus.

Papier ordinaire, fig. coloriées.   20 fr.

BIBLIOTHÈQUE DES ARTS ET MÉTIERS

10 vol. format in-18, grand papier

1 fr. 75 le volume

Livre de l'Arpenteur-Géomètre, Guide pratique de l'Arpentage et du lever des Plans, par MM. Place et Foucard. 1 vol. accompagné de 3 planches.

Livre de la Comptabilité du Bâtiment, Guide complet de la mise à prix de tous les travaux de Construction, par M. A. Digeon. 1 vol.

Livre du Cultivateur, Guide complet de la culture des Champs, par M. Mauny de Mornay. 1 vol. accompagné de 2 planches.

Livre de l'Économie et de l'Administration rurale, Guide complet du Fermier et de la Ménagère, par M. Mauny de Mornay. 1 vol. accompagné d'une planche.

Livre du Forestier, Guide complet de la Culture et de l'Exploitation des Bois, traitant de la fabrication des Charbons et des Résines, par M. Mauny de Mornay. 1 vol. accompagné d'une planche.

Livre du Jardinier, Guide complet de la culture des Jardins fruitiers, potagers et d'agrément, par M. Mauny de Mornay. 2 vol. accompagnés de 2 planches.

Livre des Logeurs et des Traiteurs, Code complet des Aubergistes, Maîtres d'hôtel, Teneurs d'hôtel garni, Logeurs, Traiteurs, Restaurateurs, Marchands de Vin, etc., suivi de la Législation sur les Boissons. 1 vol.

Livre du Fabricant de Sucre et du Raffineur, par M. Mauny de Mornay. 1 vol. accompagné de 2 planches.

Livre du Vigneron et du Fabricant de Cidre, de Poiré, de Cormé, et autres Vins de Fruits, par M. Mauny de Mornay. 1 vol. accompagné d'une planche.

BAR-SUR-SEINE. — IMP Vᵉ C. SAILLARD

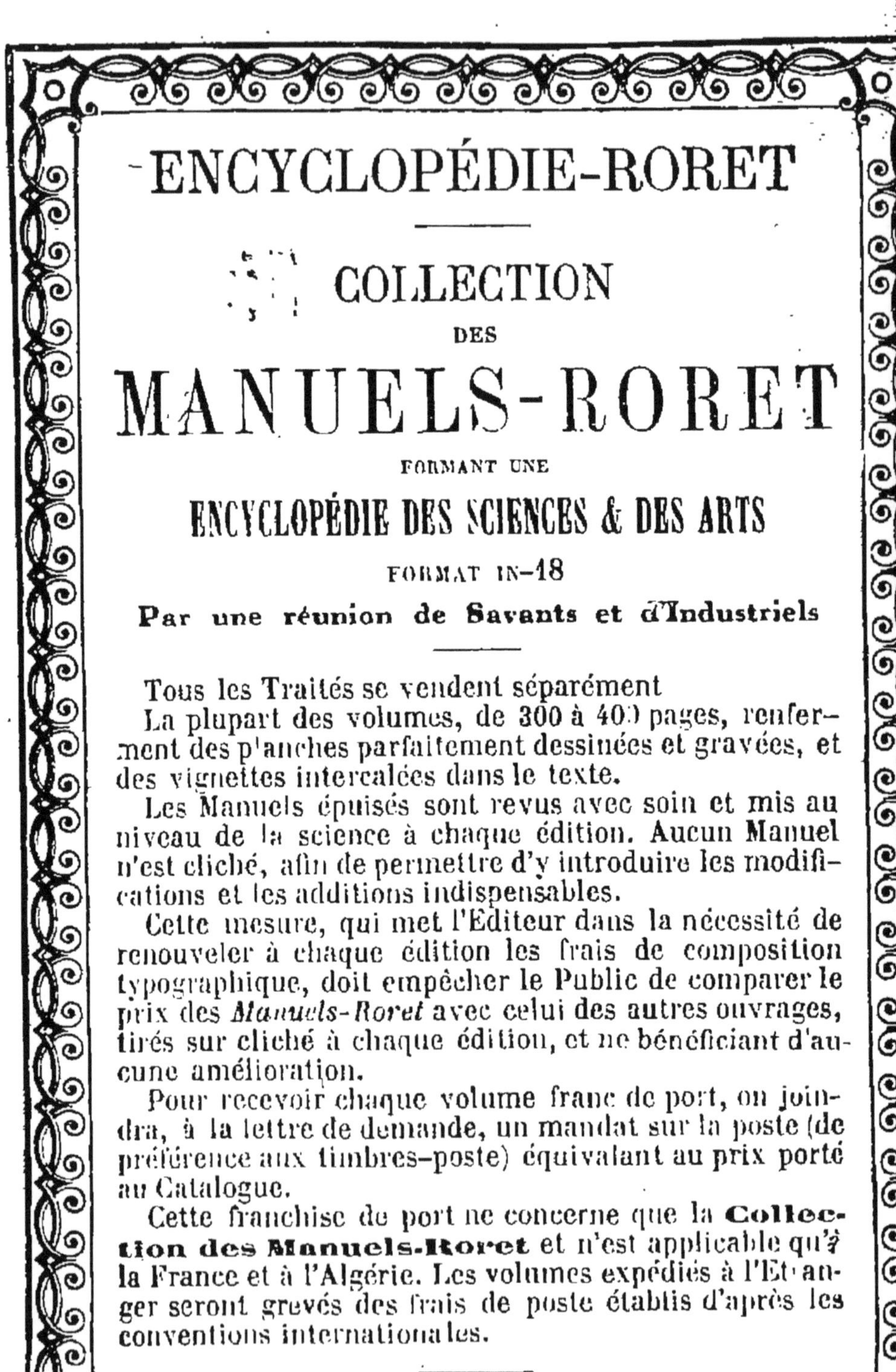

ENCYCLOPÉDIE-RORET

COLLECTION

DES

MANUELS-RORET

FORMANT UNE

ENCYCLOPÉDIE DES SCIENCES & DES ARTS

FORMAT IN-18

Par une réunion de Savants et d'Industriels

Tous les Traités se vendent séparément

La plupart des volumes, de 300 à 400 pages, renferment des planches parfaitement dessinées et gravées, et des vignettes intercalées dans le texte.

Les Manuels épuisés sont revus avec soin et mis au niveau de la science à chaque édition. Aucun Manuel n'est cliché, afin de permettre d'y introduire les modifications et les additions indispensables.

Cette mesure, qui met l'Éditeur dans la nécessité de renouveler à chaque édition les frais de composition typographique, doit empêcher le Public de comparer le prix des *Manuels-Roret* avec celui des autres ouvrages, tirés sur cliché à chaque édition, et ne bénéficiant d'aucune amélioration.

Pour recevoir chaque volume franc de port, on joindra, à la lettre de demande, un mandat sur la poste (de préférence aux timbres-poste) équivalant au prix porté au Catalogue.

Cette franchise de port ne concerne que la **Collection des Manuels-Roret** et n'est applicable qu'à la France et à l'Algérie. Les volumes expédiés à l'Étranger seront grevés des frais de poste établis d'après les conventions internationales.

Bar-sur-Seine. — Imp. V⁰ C. SAILLARD.

www.ingramcontent.com/pod-product-compliance
Ingram Content Group UK Ltd.
Pitfield, Milton Keynes, MK11 3LW, UK
UKHW021506090726
13657UKWH00001B/62